顛簸中年

把握人生撞牆期，迎向二度自我成長，創造歷久彌新的伴侶關係

the rough patch

Marriage and the Art of Living Together

by Daphne de Marneffe

權威婚姻諮商師
黛芬妮．德．馬妮菲／著

韓絜光／譯

面對中年不顛簸

——本文作者為丘引（作家）

若把中年區分成三階段，如前中年、中中年、後中年來看問題，會更清楚中年問題的癥結，也比較容易找到實際解決的方法。

《顛簸中年》談的都是婚姻中各年紀的「關係」。養育孩子的過程很複雜，不只是經濟負荷，精神和體力上也消耗極大，責任更是責無旁貸的積累。但孩子不只是可愛吸引人而已，孩子也是讓父母學習成長的最好對象，更是父母逃避婚姻不良時的庇護所，還延長了父母婚姻的年限。至於傳統上的傳宗接代或人類的循環，則不在話下。

《顛簸中年》這本書談論的內涵廣泛，我個人建議以「倒吃甘蔗」的方法閱讀此書，而非傳統上從第一頁讀起的傳統閱讀，這樣會使讀者的閱讀舒服度及有趣度高一些。另外一個閱讀方法是，從甘蔗的中間段開始啃食，往甘蔗頭的方向吃，最後才吃甘蔗尾，也就是最後才回頭閱讀前面幾個章節，這會使你的閱讀效率和效果雙層收益大。

我會建議以吃甘蔗的方式閱讀本書，是因為本書的中間段開始，與台灣社會的關係較密切。台灣人在婚姻中面對性的態度上，與美國的文化相距甚遠，畢竟，相對於美國的「享受」，台灣仍然是「道德批判」凌駕於感官上的刺激。台灣人在婚姻出現問題時願意花昂貴代價去看心理治療師的應該也不多，尤其是台灣男人愛面子，願意夫妻一起出現在心理治療師門診的人有限。因此，《顛簸中年》是一本花費低，但可以透過心理治療師的門診經驗，偷窺一下別人的婚姻故障時，是怎麼「修理」的，以彌補自己在這方面經驗不足的情況下，作為自我婚姻療癒的參考。

中年的時間很長，前中年和中中年不同，一個是養育稚嫩孩子，忙得團團轉，很被需求的時刻，婚姻沒搞好不是太大問題，因為父母的專注度都在孩子身上。中中年的孩子開始進入叛逆期，父母摸不著邊，偏偏自己又進入更年期階段，荷爾蒙失衡下，性關係容易起勃谿，就像蹺蹺板的兩頭，不是太高，就是太低，平衡不下。而後中年則是孩子離巢了，是空巢期階段，此時，夫妻兩人在一個房子裡成為只有「兩個人」的情況下，若長期婚姻功能欠佳，此時真是「無聲勝有聲」，落得彼此無話可說的下場。

更慘的是，此時父母的年紀老了、病了，需要費心照顧，這樣「三明治」的處境不論在美國或在台灣，都是中年人最難承受的負擔。但「三明治」也隨時在變化，如以前的「三明治」是在中中年期發生，隨著晚婚和長壽，「三明治」移到後中年期，在體力走下坡時，硬是得扛起那樣沈重的責任，尤其是台灣的老年父母獨立性比美國社會低，當媳婦的人在傳統社會的制約下，不得不成為本書裡說的「專屬女傭」，大嘆女人難為。

在《顛簸中年》一書中，「欲望不滿足」似乎是婚姻觸礁的原因之一。「我需要的」，和「你需要的」不同。那麼，誰的需要才是最重要的？這樣的「欲望不滿足」涵蓋的範圍大，從身體、精神、愛情、友情、金錢……一路數不清。「相較於沒有外遇的人，那些外遇的人婚姻未必不快樂。要不要發生外遇這個決定，牽涉到人如何與欲望共處。」一書中呈現的這一觀點，倒是和平時大眾對於出軌的刻板印象不同，以為他們在婚姻中是不快樂才外遇，原因卻是在於欲望不滿足，而欲望卻是無底洞。

「證據顯示，女性常覺得焦慮、壓力和衝突爭執，會與性愛的調和互相牴觸……。」這一段若放在台灣社會，歸根究柢，就是女人做太多，而男人做太少了，他們參與家事太少，也極少花時間在教養孩子，甚至理當氣壯把自己老年生病的父母扔給沒有血緣的太太。在這種情況下，台灣女人體力消耗太大，以上的情況就出現了。

在寫到金錢議題的那篇，和台灣社會的婚姻現象有緊密的關連。一如作者所說，「金錢牽扯到性，性牽扯到愛，愛牽扯到權力，權力牽扯到性別，性別牽扯到金錢，而金錢又牽扯到性。」如今台灣雙薪家庭不少，但在「同工不同酬」的情況下，台灣女人可能因收入比配偶少，就自動或非自動承擔更多的責任，包括一大早就叫孩子起床……到騎摩托車送孩子去上學，自己才帶著早餐衝鋒陷陣去上班，下班時又急著趕到超市或黃昏市場買菜，回家馬上下廚做晚餐，緊接著是盯著孩子寫功課……，而學校和安親班或補習班的老師們又出很多功課，到上床時已經筋疲力竭了，哪有「興致」可言？這是我這幾年每次回台灣時看到台灣非常特殊的社會現象，好像台灣女人個個都成了無酬「女超人」。

這樣惡性循環的結果，在婚姻中的女人沒有機會讓自己更上一層樓，沒機會進修學習，就算有機會也沒時間和體力回應，收入就難以往上攀升；而台灣的房價又高的嚇死人，在這樣的多重壓力下，正如作者所說，「金錢肯定是顛簸中年重大的煩惱來源，也是婚姻失能最露骨的展演場。」

至於婚姻和性關係是不是畫上等號？作者用了不少篇幅在描述婚姻中的性問題，如四十五至五十歲的人中有高達百分之八十的男性和百分之七十五的女性認為性愛對於感情美好很重要。接著，作者又說，「證據顯示，對性生活滿意往往讓夫妻對婚姻感到快樂，他們的婚姻也會因此更為穩固。性生活滿意度與幸福婚姻之間的因果關係，無論在男性或女性身上看來都成立。」這點放在台灣社會是否成立很難說，因為台灣人的壓力太大了，尤其是女性，若壓力沒有適度降低，生活品質就難以兼顧，而「性愛」既不是水龍頭的水，一開就馬上來，還要互相都滿意，就更難了。

以上的階段沒有處理得宜，就會壓垮更年期。更年期不是病，但更年期的諸多症狀，如熱潮紅、夜間盜汗、失眠……都在荷爾蒙降低下發生，女人本身著火了，伴侶若非滅火器，兩人要相處得好，就難上加難了，這樣，婚姻剛好就步上「離」和「不離」的困境之中。而更年期沒有調理得當，就會危急下一階段老年期的健康與幸福和壽命。

《顛簸中年》好像是警告在場的中年人，趕緊找個滅火器，要不然，就老老實實重新省視自己的婚姻。夫妻兩人打開對話，找一條最適合自己婚姻的路走下去，甭仗著性別優勢而欺負對方。

＊丘引，作家，著有《四捨五入：讓50歲後的歲月更健康美好！》《後青春：優雅的老》《與快樂共老：15個後青春提案》等二十三本書籍。

目錄

——

獻給泰瑞

——

前言

身為一名治療師、老師和諮商員，我聽過許多故事，本書中我借用一些故事來闡述我想傳達的觀念。對於前來尋求協助、與我晤談過的人，我必須維護其信任及隱私，因此變更了所有人名與可供辨識的資訊。我期待讀者從這些案例中照見自己，但若這些案例與真實人物有任何相似之處，純屬巧合。

書中陳述的觀念源自於我多年來研究伴侶、情緒和人類發展所統整出的龐大資料。為了行文易讀好懂，我不太引用特定的研究或著作，但我鼓勵讀者參照書末註解的參考資料，獲得更深入的資訊。

1 顛簸中年

顛簸中年。寂寞、迷惘、困頓、騷動不安、虛應故事、關係破裂。處於人生中段撞牆期，不只自己，或許伴侶雙方都苦苦掙扎於渴望理解婚姻為什麼不對勁。我們已經無法繼續接受「婚姻就是妥協」這種論調，人生既漫長又苦短，如果結婚是我們的選擇，那我們勢必得在婚姻中找出某個保有活力、交流、渴望，同時保有自己的方法。

我常建議伴侶們：如果你的婚姻已經沒有指望作為一段安全、關愛的關係，就不該再留在婚姻裡。而維繫一段婚姻或許困難，卻可能是發展出一種安全、關愛的關係最有效的方法。

你四十三歲，結婚十二年了。不算早婚，生活不缺冒險，也曾有過選擇。現在你有兩個女兒（一個十歲、一個七歲）或兩個兒子，也可能一男一女。你和另一半是相愛結婚的，至少你們一向這麼相信，只是現在偶爾有點困惑。你本來就知道你們不太一樣，但一開始覺得這沒什麼不好。差異令你安心，也幫助你成長，甚至令人興奮，你一心想敞開心房去理解對方，包容彼此的不同。可是，現在你覺得這差異實在**太大**了，你們就快把對方逼瘋，讓彼此心靈受創，或者兩者兼有；也許有時是前者，有時是後者。

為了解決問題，專家提供了許多建議。社會學家說，人到了六十五歲會比四十五歲快樂，所以再耐心等個二十年，也許會漸入佳境。婚姻導師、工作與家庭平衡團體、親密關係專家，全都有一套聽來合理的說法。但不知為何，他們都沒能觸及問題的癥結，癥結在於你失落寂寞，不時沒來由地感到悲哀。有時你覺得喘不過氣。沒錯，工作或照顧生病的母親讓你耗盡了力氣，也可能是荷爾蒙失調，但很難相信這就是全部的原因。你以前並不覺得被困在關係裡，曾經有過一段時光，你的婚姻生活十分充實。

是什麼變了？為什麼會變？你可能不覺得婚姻有何異狀，直到有天赫然發現自己戀上別人。又或許，孩子還小時，你把全副心思用在照顧他們，沒有太多工夫考慮個人的快樂。但現在你的長女或長子成天忙著傳訊給朋友（日子怎麼過得這麼快？）到了週末也沒興趣在你身旁跟前跟後。婚姻以小孩為重心，雖然培養不出太多熱情，但至少提供了一個有意義的框架。只是現在情況漸漸變了，以前能忍受的事似乎再也忍受不了，你不禁納悶，我在這其中立場何在？我變成了誰？

有時你覺得很不快樂，雖然不公平，但你不禁為此責怪伴侶。忍受對方的工作狂熱／大呼小叫／封閉退縮／麻木遲鈍到現在，很難想像往後還得再忍上個幾十年。然而，你也知道有這種感覺多少是不對的。婚姻需要努力，只有不成熟的人才認為維繫感情關係是件輕鬆好玩的事；自私的人才會遇到挫折就一走了之。你一向是個好人，善於付出，但你現在想不通這樣的努力是為了什麼。

在內心深處，你不確定情況可以改變，甚至有時（說來可恥且難以啟齒），你**不希望**情況再有所改變。不管能獲得哪些滿足，想到還得這麼繼續拼命下去，你就累了。偶爾你感受到一股自由的氣息，令人訝異的興奮感，但你卻深感愧疚。另一方面，你還算年輕，理應在人生中擁有一些親密熱情的關係，你不可能永遠精力充沛或青春貌美，繼續這樣子多久才算合理？

當然，你也不想做出破壞現況的決定。你的姊妹／叔叔／好友做過那種選擇，看看他們現在淪落到什麼地步？別的不說，孩子一定會受苦。在兩個家庭間來來回回，被迫目睹父母的心痛，而且不會有積蓄供他們上大學。至於離婚的雙方，也只是把老問題原封不動帶進下段關係罷了。

然而，你發現自己最近不時想起那些成功案例：有些孩子看上去好像未曾受傷，有的父母比從前快樂了許多，整個人煥然一新。但你還是不想離婚，若能找到方法不必在婚姻中受苦，那不只輕鬆，也妥善多了。或者，只要有辦法不用這麼不快樂，那也就夠了。

＊＊＊

顛簸中年。**寂寞**、**迷惘**、**困頓**、**騷動不安**、**虛應故事**、**關係破裂**。我在人生中段看見一段不快樂的撞牆期，處於這時期，不只自己，或許伴侶雙方都苦苦掙扎於渴望理解婚姻為什麼不對勁。身為心理治療師，我每天都會被人問到以下難題：

- 我需要想辦法才能喚醒一點點對伴侶的愛，這是我的問題嗎？或者，這算苛刻的堅持，我是不是該放棄？
- 我知道應該**思考**這樣的困境，但我實在受夠了道理和邏輯。我只想**感受**一點點的改變。

- 我知道暗戀同事純粹是「幻想」，但為什麼感覺比生活裡其他事都來得真實？
- 提醒自己應該慶幸擁有這一切，只讓我覺得更難過。
- 我有沒有辦法，或者應不應該對愛情和性愛不抱著憧憬，就這樣過完下半輩子？
- 伴侶與我漸行漸遠，我不知道自己能不能或願不願意，按照對方希望的樣子去改變。
- 我最大的目標是給孩子一個快樂童年，但如果我自己在婚姻裡都不快樂，又怎麼做得到？萬一我去追求更大的快樂，代價是讓他們不快樂，該怎麼辦？

前來找我諮詢的人，往往被困在「該做的事」和「感受到的事」之間。莉莎是一位專業人士，與我晤談時她剛滿四十七歲，光聽到這個數字就很抗拒。「我從來不覺得自己上了年紀，但一晃眼就四十七了，這數字在腦海裡揮之不去。四十七歲是大事，五十歲也是大事。」問她為什麼，她說：「我覺得五十歲前就該想通人生。」她不只沒想通，甚至比以前更迷惘。

工作、親職和家庭生活讓她筋疲力盡，與結縭十五年的丈夫形同陌路，她發現她的行為完全違背自己的價值觀，因為她和一個年輕男人發生了外遇。「我很驚訝，跟他在一起讓我興奮，我竟然可以跟一個我能溝通的人傳訊通電話，擺脫家庭的瑣事和負擔。我和丈夫的肉體關係令人沮喪，我以為老化畢竟難免，只好勉強接受。好笑的是，那男人令我想起我老公，他們都聰明又專業，只是他年輕個十歲。這下子我真的落入中年的老套公式了：年近五十，陷於苦悶的婚姻，跑去找個熱情的年輕男人……。」

我很訝異一般人往往把婚姻困境輕描淡寫成「老套公式」，羞於承認自己也會陷入「中年危機」，對於「中年危機」這種說法，似乎不去詆毀就不自在。我們總用一種批判、窺探的眼光看待「中年熄火」：「她跟丈夫離婚，嫁給他們的房東！」「他和脫衣舞孃跑了，居然還帶她去看小孩的足球比賽！」這麼做有部分是為了保護自己。人生的種種意外令人無助，我們設法用「做人應該更成熟一點」這個信念來支持自己，但才剛評斷別人自私不成熟，隨即發現自己也被同樣的感受動搖，無疑是一記當頭棒喝。何況不久前我們還信心滿滿，自信做了正確的決定，此時難免惶恐不已。

了無新意的發展雖然令人慚愧，但私底下我們或許覺得好像有什麼大事要發生了。我們從麻木中醒來，無法忍受重回過去的日子。這些年來埋首教養孩子，這種事的發生，反而讓人有種鬆了口氣的奇妙感受。當我們專心於滿足孩子的需求，慢慢燃盡內心的欲望，我們停止追逐自己的想望，不去理會糾結的煩惱，但心裡某個角落，我們知道這並非長遠之計。小孩會長大。據統計，我們可能還能再活個四十年。

現在不是一九五〇年代，想要一天兩包菸、六十二歲就跟人世說再見已是不切實際的期待。顯然，我們無法繼續把「婚姻就是妥協」這句空泛格言硬吞下肚，如果妥協的意思是要人壓抑自己的個性呢？人生既漫長又苦短，如果結婚是我們所要的，那我們勢必得在婚姻中找出某個保有活力、交流、渴望，同時保有**自己**的方法。

我們與這些內在力量纏鬥，把顛簸中年歸納為一種「老套公式」，其實就是想減輕這些力量的強度。如果與別人的危機拉開距離，或將自己的危機降到最小，也許就可以避免步入和別人一樣的混亂。但在顛簸的道途上，某件重要且別具意義的事也正在發生——即便我們還不知道這件事究竟**是什麼**。

兩歲孩子學會說不、青少年探索性事，我們都不會視之為老套公式，反而認為那是孩子或青少年**該有**的表現。幼兒和青少年都在努力長成一個更複雜的個體，幼兒學著建構自我，青少年則必須理解並面對性欲；至於中年人的考驗，目的雖然不同，卻多少有些相似。我們和幼兒和青少年一樣，希望探索並充分表達自己是誰，同時與他人維持關係；我們既想冒險也渴望安全，希望自我和人際關係臻於平衡……這些放在任何年紀都是**完全合理的目標**。我們絕對有資格、甚至有責任追求這些目標。所以，是什麼讓顛簸中年顯得格外艱辛？

＊＊＊

人生步入中年，代表遇上**最嚴重的矛盾**。我們興起一股衝動，想往外為內在的情緒困境尋求解答，同時認定這些追尋終將成空。在這困頓的人生階段，我們老大不情願地被迫明白年輕時代對人生的種種經營——工作、感情、子女、房子——都未能夠滿足內心懸而未決的問題。我們依然渴望，卻說不上來渴望什麼，只覺得至今無法滿足。

不只外在成就未能滿足內在需求，我們漸漸對自己形成複雜的看法，經驗讓我們**懂事**，卻也從三方面動搖我們的心境。首先，我們更懂得好景不常的道理，「人終有一死」這個事實越來越明朗。人生路上無可避免遭逢失望和挫折，歲月累積的智慧漸漸在內心形成一種感知：枕邊人再好、工作再理想、擁有的東西再多，都無法徹底填補內心的空虛。我們甚至察覺那些看似「什麼都有」的人，處境也跟我們一樣。

第二，我們與親密愛人的關係隨著時間而產生新的焦慮和擔憂。這就是**人生**。這段感情可能再維持四十年嗎？現在考慮這個問題會不會太早？理不清的疑惑在心中滋長，令人為難的渴望不斷湧現，對於內心的不安，無論加以壓抑或是放任天人交戰，終非長久之道。我們害怕、恐懼，渴望透過工作、電視螢幕或酒精來逃避，並隱約知道要有所得必先有所失。這種痛苦與混亂也許就是獲得情感成長或內心平靜所必須付出的代價。擺盪在現況與希望之間、現實與機會之間，猶豫著接受或放手，讓我們陷入迷惘。

事不順心的時候，腦海裡可能出現兩種選擇：忍耐（為了孩子、為了共同回憶、為了財務狀況、為了家庭和諧、為了諾言），或者奮鬥（為了遠大的目標、新的機會、一段更好的感情）。投降或逃跑，屈就或重來；消極無為或驚惶逃走……會有這些念頭，泰半是因為看不出還有什麼辦法。

但是，我們很快冒出另一個想法，為了問心無愧，我們自問，把握青春和瘋狂抵抗衰老之間的界線在哪裡？「將就」和接受有何不同？人生努力追求更多，會不會在不知不覺間失去更多？什麼時候承認極限有助於全心活在當下，而什麼時候又像倉促退縮？

對人生有限的體悟日漸清晰，表示我們意識到自己來到一個十字路口，現在打掉歸零、重新開始，代價必不便宜。我們知道，已經沒有「重新來過」這種事了，只能拖著一路以來的千頭萬緒踏上新的方向。從前看周圍的人各自採取行動、上演各種劇情時不以為意，如今才看出那是每個人對抗憂鬱停滯的方法，想藉由逃跑的舉動（就算是只是暫時）超越中年階段產生的「撞牆感」。

最後，歲月催人老，我們不免要面對「值得與否」的問題。我們對婚姻的價值有什麼看法？留下或離開是什麼意思？哲學家卡維（Stanley Cavell）寫道：「當今世上有個公開的祕密，就是我們其實不曉得是什麼賦予結婚或離婚的正當性。」很多人不清楚自己對婚姻的立場。社會學家發現，大眾文化的訊息高度矛盾，對戀愛的論述前後不一。

舉例來說，我們既相信夫妻應該為了孩子在一起，又認為夫妻雙方都有追求快樂的權利。我們堅信天雷勾動地火的強烈感情比較值得追求，同時主張這種戀情八成不切實際。我們信奉浪漫的世界觀，相信婚姻之所以有意義，是因為另一半具有獨一無二的特質，但同時又傾向實用取向的觀念，認為人生漫長，每個人注定漸行漸遠到不同階段，因此不同的人才可能是更好的伴侶。

我們不斷試圖在自由與家庭生活的理想間取得平衡，只要稍有點自覺的人理當懷疑，我們所期待的戀愛和性愛經驗，是多麼符合好萊塢電影和廣告搪塞過來的老套劇本。話雖如此，要是一段多年感情不再有精采的性愛或浪漫元素，我們又害怕無法熬過眼前漫長平淡的時光。

想以普世原則作為婚姻價值的基礎，看來幾乎是不可能的，現存的婚俗已經不多，剩下的多半是自己的主張，就連那些極力遵守天上律法的人也一樣。研究指出，基督教保守人士離婚的比例沒有減少，反而更高。正統教會堅持婚姻誓約的神聖性，但對於女權的看法卻往往停留在黑暗時代，鼓吹一種壓迫的婚姻型態。比起普世原則或社會共同價值觀，一段婚姻能否維繫，最有力的影響因素是錢和教育。

過去二十年來，人口統計研究顯現出美國存在兩個極端：掌握較多經濟資源、教育程度較高的人，維持婚姻的比例較高，資源少的人則遠低得多。資源多寡不只攸關離婚率高低，在居住方面也有較多選擇。但無論處於哪個經濟階層，越來越多人把一夫一妻長久相處，與當個稱職父母的目標分開來看。

不過，很多人對離婚的疑慮仍與孩子直接相關——孩子的感受、孩子能否長成能夠愛人也能被愛的大人。許多夫妻會認為孩子是讓婚姻關係恢復活力的最有力因素，精神分析學家比昂（Wilfred Bion）寫道：「一對彼此相愛的雙親絕對無可取代，再多學說理論也代替不了相親相愛的父母。」一旦考慮到孩子，父母之間有愛幾乎只有好處。然而，為人父母者有時感覺不到彼此相愛，事實上，他們當初結婚除了為孩子，也因為彼此之間有愛的感情。

對於婚姻和離婚的價值問題，當代文化給不了太多指引。一方面，當代文化不斷把年輕人關注的事物拋給我們，為「放棄潛力」種下恐慌。市場機制撩撥欲望，推銷一種幻象，好像沒有哪些消沉沮喪是不能經由買賣、交易或外科手術獲得緩解的。另一方面，當代文化持續演奏誘惑的樂章，歌詠浪漫熱情是有效的回春途徑。即使你認為長久的一夫一妻關係**也能**恆常承載浪漫的愛情，但還是會一再被提醒，新的情愫對人生之不可或缺，而對感情狂熱專注的狀態，是可以用培養來延長的。感情淡了，代表的不是某一段苦樂參半時期的結束，而是關係陷入停滯枯萎，需要修正，再不濟也該買幾根蠟燭、安排一場按摩、去外面旅館度個假。

我向來提倡心理療法，但這種治療可能助長了我們認為愛情關係有所不足必須嚴格檢視的傾向。要順利度過顛簸中年，可能必須放大視野、拓展焦點，不能時時刻刻關注婚姻中的情緒起伏。但如果把注意力轉向外界，又往往招致質疑，說你「不關心婚姻」或「心不在焉」。消費主義鼓勵我們留意微小的細節，把細節分割得越細越好（不然我們怎麼會相信自己需要新一代 iPhone？）而這種心態也滲入大眾對關係的看法，讓我們一心關注小細節，放大每個不滿。到哪裡為止是「在乎個人成長、值得欽佩」，從哪裡開始又是「越與眾不同越好」？兩者的界線隱晦到不易察覺，何況周圍文化又鼓勵我們模糊這些界線。

閃亮的青春、熱烈的性愛、浪漫的愛情……無不美好，我敢說都是生命中最精采的事。但這並不等於要度過顛簸中年、重拾活力的唯一途徑，就是增強對這些事的關注。無論感情關係或其他，如果只朝這方向努力，那麼解決辦法往往會偏離軌道，只能短暫地排解寂寞。人生是條單行道，這也表示倘若回頭追求人生早期實質擁有的諸多事物，如青春美貌、高中時代的甜蜜初戀、對性無窮的精力等，代價會越來越大，也越來越近乎幻想。隨著歲月流逝，若不能乾脆面對失去的事實、放棄那些注定得不到的東西，投下的賭注**只會更高**。如果希望下半輩子順遂，需要的是培養及琢磨其他發自內心的能力。

當然，置身於今日美國文化，往往難以認知現實所能接受的極限在哪，當代美國文化英雄是一群成天在大學宿舍玩電腦，鬼混到二十六歲忽然間靠網路致富而當上億萬富翁的人。YouTube 名人一夕間全球爆紅，青少年收看他們每天在做的事，嚮往那種一步登天、充滿魅力的世界，一旁的老爸老媽看著只覺無聊，不明白哪裡有趣。我們如今的生活尚且離不開名為智慧型手機的「義腦」，智慧型手機大幅拓展了人的交流與知識範圍，同時也以現代人無法理解的方式霸佔了我們的意識。只要健康狀況保養得宜，或在身體上做點整修，七十歲的人可以看起來像五十歲，況且我們還比祖父母那代多活個二十到三十年，這段「壽命收益」也代表有一整個人生階段到了此刻才真正被標記出來。

即使可能性的極限已拓展到過往無法想像的境界，但我們終究活在一具會衰朽的肉體之中，多數人也相信在地球上只有這一世的生命。有些人可能因此用「把握當下」的心態逃避婚姻裡的不安，反之，許多人則回歸婚姻之中，希望人生因此而充實。假如這些人轉向自助，很可能違背了世俗大眾對健康的信仰。各種研究結果顯示，維持婚姻是值得的，不但降低風險，還可以預防心臟病發。這些研究看在質疑者眼裡，似乎暗示應該把婚姻想成養生保健的一環，不過，把婚姻喻為一項有效的運動而非真誠心靈的結合，畢竟少了點感動人心的魅力。一般來說，對幸福的研究較偏心理學，指出改變部分重大習慣——如訂立目標、練習表達感激、培養樂觀精神，將大幅改善關係。精神層次的修練是當代聖人賢哲的立足基礎，他們勸諫世人：自我是一種幻象，破除我執則是個人成長的關鍵。他們說，在關係中不快樂，是由於對愛的看法太過狹隘，換言之，我們太執著於形式（一己、個人）而忘了無形（無限、超脫）。

正向心理學明確指出經由努力和健康規律的生活可以獲得哪些快樂。一旦吸收這種實用又能強化力量的精神，絕對可以感到寬慰，但諷刺的是，無論說長久穩定的感情關係對健康有益，或是新世紀風潮影響下的諸多心靈雞湯，這些立意良善的開示對「人的情感」都抱持著過分簡化的觀點，忽略了在婚姻關係中汨汨流動的，正是我們的情感。

情感是認知意義的核心，並形成了最主要的愛情關係。歌詠摒棄自我沒什麼不好，但你終究必須承認自我是「我這個人」的一部分，自我奠基於情感，而情感又發生於身體。婚姻與教養兒女一樣，終究無法排除頑固的肉體現實，這也是婚姻和親職之所以辛苦的原因。從空泛抽象的道理走進活生生的人際關係，我們很快發覺，如果想通往智慧、愛和擁抱活著的感覺，敏銳純熟的情緒管理是唯一的途徑。正如哲學家康德說的，鴿子也許希望空氣沒有阻力以便飛得更高，然而正因為有阻力，鴿子才得以飛翔。同理，人擺脫不了肉體或情感，只能以這副皮囊作為媒介，由內或向外探索自己是誰，又應該如何去愛。

多數人都希望婚姻可以帶來愛意、信任、安全、樂趣、放鬆、鼓勵、興奮和慰藉。每個人都希望獲得陪伴，又能適時獨處，不被干涉也不會被拋棄，同時希望自己真實的樣子被看見、接納、重視與理解，這一切都取決於情感分享和溝通交流的品質，這也是為什麼顛簸中年免不了要召喚人進入一個全新的意識層級，面對自己的情感，並與之角力搏鬥，釐清這些情感在人際關係中的意義。這是個人與關係之間一段深刻的旅程，別無捷徑。現代人的人際關係混亂複雜，難怪一大堆口號和貼文沒完沒了地提醒幸福掌握在自己手中，但是，把事情簡化到自欺欺人的程度無法帶給人心安，反而令人膽怯。

根據近三十年來的心理研究，我們知道人的認知是在關係中建構起來的，這不僅表示認知與關係有關，還表示關係會影響人對現實的感知與經驗。在探索早期依附、情感發展與成年的親密關係有何關聯這個方面，心理學有長足的進展。從小到老，情感向我們暗示什麼是重要的，而不管到了什麼年紀，重要的都是滿足人際關係。從這點看來，婚姻其實接續了中斷的童年，作為一段身體、心靈、頭腦都牽涉在內的緊密關係，婚姻賜予人一個能用上一輩子的有力工具：去理解另一個人、被人理解，並且發展深層的情感生活。

研究發現，營造一段令人滿意的人際關係，最重要的因素全都與情感有關：如何感知情緒、經驗情緒、管理情緒、溝通情緒、將情緒化解至能夠回應他人、把情緒與行為和目標調和一致。在本書中，我把與維持情感健全的能力總結為**好奇**、**同情**、**自制**。有好奇，我們才會打開心房，理解自己和他人的真實感受。有同情，我們才會對自己和他人的苦產生共感。有自制，我們才能控制自己用精準敏銳且更易接受的方式，與人溝通自己的反應。好奇、同情、自制組成的金三角能引導人走向一種自我能動（personal agency）的概念，不再把自身感受視為伴侶的責任，有助於我們在顛簸中年建立能做出正確判斷所需的心理能力。

想找出方法在婚姻中過得快樂，除了看我們能不能有技巧、靈活、彈性地運用情緒，也仰賴其他的能力，特別是有沒有辦法區別伴侶個人的需求與婚姻本身的需求。中年關係破局，往往發生在忽略了其中一面的時候。有時候，人們以為婚姻就必須壓抑個人，於是一再忍耐直到不再管用。或者，有人發現只能用一種零和的生存策略來維護自己的需求，無法把婚姻看成提供安慰和刺激、穩定和成長的資源。

我們在一生中不斷透過對照他人的個性來認識自己。理想上，我們並不純粹做出反應，而是利用與他人的互動來提升自覺，從而深入定義自己，與人形成真誠的連結。像這樣反覆在自己與他人的感受之間擺盪，就是個人成長的動力，也是婚姻中成長的動力。只要情感互動健全，作為個人，你會漸漸認識自己，而作為伴侶，你與對方的關係也會更加深化。

但婚姻本身很容易對「誰該為誰的情緒負責」產生誤解，其他圍繞著婚姻所形成的浪漫觀念就更不用說了。幾乎可以說，我們最初歡喜迎來兩人熱情結合的憧憬，最後卻跟泥怪一樣變形成「誰該為誰做什麼」這個代代相傳的難題。若是沒有人挺身面對，用情感健全的方式溝通並化解挑戰，日積月累後終將落入陷阱，以為個人需求和伴侶需求注定不相容，進而認為日常的對抗是動搖不了的現實，無路可逃。我們在這兩種情況中都忽略了一件事，那就是處理**個人**情緒的方式，其實嚴重影響了設想婚姻和參與婚姻的方式。本書後續篇章將逐步探討許多案例——不單因為這類主題獲得的關注較少，更因為個人成長正是通往幸福婚姻最有效的一條路。

婚姻會帶來接二連三的挑戰，無論靠一己之力或兩人同心，都需要付出最大心力才有望解決。婚姻裡的諸般情感變化幾乎不脫三大挑戰：孩子、性、工作，因此書中的每一章都貫串這三個主題。至於如金錢或老化等更具體的挑戰，則另闢章節討論。我希望有伴侶的人可以一起讀這本書，或者至少先後讀過，也希望讀者都能趁此機會思考三個問題：我想成為怎樣的人？我想當個怎樣的伴侶？這兩者如何結合在一起？

我的目標是為這些問題創造更多喘息的空間。廣義來說，我相信如果能妥善駕馭中年時期那股令人煩惱的澎湃能量，對以下幾方面的個人成長，都能有諸多貢獻：

- 成為更有愛的人。我是說真的，這句話意思不是躲回純真的愛戀之中，偷偷耽溺於暗戀你的瑜珈老師，而是全心投入，漸漸對他人和自己更加寬容、更有憐憫心。

- 看見伴侶的觀點，體認到對方的想法與自己的想法同等重要。這也代表要承認每個人都有的自戀傾向。把他人看成真實有感情的人，而非用來滿足你的需求或你的心理投射的對象。這需要一輩子的努力，永不言棄。
- 有技巧地表達情緒，而不光是發脾氣。婚姻是現成的垃圾場，我們習慣把懷情緒往裡頭扔，脫口就是抱怨和指責。負起表達自己的責任，在負面互動後積極修補關係，為親密感鋪路。
- 與你的幻想保持距離。這是指，你必須培養出自覺，意識到行動和想法是兩回事，把想像力和幻想當成創意來源，而非用來麻痺自己或作為逃避的途徑。
- 探索對人生的需求，找到克服情緒波動的方式。成年以後，使命感和意義源於兩種心理活動——向內加深、向外拓展。中年時期需要把逝去的青春和死亡的呢喃當成燃料，喚醒並強化自我認知、對他人的愛，及與世界的互動。

身為治療師，我常提供一個建言，如果你的婚姻已經沒有指望作為一段安全、關愛的關係，就不該再留在婚姻裡。另一個建言是，維繫一段婚姻或許困難，卻可能是發展出一種安全、關愛的關係最有效的方法。誰都有權決定與伴侶結婚是否為追求親密生活的理想方式，但我們也可能在莫名的壓力下（例如覺得被逼迫、被催促，沒有選擇的自由）承擔這個決定。在許多諮詢案例中，我相信若要追求一段安全、關愛的感情，解決婚姻裡遇到的問題，會比離婚更為實際，結果也更令人滿足。

談了這麼多個人在婚姻裡的責任，有人可能會誤解我支持兩個普遍被認同的觀念：一是認為成年人（尤其有了孩子以後）有責任**認命**。那麼不快樂該怎麼辦？轉移注意力啊。二是認為**婚姻要下工夫**，有人基於這個立場，把我歸類為嚴格禁欲的陣營，儼然欲望殺手，從性愛到吃飯都得高倡工作倫理。

首先我要澄清第一點，我相信中年感到匱乏的那些事物，全都是值得嚮往、值得爭取的好事：活著的感覺、變化的彈性；去感受、去愛和被愛的渴望。享受親密關係不該放棄這些事。只是除了婚姻，如果著眼於中年帶來的人生機會，我們也該放寬角度思考這些目標。中年給我們機會重新檢視自我，為自我負責。中年這個時機不只讓我們探索伴侶快樂生活的方法，也讓我們衡量我們與自己，以及我們和世界的關係。

第二點是婚姻要下工夫的觀念。詢問已婚長輩的人生心得，偶爾會聽到他們認為最自豪的成就就是婚姻。他們之所以這麼說，是因為婚姻很少一帆風順。天知道，說不定有人真把婚姻當成一種創意工程。但是大家普遍排斥把婚姻跟工作相提並論，不只因為這種比喻強化了婚姻會扼殺自動自發、熱情樂趣的印象，也因為那不幸言中了我們當下所體驗到的婚姻：那些最初促成婚姻的希望和樂趣，到了現在卻與實際情況天差地別。

但這種解讀完全誤判了整件事的核心，所謂的「工夫」並不包含洗廁所這種苦差事，或生產線上那種單調重複、麻痺神經的工作；所謂的工夫，是去面對真實的情感與無助；所謂的工夫，是練習**敞開心房**，把注意力放在當下、傾聽感受，進行艱難的對話；所謂的工夫，是為了創造親密關係，鼓起勇氣承擔風險，誠實表達的同時，也傾聽對方的誠實。

一旦不願冒險，我們就會封閉自己，疏遠旁人，如此一來婚姻除了無聊和停滯，很難有其他感受。我們開始告訴自己：「不該這麼費事的。」我建議，如果一想到要為關係下工夫就令你洩氣，那就權當是為自己下工夫吧。真的，你越少為自己下工夫，別人與你相處就越要花力氣（有沒有注意到，有些人自己恢復了活力，然後把悲慘留給他人？）只要肯花心思探索內心，與心中的魔鬼角力，回報你的必定是更完滿的關係。

中年這個階段給我們機會成為一個更完整的人。與中年出現的困境搏鬥，是認識自我的歷程，需要投入每一分的堅忍與毅力，需要平衡你正在經歷的強烈現實，並且與現實保持些許的距離，不過最後達標時，會讓你對人生有了相當程度的理解，能夠同情自己、但不至於自私自利，能夠感到滿足，但也真誠無欺。

許多人會困在一種感受之中：覺得自己的處境既複雜不可解，又平庸得令人無法忍受。進入一段中年婚姻，在與許多龐大力量搏鬥之餘，我們更加**認識了**這些力量，這有助於我們對自己和他人展現多一點同理心、少一點責難，同時運用耐心和智慧辨識出個人的道路。

我無意勸合某些存在致命缺陷的婚姻，有些婚姻本該結束。相反地，我關心的是中年時期使人苦惱的各種心理狀態，這些狀態如何教我們保持活力、發揮創造力、信守承諾，過完下半輩子。顛簸中年儘管充滿了痛苦和困惑，但也帶來機會，讓我們得以認識自己、拓展視野，有所成長，並且真正長大。

2 中年危機史

人到中年心理歷程的發展，會面臨「向內加深」與「向外拓展」兩種心理層面的考驗，在婚姻互動的本質中追求個人的成長。向內加深不只是將感受表達出來，重點在於，在矛盾的欲望和目標之間取得新的平衡，建立一段令人滿意的關係。而向外拓展是指往外尋求與世界的聯繫，包含新的冒險、追求新目標，進而達到活力創生的願景。

從前的從前，那時的人還沒有中年危機。直到一九六〇年代，人口趨勢、文化傳播加上學術研究共同創造了「中年危機」的概念。社會條件營造了這個觀念，正如同十七世紀發明「童年」概念、二十世紀初「青春期」概念萌芽，「中年」階段在二十世紀中擄獲大眾的想像絕非偶然。

一九〇〇年，白人男性的壽命還在四十六歲左右徘徊，到了一九七〇年已延長至六十七歲，有更長的人生週期可供研究，「生命週期發展」漸漸成為一門有意義的學科。心理學家艾律克森（Erik Erikson）的經典之作《童年與社會》（*Childhood and Society*）在一九五〇年問世，書中把成年劃分為多個階段，構成往後幾十年理論的架構。青年人要克服的是「親密vs.孤獨」，中年人面對的考驗則源於「活力育成vs.遲滯頹廢」。老年人則端視認為人生已經完滿，或對於過往感到遺憾，表現為「圓滿vs.絕望」。

一九六五年有篇論文題目直率地名為〈死亡與中年危機〉（*Death and Midlife Crisis*），精神分析學者賈克斯（Elliot Jaques）為中年的低盪不安開創了新詞。中年發展萌芽自艾律克森的理論，但在一九六〇至七〇年代開花結果，哈佛大學、加州大學洛杉磯分校、耶魯大學等各校做了大規模的縱向研究。

維倫（George Vaillant）、顧德（Roger Gould）與李文森（Daniel Levinson）對（男

性）成人時期追求完滿所須面臨的考驗，各自建構了理論。其中，李文森的理論後來因為謝伊（Gail Sheehy）的《人生變遷》（*Passages*）一書蔚為流行。一九六〇年代有兩項因果相關的社會變革，使得中年危機理論頓時重獲契機，一是避孕藥問世從根本上改變了成年人的性生活。第二是嬰兒潮世代多方嘗試性愛的青年文化，讓在一九六七年以前簽下婚姻契約的人覺得自己錯失良機。一九六六年到一九七九年間，美國人的離婚率增加了兩倍。中年危機觀念成形的同時，一九六〇年代的性解放風氣和樂觀信念也深烙其上，認為再度追求性愛熱情、實踐浪漫愛情，可以化解中年存在感的「危機」。

生命週期發展的研究先驅貢獻了重要的見解，就是人到了成年時期仍會不斷**發展成長**。但囿於時代氛圍，前人所寫的文章難免偏向個體與男性，不僅二十世紀末女性主義的影響尚未充分顯現，坊間流行的心理健康理論也尚未意識到人與人**之間**的情緒互動會增進或傷害親密關係。這些文章所呈現的婚姻，很少讓人覺得婚姻是一段牽涉到兩個真實的人所共同經歷的關係。反之，這類文章的一貫特色是召喚「英雄」，也就是一名身處情節中心的主人公，他的冒險旅程最關緊要。中年危機的概念近年來備受嘲諷（「開紅跑車」、「討美嬌妻」）的原因之一，或許就在於它打從一開始就未能區別真摯的精神追尋與自戀的自圓其說，也未能解開兩者之間糾纏的結。

一九七八年，李文森寫下影響深遠的《男人一生四季》（*The Seasons of a Man's Life*）一書，記述成年男性的心理發展。書中綜觀「吉姆·崔西」（Jim Tracy）的一生，他的故事正巧能當作一個例子，突顯心理發展理論中暗藏了多少自我陶醉的想法。我們從故事中得知，吉姆從海軍學校畢業後，因為「寂寞難耐」而娶了維多莉亞，但不久就斷定她「冷冰冰、半性冷感，懶惰邋遢，又不會操持家務」。婚後他過了幾年打拼事業的生活，偶有短暫外遇，直到邂逅瓊安，「一個特別的女人，幫助他整頓人生、充實生活，他的希望和夢想有了歸屬。」然而，揮別糟糠之妻步入新婚姻不到五年，吉姆又哀嘆起來，說瓊安變了，從迷人的二十八歲嬌妻變成凡事沒主見又畫地自限的黃臉婆，令他擔心她的成長。李文森口氣莊嚴地寫道，吉姆·崔西正學習接受她的極限。

綜觀吉姆的人生軌跡，很難不猜想瓊安的退化與吉姆的期待有關，證據就在他那膨脹的自我，加上性別歧視，吉姆顯然期待瓊安的人生應該完全繞著他轉。在他與前妻的女兒意外懷孕、兒子自殺未遂後，瓊安對他混亂的家庭狀態深感苦惱，幾乎導致婚姻破裂。不過這不僅未能刺激吉姆痛下決心，自我檢討是不是個心不在焉的可悲父親，反而重新評估瓊安，認為她比自己想像中更為閉塞，甚至說她不願親近他的小孩，破壞了他初始對她的完美印象。

像吉姆．崔西這樣一個一九六〇年代的軍需品管理人員，我們大概會認為他貶低女性，使身邊女性陷入憂鬱，都是無知短視加上文化背景使然。但像李文森這樣博學廣識、富人文精神的心理導師，我們不至猜想他會同意吉姆對妻子的評價。只可惜，李文森在書裡這麼總結：

崔西學起〔瓊安〕做事的方法，約束自在的生活，只為讓她快樂。他婉拒哥兒們的邀約，放棄喜愛的活動。他賣掉船，在家裡蓋了泳池，種花養草打點庭院，整修房子……為了取悅瓊安，他選擇壓抑幻想與自己的存在。他竭盡所能構築一個平靜而安穩的家庭生活，即便代價龐大。

李文森似乎想說，瓊安灰心失意的原因，無非要歸咎於她自身的「問題和缺點」。但相反地，他把吉姆為取悅瓊安而選擇壓抑幻想看作一種沉重的懲罰。我們不妨想想，也許到了這種時刻，吉姆總算學會駕馭自尊，終於意識到感情關係也包含關心另一個人的需求和目標，而瓊安之所以逐漸感到滿足，不是因為吉姆賣掉船或在家蓋泳池，而是發覺吉姆的自私心態有所改變，不再只考慮到自己。

雖然李文森維持成年心理發展學者的嚴肅論調，但他對吉姆．崔西的描述在今日讀來有一種女性主義出現前令人髮指的愚昧，一種影集《廣告狂人》般的風格，來自男人不作他想、自然而然要求站在舞台中心的年代。

但到了二十一世紀初，幾乎一模一樣的觀念被重新包裝，而且這次還是女人寫給女人。這些作者沒有批判附加在男性論述中的自我陶醉心理，反而加以吸收，將女性的中年危機歌頌為「女性主義」行動。

蓋兒．謝伊在一九七六年出版《人生變遷》，把成年心理發展化為一個浪漫的文類，原意是激發一種未來將更光明，世界還值得期待的希望。中年心理發展有如屠斬內心的惡龍，其中最棘手的是「內在看守者」，這個「兇惡暴君」最早的化身正是我們從小嘮叨苛求的父母。謝伊把夢想、熱情、衝動與我們的拘謹、良心及內在監督者嚴格劃分開來，這種二分法把中年危機定形為涇渭分明的善（「真我」的渴望與夢想）與惡（「內在看守者」的規則和拘束）的對抗。雖然困難，但是「過度投資於他人或團體以換取種種虛假的安全感，全都必須摒棄」。人若真能捨棄所有依附，的確稱得上是英雄。謝伊在《性與熟女》（*Sex and the Seasoned Woman*）一書中寫到那些我們必須與之爭取自由的對象，多半被刻畫成霸道丈夫或耗損心力的小孩。

蘇．雪倫巴格（Sue Shellenbarger）在她的中年宣言《臨界點》（*The Breaking Point*）一書中，把這樣的認知推向極致。書裡我們看到安娜，一個看似從低俗言情小說中擷取過來的主角形象：「夏夜星空下獨自在湖邊放鬆，身旁有個比她小二十歲的年輕男人……她從沒想過能再聽到這句話，但現在從這個魁梧有力的男人嘴裡說出來了，她還是個有性魅力的女人。她沒想過還能有如此感受——浪漫、興奮、渴望。」安娜的中年考驗始於各種日常負累，誰都可能心有戚戚焉，包括工作單調、逢迎上司、坐在沙發上的老公不斷按著遙控器（婚姻無聊僵化的典型）。雪倫巴格把安娜的故事敘述成一種浪漫冒險，首要之務就是從一堆無意義的垃圾中解救真實的自我。

姑且不論安娜是否為虛構角色，接下來發生的事使我們不禁對這個角色興起同情。她露出許多情感和心靈陷入危機的跡象，「從飄飄欲仙滑向黑暗絕望」。我們擔心她可能患上憂鬱症，甚至有自殘的危險。雪倫巴格似乎刻意寫個解放的故事，但就連她自己好像也搞不清楚方向。她觀察到中年危機發生前往往會有幾個月，「一種情感麻木的狀態如霧般瀰漫開來」，在這段模糊宣告之後她寫道，「一個信念在黑暗中成形，犧牲自己並壓抑深層的夢想和欲望已經不值得，舊的價值觀和行為準則漸漸失效。」

「壓抑深層的夢想和欲望」聽來確實不妙。中年不就是應該找回這些夢想嗎？但如果安娜日漸成形的信念來自「黑暗」，豈非暗示絕望的情緒正擾亂她的判斷？當你發現自己活力衰減、希望幻滅、自尊心低落，多半容易想：「從前那些信奉的價值觀和行為準則，我再也不想管了。」**你感到憂鬱**。這會害你窩在床上幾天不洗頭，也可能誘使你為了維繫與生活的交流，而去尋找任何能帶來活力的東西，哪怕是非憂鬱狀態時你不允許自己碰的東西。崩潰之下，抓到什麼都會當成救生圈。

但雪倫巴格想把這種鋌而走險的行為改寫成一種健康的自我主張，作為女性應該發揮力量，拒絕忍受任何事物。她進一步把「失落感」視為判斷人生是否需要全面檢修的指標。「湧現的失落感，」她聲稱，「與形形色色的女人一樣多變。某個眼神、不經意的撫觸、一場孤獨春夢，都能重燃對親密感的渴求。一個遺忘已久、想去喜馬拉雅山看日落的憧憬變成一股充分的決心。一種想嘗試新事物、做更有意義的事的渴望佔據了注意力，使女人甘願拋棄她三十年得之不易的成就。」

這段話呈現的分明不是失落，而是一種可以充分歸類為瘋狂逃跑的行為。我們後來才意識到，「失落感」一詞在書中指的並非真正的失落，而是彈性地指涉中年女性沒有能力或不願仔細評估的有害情緒。中年危機並不常見於教養良好的有錢人，不過雪倫巴格肯定表示，金錢和教育給人一種更有資格的感覺，讓她們願意積極表達失落感。這段陳述中，金錢和所謂的資格感也使人面臨嚴重的幻想，以為「表達個人失落感」就是一種積極行為。

回到吉姆．崔西，他的問題偏離個人經驗太遠，反而可以從中辨識出另一種典型。一九七八年，崔西的行為被合理化為男人追尋夢想的實踐，而二十世紀末，中年女性把自己擺第一的行為受到讚揚，被視為是自我解放。中年時期對平凡生活的不滿在這兩種情節中都聽命於冒險的召喚，英雄啟程跨越門檻並且面臨考驗。故事架構確保了「小人物」永遠居次，著眼於英雄神話的中年心理發展敘事徹底抹煞了關係互動的本質：吉姆與瓊安、安娜和丈夫間的行為互動，分明是兩人一起造成的。

這種個人化傾向明顯忽略了兩人對彼此造成的影響，勾勒感受所使用的形容也太過簡略。「想維持個人成長，」雪倫巴格說：「別無選擇的女人只能踏上必要的旅程，重燃內心熱情。」意義豐富的世界就藏在「別無選擇」、「必要的旅程」這些詞語背後。**為什麼**我們覺得「別無選擇」，**為什麼非得**踏上「必要旅程」，我們又是如何**想像**「個人成長」？如果想為中年的情感亂流建立一種意義，這些問題是起點，而非終點。

如果同意中年發展包含了**向內加深與向外拓展**兩個心理層面的考驗，那麼對吉姆或安娜這些虛構人物就不適用了，即便當成敘事工具也不適合。向內加深不只要發掘壓抑感受、把感受表達出來，也不只拋開外在角色或「內在看守者」的枷鎖，重點在於，在矛盾的欲望和目標之間取得新的平衡，建立令人滿意的關係。我們的欲望、良心及兩者之間的一切，全都**屬於我們**，我們每個人都在努力用可接受的方式調解內在衝突。因為吉姆的前妻是性冷感的懶惰蟲、因為安娜丈夫是等人伺候的大老爺——這些推卸責任的敘事只會鼓勵一種「自我服務／自助」的傾向，把「解答」留給自己，把「問題」都歸咎於別人。

尤其對女人來說，在千百年壓迫之後聽到號召，突然被宣告也有權力實現自我，絕對大為振奮。即使到了非常近代甚至今日，兩性關係依然明令女性保持沉默，不談論個性、欲望和目標。此外，即使在思想開明的環境條件下，女人仍時常覺得自己的全部心力都用在照顧他人。可想見，她們當然會自覺得犧牲、遭剝奪而忿恨不平。

對於職場性別偏見造成的損失，以及刻板的性別分工對關係造成的腐蝕作用，學者提供了相當多實證。感受內心憤怒是邁向正面改變的第一步，但難就難在我們要在眼前的實質關係裡設法解決問題。想為個性開拓空間，不能一頭熱奔向過分簡單的藥方，反而應該投入那些不那麼迷人的基礎工程，留意自身感受、釐清在意的事、維護自身觀點，溝通改變之道。

女人出於某些理由離開婚姻是正當且有益的決定，有四分之一女性舉證另一半嗑藥或酗酒，超過三分之一提到對方有情緒暴力。但離婚需要全盤的考量，那些「人物虛構大師」傾向描寫一種激動的心境，其實處於那種狀態下，是很難做出最佳抉擇的。

幸好，成年心理發展研究者提出複雜的圖像，解釋人在中年時期出於哪些動力而想挖掘內心、跳脫青年時代背負的傳統角色。心理學家拉博維－維夫（Gisela Labouvie-Vief）研究生命週期，發現人在中年有一股傾向，她稱之為「去除情感壓抑」。我們在青年時期可能躍躍欲試採納各種成年的準則和慣例，但隨著人生開展，我們漸漸對循規蹈矩失去興趣，反而更關心變化和轉變。但「去除壓抑」不盡然是擺脫束縛，沒這麼單純。去除壓抑是一個複雜過程，人會用新的方式回顧自己的情感生活和過往歷史，回想之際也會更加充分意識到「自己和他人確實是複雜的存在」，於是「即使不能調和，也會把諸多對立的作用在心中結合起來，有時方法不免造成悲劇。」到了中年，我們更深刻察覺這種內心狀態，也就是說，因矛盾而感到不安和茫然，但是如果驟然採取劇烈的改變來處理這些感受，等於否認了有必要重新整合內在、使之更加完滿。

中年發展的第二個層面向外拓展，意思是往外尋求與世界的聯繫，包含新的冒險、追求新目標，也涉及艾律克森提出的活力育成（generativity）概念。謝伊在《尋路者》

（*Pathfinders*）一書建議中年旅程應該使「越少人受傷越好」，但這個標準實在太低。心理學家麥克亞當斯（Dan McAdams）把活力育成作為中年成長的核心，將此階段定義為有能力將他人置於關注焦點、在乎他人，理解別人的興趣和煩惱跟自己的一樣重要。活力育成也源於對生命有限有所認識，允許這個概念進入意識，思考哪些事才是真正重要的。一個擁有育成活力的人會想像一個不再有她的世界，然後努力創造能夠比生命更長久的事物。從這角度看來，有活力的心境與中年浪漫敘事裡經常描繪「可能性無窮」的那種虛假境界，相差懸殊。

若以這些條件來衡量，吉姆和安娜自我耽溺的程度驚人。遭遇個人危機時，我們難免只顧及自己，雖然這樣也可以是盤點自身的堅實起點，通往有意義的改變，但假如「遺忘已久、想去喜馬拉雅山看日落的渴望」使你不顧身邊人的現實，你就等於棄急迫的中年問題於不顧，不去考慮如何調解自己的欲求與他人的顧慮。調和這兩者是中年時期的一大挑戰，當我們名副其實地左右為難，過分簡化的故事根本無法提供一條有效的開拓之道。

＊＊＊

如果中年心理發展包含去除情感壓抑，就表示我們有時是在玩火，就算不那麼嚴重，至少也是想操縱一團掌握中的火焰。中年危機在大眾的想像中帶有一種噴發、衝動、熱情壓倒秩序之感，如果在現實生活中近距離目睹這類覺醒，就會看到那些人打從心理受到撼動，甚且與過去決裂，勇闖新方向。局外人看在眼裡五味雜陳，不禁好奇、懷疑、嫉妒、惱怒、焦慮或跟著躁動，既納悶「她／他是怎麼了？」又不解「我是怎麼了？」

我們可能需要從新面向開啟自身以求成長，但該怎麼駕馭情感動力，使其不至於往壞的方向發展？我認識艾芮兒時想的就是這個問題。我們在友人介紹下認識，她聽說我寫書，熱切想與我聊聊最近的變化。

艾芮兒四十二歲，已婚，有兩個讀小學的孩子。她擔任服裝設計師，舉手投足散發美麗沉著的氣質。有一瞬間我真想潛入她的生活，竊取她的身分。那天陽光閃耀，我們在舊金山的艾塔廣場公園見面，俯瞰山丘下潔白的城市。她穿了一件紫羅蘭色羊毛外套，氣質華貴，不過我很快得知在她光鮮亮麗的外表下有著更多故事。

「我和我先生理查從小到大一直過得辛苦，」她開口：「我有個愛挑剔的母親。二十歲那些年我很迷惘，理查則得不斷對抗父親的惡毒批評，還要應付家人藥物成癮和語言暴力。我們都經歷過憂鬱期，學到自我提升有多重要，也對保持這個習慣有相同熱情。」

「剛遇上他時我們彼此愛慕，相信擁有共同價值觀是婚姻堅定的基礎。我們都認同人需要一輩子成長，我很欣賞他願意一直嘗試改進自己。我們盡量保持自覺，特別是有了孩子後。養育小孩是個很好的機會，讓我們反省自己是誰、來自哪裡，以及想成為怎樣的人。雖然日常壓力難免，但我們覺得被孩子喚醒，進入全新的成長過程。努力陪孩子長大讓人感到欣慰，我們看法一直很一致。」

艾芮兒的口吻真摯而溫暖，但我注意到她三番兩次用「一直」這個詞，好像無時無刻表達一種圓滿和熱忱。我不知道這是灣區人身上特有的完美主義和誇大的正向思考，還是反映了她內心深處的掙扎。

「一年前，我覺得是時候投入職涯，畢竟孩子年幼時我等於退出職場。」她的語氣少了興奮。「我和理查有些緊張，因為我在家時間變少了。此外我想發表新的服飾，其中不乏財務風險，我需要他的支持。我提議我們一起冥想，化解壓力。那陣子我對冥想產生興趣，還去參加了四天的靜修營，我希望理查一起去，但他忙到抽不出時間。我能充分理解，他是負責任的好員工，而且很擅長他的工作。」

她盯著半空。「我解釋不了靜修營發生的事。姑且說我經歷了『靈魂覺醒』的過程吧！我冥想時身體控制不住地發抖，眼淚奪眶而出，接著感受到強烈的光，被一種愛和同情的感覺包圍住。我望向四周：『每個人都體驗到了嗎？大家都達到這個境界了嗎？』」

「回家後我如釋重負，很多包袱都拋掉了。我感到澄明踏實，覺得身體就像一個導管或容器。我領悟了自我以外的世界，以及那些依附、焦慮和恐懼。我湧現深沉的信心，過往對自己的批判都消失了。我內心流動著平靜、洞察和自在，不再被雜念糾纏。」

「哇，很棒。」我說。

「真的很棒。」她笑了：「我的人生有了全新的感受，心思運轉飛快，注意力敏銳而集中，近一個月我每晚寫作到深夜。理查覺得我瘋了，我把他嚇壞了。其實我比他更害怕，我擔心這種感覺消失。不料一個多月後，這感覺真的消失了，我不再有被恩寵籠罩的感覺，不過當時的洞察至今難忘。」

「妳覺得妳先生為什麼那麼擔心？」

「他可能擔心我們的關係出現裂痕。我猜他以為我嘴上說願意接受包容他，其實正在疏遠他。他擔心我們步調不一致，雖然我也擔心，但我同時興奮又愉悅。」

「妳覺得跟他疏遠嗎？」

「我為他感到心疼，對我父母和家人也是。我愛他本來的樣貌，但當我描述這樣的心情，他不滿地找我理論，覺得我在抱怨他蒙昧又一身缺點。我們的對話既痛苦又難熬，我希望他能體驗到我所經歷的感覺，其實每個人都做得到。」

跟她聊完後我走向停車場，內心交織複雜的感受。一方面，我被艾芮兒精彩的世界吸引，她動人的光采讓我的人生顯得平淡無趣。可能是午後陽光讓人興起奇怪的渴望，我想留在她的世界汲飲她獨特的洞見。但同時，我覺得這不太像自己，彷彿加入了她的個人教派。她描述的是一種純粹而正向的經驗嗎？或者她渲染了事實？她對經歷的事情如此看重，卻不清楚發生什麼事。就連她這麼肯定冥想帶來的好處，都讓我覺得事有蹊蹺。我在想，我感受到的會不會就是她丈夫所感受到的？

如果把她的中年危機放進個人主義英雄敘事之中，艾芮兒可能會意識到丈夫成為累贅，不惜拿昂貴的羊毛外套交換象徵愛的珠串，最後與她的冥想老師過起帳篷生活。她的語氣雖然開朗，卻不乏中年英雄命中注定的意味，說起丈夫「精神和情感層面需要成長」時，暗含自我肯定的調調。但我也訝異地發現，這次和後來的談話中，艾芮兒非常努力運用她獲得的洞見，與丈夫、孩子和周遭人建立完整的連結。她真心希望丈夫能體會她所經歷到的一切，一方面為了他的成長，一方面也為增進兩人的感情。

我們在人生某個階段步入婚姻，生命往前邁進，並隨著意外開展而變化，但我們卻不見得都能適應良好。艾芮兒和理查害怕最近發生的事對關係產生變化，他們都有辛苦的背景，決心創造一個比原生家庭更有愛的家。現在看來，艾芮兒想運用她感知到的包容驅散兒時經驗的負面氛圍，雖然這是有幫助的作法，但一旦必須與丈夫共同實踐，事情就變得棘手。理查感到不安，擔心兩人內在的情感衝突，甚至擔心妻子變成陌生人。雖然我沒聽到理查的觀點，但可以想像艾芮兒的做法在他看來不啻異想天開，甚至有些浮誇。

初次見面後，艾芮兒寄來一封電子郵件，介紹我認識幾個在她的心靈探索過程中起了影響力的人。第二次面談前，我與她的冥想老師碰面。他親切大方，想法周全而且客氣，但聊完後我非但沒有豁然開朗，反而更加困惑。他提到諸如界線、自覺、選擇等心理學概念，也談到前世，自言可以讀懂氣場和能量，還說人選擇投胎現世的父母是為了在此生學習必要的功課。「前世因緣有助於理解我們為什麼選擇了今生。」他解釋：「也許我們選擇現在的父母，是為了學習某件事，那是我們的功課。重點是我有過這種經驗，知道過去的我為何造成問題，而現在，我成為世界的創造者。」

這不禁令我懷疑艾芮兒是否處於受到啟發和思考失衡的關口。看得出她努力敞開心胸，用覺醒後的意識對抗完美主義和內在批評造成的頑固僵硬。有人從小在別人捉摸不定的瘋狂念頭下長大，這時提醒他們有權控制界線和選擇，肯定能讓他們從實踐中受惠。但無論是我或艾芮兒、還是她的冥想老師，都不是「世界的創造者」。

基於某些科學或許終能解釋的原因，艾芮兒經由冥想放鬆身體，同時觸發心理反應，使她感受到一種深沉安心的狀態——這可能源於幼年時期的「原始」狀態，只是當下被解讀成與人性互相聯繫的感受。無論源頭為何，這個經驗刺激艾芮兒在現實生活中採取行動。

比方說，她把對憐憫與正念的理解為當個更有耐心而知足的母親，努力消解童年施加在她身上的嚴苛管教模式。她意識到那些舊有情感和思考獲得了「釋放」，凡能說明這種主觀感受的科學研究，她都盡力去理解，想辦法分享給身邊的人。她透過教會推動全市舊衣捐獻活動，又透過時尚界的人脈化身社運一員，遊說成衣製造產業採行公平貿易，免除血汗剝削。同時，她是兩個頑皮孩子的媽，還得發表自己設計的服飾。（這些一連串作為看了就累，我無法排除躁症的可能。）

有次見面我詢問她婚姻狀況：「我好奇在你們看似不同步的那段日子，你和丈夫是怎麼走過來的？聽起來你花了很多時間溝通，但要了解彼此，還是很困難吧。」

「一開始他對我的經歷表示懷疑，我又失望又傷心，感覺像坐失了很棒的機會。我擁有新體驗，希望他也擁有，我們間一直存在緊張關係，他研究邏輯和科學，他是我認識的人中最有紀律的一個，但我想幫助他獲得內心的喜悅。」

「你有沒有哪次覺得自己逼得太兇了？」

「有，十月某一陣子所有事都陷入僵局。我的頭痛一直好不了，最後去接受民俗療法，這把理查氣炸了。他說那是偽科學，無法證明療效，他甚至不想替這些狗屁東西買單，並提醒我們應該存錢供孩子上大學。我們的關係因此事大為動搖。他提錢傷了我的心，讓我覺得內疚又虧欠。我心想：『我內心很充實，不必靠他填補空虛。』但我害怕關係破裂。最後我們各退一步，暫時不討論看法的差異，我們都花了比平常多的時間跟朋友出去。」

「那段時期確實難熬。明明與對方結了婚，卻有種尚未結婚的感覺。夫妻相處仰賴的準則，包括對孩子、自我成長、共同信念的承諾，好像都變形了。我們不再像從前那樣為相通的世界觀自豪，我們都因為對方不能理解自己而失落。等待情勢過去的這幾個月簡直充滿了寂寞。」

「我們會獨處之後再設法對話。他怪我不明事理，我嫌他心胸狹窄。他會火冒三丈，我則態度傲慢。那段時間我不知哭了多少回，好像長大後再沒這麼哭過一樣。」她神色黯然，但是她表現出紮實的情緒反而讓我鬆了一口氣。我們談話以來，這是我第一次感覺她全心全意想消化這段超凡經驗帶來的不安。她可能永遠無法明瞭箇中真義，但這個歷程在此刻與她的情感、實質關係裡殘酷的現實，似乎有了更緊密的連結。

「當時幫助最大的，是理查和我始終沒放棄尊重對方。雖然不被理解，但我們尊重彼此，也認為對方意見有必要聽。我們看清自己的立場，也看見對方的努力。」艾芮兒和理查的感情有個優勢，就是他們足夠信任對方，能在釐清感受的同時寬容彼此的差異，他們有能力反省自己，這點相當重要。

隨著艾芮兒慢慢把她的體驗融入生活，漸漸給了理查更多空間。「我們現在更瞭解對方，不再有那麼多的心理投射。先前我表現出一副『這就是成長』的樣子，怪他不求長進，現在我才知道自己多麼偽善。他抗拒是對的，這種事不應該受到逼迫，我應該給對方空間，不能把自己的方法強加在別人頭上。我應該連同缺點一起包容伴侶，不能傲慢自大，以為自己都沒缺點。事後看來，我覺得兩人想共同成長之前，也許得先各自成長。我的經驗對我個人有突破性的意義，但我們的共同經驗反而突顯了我們在哪些地方缺少同理心。我心裡滿是憐惜，對他卻沒做到充分的同情。幸虧我們愛對方的本質，才讓我們得以度過難關。」

＊＊＊

聽來或許弔詭，不過回溯到婚姻之初兩夫妻還在期待孩子誕生的階段，對中年婚姻危機可以有很大的認識。對夫妻來說，這是個飽含希望與危機的時刻。我在諮商時常聽到有夫妻表示，有了小孩之後婚姻才出問題，研究也指出，初為父母是一段脆弱的過渡時期。

我在一所地方醫院為許多準父母授課，幫助新手父母與另一半保持親密。坐在我面前的夫妻大多看得出希望親近另一半，他們相互依偎著，先生替懷孕的太太揉腳。他們敞開心胸、柔情似水，輕聲細語開著玩笑，宛如在周圍織起一層保護的繭。有人一面露出驚恐表情，一面說起周遭的朋友生完孩子後就和先生感情疏遠，婚姻隨之瓦解的例子。我問他們：「你最擔心什麼？」現場的回答全都圍繞著相同的憂慮：「我們該怎麼持續交流？怎麼溝通才能保持親密？怎麼確保小寶寶不會取代我們的感情？」

我告訴在場夫婦，想維持感情最重要的一件事，就是堅持**想**和對方交流的心情。我從初次懷孕到中年這段歲月的觀察中，推斷新手父母最大的危險就是夫妻雙方不再**充分**重視個人情感需求。出於好意，他們把自身需求擱在一旁，任其消失，直到中年才驚覺油盡燈枯。

小寶寶出生是個奇蹟，但也需要按部就班的投入照顧，這必然會改變夫妻對時間和資源的分配。新手父母負起角色時，為了整體利益也會調整對婚姻的期待，但在情感上卻是複雜的變動。在此之前，伴侶一直把對方當成主要的情感根源，是彼此的「寶貝」。現在他們慢慢把「必要」置於「享受」之前，認為為人父母的義務和工作是必要的，照顧自己和感情關係則屬於享受。這不單是需要更多時間和精力的問題，還關係到可用資源有限所引發的反應。新手父母尚有很多情感和生理需求，但他們努力表現得像個大人，接受個人感受應該退居次位。對許多夫妻來說，通往中年對婚姻不滿的滑坡，起點正是這裡。溝通不良勢不可免，而且沒有多少時間能去修補，因為小寶寶總得有人照顧，何況在此之外，**人還需要睡覺**。

睡眠，是這個人生階段最貪求的資源，也是新手父母爭奪激烈的戰場。不只週末不再擁有親熱摟抱的慵懶早晨，還覺得整個人生都被嚴重的睡眠剝奪給劫持了。餓的人連剩菜也搶，夫妻為了誰能多睡會兒也能大動干戈。在一篇題為〈睡出好關係〉（*The Rested Relationships: Sleep Benefits Marital Evaluation*）的論文中，作者不令人意外地主張：「度過睡眠時間較長的幾天後，配偶（對關係）的滿意度較高。」我在諮商育有幼兒的父母時明顯發現，睡眠充足時，火爆反應和抱怨指責大多能夠得到緩解。

只可惜，一般人很難察覺自己的不滿情緒中混入了多少生理疲勞。體力耗損加上「情感剝奪」的感受會形成負面濾鏡，伴侶很難不把彼此的行為放在濾鏡下檢視。我們開始覺得有理由不去做些明知能獲得溫暖和諧感受的事（「我不該先讓步」），轉而把注意力擺在小孩、工作或洗衣服上。即使代價是忽視伴侶，他們也預設以小孩為優先。

如果雙方在這些關鍵時刻都能把握自己，回頭向配偶尋求內心渴望的親密感，就能阻止婚姻幻滅。如果雙方能接受伴侶脆弱的需求和渴望，同時調和自身的需求和渴望，而非以指使或責怪態度加以壓抑，對公共心理健康將有卓著的影響。無論方法再笨拙，回頭去面對彼此，都能拉近距離；不管問題出在誰身上，如果願意承認自己在其間起的作用，為造成痛苦真誠道歉，就會更有效果。夫妻回頭面對彼此，也是為了守住想與對方保持親密的渴望，不至於在不知不覺間把距離當成「新的常態」，甚至據以安排情感生活。

伴侶不願意面對彼此的原因顯然很多，但多半是感覺不被理解、未受傾聽，或者無法同意對方。滿足情感溝通的必要元素有哪些？我會在後續兩章探討，但如果當作事先預習，有個比喻或許有幫助。你可能聽過一句婚姻格言：「婚姻裡你要追究對錯，還是追求快樂？」乍聽下很有道理，畢竟談到與伴侶相處，每個人都在水火不容的心境之間左右為難。第一種心境，我稱之為「蹺蹺板觀點」，只有一方事實可以成立。人在情緒激動的狀態下都會想辦法把不好的感覺歸咎於對方，讓自己「絕對」是對的，對方「絕對」是錯的。第二種心境是一個圓圈，既然談婚姻，我們姑且稱為「金環」吧。處於這種狀態下的伴侶在概念上並肩而立，共同檢視問題，以合作代替競爭。

我們不妨花一分鐘想像這兩種心境化為行動的效果。在蹺蹺板場景，伴侶一方察覺到自己的需求或渴望，焦慮地逼迫另一半做出反應或表示同意，沒考慮到對方也是獨立個體，有需求和限制。對方若沒做出他所希望的反應，就很難替對方想到某些細膩或無辜的理由（好比說，他可能不懂她想要什麼，或者有不同看法）。相反地，她容易斷定對方拒絕或無視自己，認為對方不但不幫忙，還高高在上。雙方都希望對方能聽見、看見並回應自己，卻各自害怕一方若有所得，一方便有所失，毫無轉圜，因此氣氛很快惡化成互相埋怨、充耳不聞、懷恨在心、自覺委屈。

如果處於金環狀態，伴侶一方可能也如蹺蹺板心態一樣感受到強烈的需求，但她會有情感餘裕表現得不驚不慌、禁得起失望、信任另一半的善意。她不會把感受到的需求強塞給另一半，而是把需求放進所謂的「關係」圓環中。如果對方也採取一樣作法，這段關係就變成一個雙方都能表達的空間。伴侶雙方各自把感受放入圓環，思考當前的問題，心照不宣地知道裡面有**兩個人**，各自有複雜的心靈和身體，這表示他們不能期待話語能像心電感應般神奇地被對方接收。就算親密至交，心靈的世界還是可能相差十萬八千里，需要時間才能相互理解。

困在蹺蹺板心境，很容易錯把金環的方式當成屈從或「不被傾聽」。但在婚姻中採行金環的作法，其實**並不會**壓抑情感，反而有助於溝通感受，擁護自身需求，堅守彼此的個體身分，可以換來更有效的合作。我常跟課堂上的準父母說，婚姻就像即將出世的寶寶，是兩個人共同創造的結晶。為人父母之後，很多極端焦慮的時刻會把人拉向蹺蹺板心境，把思考瓦解成只剩下誰對誰錯，但若能按照金環的心態去理解，他們的感情和孩子就能發展健全。我告訴他們，愛就是為這件事一起努力。

＊＊＊

「中年危機」演變成普遍被認可的觀念之後，何以能夠持續這麼久，研究成年心理發展的學者百思不得其解，因為研究結果少有證據支持這個論點。我認為在現今對生命週期的研究中，中年危機之所以沒有以心理現象出現，是因為中年危機對應的問題，會把討論主題從生命階段拉向婚姻。婚姻可能干預個人的發展，因此必要時也得終止婚姻，這個觀念逐漸變得普遍且正常化。要支持或實踐這個觀念，無須遭遇到「危機」，一旦發覺婚姻走到盡頭，為自己尋找更好的出路已經廣為人所接受，不像過去的年代，非得訴諸某個偉大的心理學理論來解釋這個平凡的渴望，否則便備感壓力。

社會學家查林（Andrew Cherlin）在《婚姻旋轉木馬》（*The Marriage-Go-Around*）一書中，描述美國人的世界觀把「婚姻」和「個人滿足」視為界定嚴明的兩件事。他認為原因出自一九六〇年代發展的個人主義文化模型，那個年代實驗各種婚姻型態，流行「離婚以明志」。這種發展模式何以蔚為理想，查林描述道：

> 一個活在二十一世紀的人，一定得選擇個人生活的風格。你非但被准許，甚至被要

求不斷監督自我意識、向內反省，確保心靈生活與婚姻（或同居）生活融洽。倘若關係惡化，你幾乎會被要求離開，因為根據個人主義文化，不能滿足需求就是一種虛假空洞的關係，它會限制你或另一半所能獲得的報償。如此看來，分手固然不幸，但你會往前走，你非往前走不可。

把「不能滿足需求，就是一種虛假空洞的關係」作為單純的事實，就像「天空是藍色」一樣的陳述，是在調侃一般人認為婚姻必然妨礙個人滿足的錯誤認知，說得好像我們真的能夠全然理解「個人的需求」是什麼，或者應該是什麼，就好像關係到了哪個節點就能清楚視為「虛假空洞」，就好像「融洽的關係」都未經人為意志破壞，就這麼自然而然地「惡化」了。然而，上述都不是那麼直截了當的事實。

查林一本正經的宣言點出中年個人主義敘事及往後對文化產生的後座力，都具有自我確定（self-certainty）的特性，「中年危機」一詞顯然為個人心理領域披上了自戀的帷幕。在李文森寫吉姆・崔西的年代，「我和老婆活得不快樂」是個人問題，解決辦法也是個人化的「我應該離婚」。但原本想和「個人主義婚姻」、「速食婚姻」、「離婚以明志」等觀念抗衡的許多批判，結果也同樣有問題。他們大力主張應該保護孩子不受父母的追尋所傷害，卻未公平看待個人真實的情感渴望。那些把中年危機「英雄化」的文章中，對個人與親密關係間的關聯描述有誤，幾乎像在暗示人拋棄舊的關係就是一種成長，哪怕我們為改變這段關係付出的其實少之又少。如果真要說從許多婚姻與情感案例中學到什麼，只有一件事，那就是一味壓抑並非情緒管理的上策，扼殺個人需求以維繫婚姻，也並不是辦法。

好在今日我們對伴侶間建立關係的**過程**，以及這些過程如何增進或抑制雙方對情緒的感受，已經有了細膩的理解。親密關係的研究日益精進，加深了我們對婚姻「需求」的認識，也對查林拐彎抹角提到的那些心靈雞湯文章提出質疑。現實中，「需求」一詞暗藏情感溝通不良、無法有效排解失望、爭奪注意力至失衡等現象，我們固執地把婚姻裡的「需求」當成一種溝通失望的方式，不斷加碼押注，強力主張我們對於無法溝通的痛苦。事實上，唯有讓情感在婚姻裡發揮作用，我們才能分辨什麼是想要，而什麼又是必要。巧妙寬容地**對待自我和彼此的**需求，我們才能在滿足渴望的同時，也滿足伴侶相愛的初衷。

時至今日，就連對男性成年心理發展歷時最長的研究也漸漸改變觀點，認為我們對待情感的方式，對個人身心快樂和人際健康至關重要。一九三〇年代，哈佛大學展開

「格蘭特研究」（Grant Study），研究者相信擁有過人的成就會增加對人生的滿足感，而當這些參與者上了中年進入個人主義風行的一九六〇年代，這種觀點依然有影響力。但研究慢慢發現，對人生滿足與否，取決於人際關係是否良好。衝突不斷的婚姻、酗酒、寂寞是負面因子；而家庭、朋友、團體歸屬則是正面因子。重點在質而不在量。近來的分析也顯示，我們是否能與他人真誠來往，取決於是否有能力處理棘手的情緒，不加以扭曲或壓抑。走進另一個人的經驗，同時保有自己；放下防備，坦誠地傾聽並分享差異；不過度反應或畏縮地表達難熬的情感——這些都是營造親密關係的必要元素。

成年以後，我們充滿希望地發現，想增進與他人的情感連結，改變內在觀點至少和改變外在環境同等重要。我們往內心探索，察覺某些情感是如何影響與伴侶的行為互動。最好的情況下，我們意識到快樂確實比對錯重要，金環每次都勝過蹺蹺板。我們漸漸對自己、對關係感到安心，從而放下一再確認的需求。「年紀越長，所知越少」這句話表達了人面對複雜情況而日漸自在的心情，當艾芮兒釋出空間接納丈夫，當我告訴待產學員，愛就是為之努力，意思都在承認追究「誰對誰錯」過於單純且缺乏建設性，也無法反映真實人生。到頭來，發展成熟的情感讓我們看見的，才是真實的人生。

3 親密的愛與性

性和依戀都表現在關係之中，也發生於我們的身體之內。在一段感情關係裡相互信任、使人愉悅的互動，往往是通往性和依戀的途徑。至於能否在愛或性裡感覺到與伴侶貼近，不只取決於兩人之間的互動，與個人心理關係密切的程度也超乎想像。諒解自己及伴侶，為對方設想，並滿足彼此情感依附的需求，是親密感建立的基礎。因此，哪怕是在情緒最緊繃的時刻，我們也必須要能「坦然依賴」另一半，這基本上是很大的挑戰。

史蒂芬第一次打電話來，跟我說他和太太黛安娜就快走到盡頭。「我們沒有性生活。」他的語氣夾雜了憤怒和痛苦。依他所言，他們夫妻感情長年缺少溫度，最近的相處堪稱來到最慘的低谷，每天冰冷沉默的相處穿插著大量痛心的爭執。我好不容易聯絡上黛安娜，她聲音裡透著焦慮和歉意：「我一直沒機會回妳電話。每天要打點孩子的事，工作壓力也大。史蒂芬根本不懂這是怎樣的生活。我盡力了。」

聽得出來在棘手處境下，史蒂芬自覺成了受害者，而黛安娜則認為自己不但被犧牲還被怪罪。我心裡湧起一種熟悉的焦慮感，就像夢到要解決某個高難度任務，手上卻沒有工具。就像有人急著要我修補裂痕，卻沒給我必要的資源。才第一次透過電話交流，他們已經流露出不知所措、困惑迷惘、無力反應的感受。可以想見兩人之間一定有很多的憤怒和指責。

後來，黛安娜和史蒂芬第一次到我辦公室，他們成熟專業的打扮絲毫看不出內心混亂的狀態。我再次感到不可思議，內心煎熬的真相果然很少能從職涯成功或外表亮麗與否劃上等號。我不諱言他倆外表迷人，身材苗條、極富魅力。先生熱衷騎單車，而太太喜歡瑜珈。與其他夫妻明顯不同的是，他們並未因為當了父母就疏於對自己的鍛鍊，當父母之後受到影響的是他們之間「相互照顧」的態度。四十出頭的兩人各自努力平衡工作與生活，努力當一對完善的父母，但兩人之間少了點自在的氣氛，我意識到鍛鍊身體根本是他們用來抒發情感的管道。

話題轉到婚姻，史蒂芬以一種就事論事的語氣忿忿不平：「目前還算好，但我們沒有交集。」我後來了解到，這的確算是好的情況，至於壞的情況，黛安娜說：「我不想見到他。」她伸出手檢視著修整過的指甲，一項項列舉不滿：史蒂芬很冷漠、不在乎我的感受、他不會道歉。

假如黛安娜或史蒂芬會找朋友訴苦，我想這對夫妻聽來一定是準備離婚的最佳候選人。現在這個年頭，誰也沒必要在一段充滿敵意、缺乏愛也沒有性生活的婚姻裡折磨自己，甚至可以說，誰都不應該這個做。置身這種婚姻之中並不健康，壓力不但妨礙人成長，孩子也很難快樂。社會之所以接受離婚，就是想合情合理解決這種衝突不安的婚姻。

但在我看來沒這麼簡單。我在龐大壓力下感到和他們一樣無助，但我的職責就是替他們打開一個思考的空間，光靠他們自己很難做到這點。令我訝異的是，黛安娜和史蒂芬從交往以來感情幾度破裂，結婚前就分手過兩次，熱烈的性愛不久被疏離感取代，但他們仍能敏銳察覺彼此的情緒狀態。他們聲稱兩人對事情的看法南轅北轍，不過都深深地愛著孩子。雖然他們宣稱他們之間早已沒有愛情，卻仍然為明年計畫了一趟婚姻周年旅行。與我見面時，他們認識超過十一年，結婚九年。最初幾週的晤談中，史蒂芬幾度脫口「我不想再來了」，不過最後還是準時赴約。黛安娜說她「沒什麼感覺」，隨即因為丈夫不專心而露出寂寞的神情。他們不停批判對方，又不斷想從對方身上爭取些什麼。

想到黛安娜和史蒂芬建立的關係，我在固執中看到徒勞卻真實的努力，他們還是對彼此抱持期待。「你們在一起很久了。」我說，「壞情緒不時威脅著要拆散你們，但總有什麼像黏膠一樣把你們拉回來。我們可以善用這點。」黛安娜眼眶泛淚，史蒂芬的神情也緩和了不少，兩人對還能被視為一對有愛的夫妻都鬆了一口氣。

不過，他們往往在一段時間的軟化之後很快故態復萌。看著他們互相找碴，我發現一般人真的很難意識到，一份失去溫度和新鮮的感情除了對方要負責，自己也有責任。史蒂芬自認是受害者，不滿黛安娜誤解並辜負了他，黛安娜也同樣這麼想，兩人都看不清自己的責任。每當一方失控，另一方也許會暫時先衡量情況，但不久就回復尖銳的立場，或用雙重標準看待對方。他們幾乎沒有容許失誤、不足或示弱的空間，他們都瞧不起對方「過度敏感」，不時祭出「成熟一點」這句緊箍咒。他們攻擊對方「幼稚」，又不把希望被照顧的需求當成一回事。

身體的親密感特別難以駕馭。史帝芬和黛安娜讀遍兩性關係的書籍，設法按照書裡的建議為性愛注入冒險性、甚至緊張感，希望可以增添情趣。不令人意外，花了這麼多力氣只不過成為另一個爭吵的源頭。

有次黛安娜拒絕行房，史蒂芬一氣之下罵她假正經，黛安娜出於氣憤，立刻跑到情趣用品店想證明他錯了。然而在這些道具即將派上用場的節骨眼，這些東西又統統進了垃圾桶，因為對方是個「王八蛋」。他們性生活不順利，不在於缺乏緊張感或冒險性，而在於他們沒辦法不緊張，又不得不把緊張發洩在對方身上。

「性生活有困難是自然的。」我說。「性愛就像一場遊戲，放鬆才玩得起來。一害怕就無法鬆，而你們又那麼害怕對彼此施加情緒。」他們茫然點頭贊同，但依他們現在的關係，**遊戲**、**放鬆**這些字眼起不了作用，他們甚至無法**想像**在性愛裡遊戲是什麼樣子。性愛裡有所謂「施」、「受」的角色，那更是想都別想，因為「誰對誰做了什麼」正是他們之間最緊繃的情感鬥爭。

像史蒂芬和黛安娜這類夫妻，是該鼓勵他們從事性愛，以點燃情感的火花，還是培養安全感，以解放性欲？對此伴侶治療界有過不少爭論，有時這些論點跟夫妻性事冷淡的刻板理由（「他不溫柔」、「她不迷人」）一樣顯得兩極化。性和依戀都表現在關係之中，也發生於我們的身體，在長期感情關係裡相互信任、使人愉悅的互動，往往才是通往性和依戀的途徑。至於能否創造這種情感流動，不只取決於**兩人之間**，也取決於**個人的內心**。能否在愛或性裡感覺到與伴侶貼近，與個人心理關係密切的程度是超乎想像的。

＊＊＊

英國精神科醫師狄克斯（Henry V. Dicks）在二十世紀中為人提供伴侶諮商，他因首創「伴侶療法」而備受讚譽。他在著作《婚姻賽局》（*Marital Tensions*）裡觀察道：

> 在婚姻諮商的診間，許多個案用大眾聽慣了的方式描述壓力有多大，對婚姻嚴重的不滿，就是配偶不夠溫柔……。首先，我應該給婚姻基礎一個一致性的解釋，婚姻的基礎就是雙方互相同意對方是個值得愛的人，而非用來紓壓的性愛機器。如果未能滿足這種需求，或出於隱藏的恐懼、憎惡、死板而否認這個需求，或以「懶散」、「幼稚」等態度貶低需求，都是必須探討的議題。孩子氣、理所當然的依賴、用疼愛的話語和行為

去滿足依賴等行為，無論表現在某個片刻，或在日常關係中持續展現，正是「成熟」婚姻的要素。

狄克斯寫出了黛安娜和史蒂芬相處最關鍵的難處，也闡明婚姻何以既是巧妙的心理建構，也是吃力的情感平衡考驗。婚姻是段**成熟的**關係，在婚姻裡，我們經由接受對方孩子氣（那是人性必然有的依賴），認可彼此是個值得愛的人。事實上，唯有創造出一種氣氛讓雙方「理直氣壯的依賴」都獲得滿足，婚姻才算是「成熟的結合」。

狄克斯模糊提到「孩子氣」的需求、「寵愛的話語和行為」和「珍惜」，說的不外乎每個人對親切溫柔、分享樂趣、興奮刺激的渴望，這正是親暱感和性愛的核心。一段關係是否出了問題，往往能從雙方看待依賴的方式辨別出來，許多人難免把依賴視為麻煩，把性和情感的渴望劃歸為一種可恥的需求。

向伴侶表達身體的需求和欲望也是一種冒險，我們希望被當成值得愛的人，感到被理解和重視，但也可能被忽視、拒絕或誤會。每段婚姻中每一天都會面臨這些風險，我們始終希望被當成一個值得愛的人，否則難免傷心，這原本就是人類本性。婚姻中有個令人訝異卻普遍的事實，那就是我們不可能被關心過一次就滿足。善意就像一座水庫，需要用示愛的話語和行為去補充活水，情感溝通良好，才能注入活水。這個為人帶來希望的特點，適用於各種有意義的依附關係，包括婚姻在內。

要怎麼應付這些固有風險，最終端看我們是希望維持、或破壞婚姻的氣氛。在我們心目中或文化中建立的婚姻典範往往堅信著，如果一段婚姻不快樂，一定是伴侶沒能滿足或回應我們的需求。我們太快跳到「另一半沒有顧慮**我的**情緒」的疑慮，而且幾乎是這關過不去就受不了。但過程中，我們忘了還有一步：自發性運用關懷能力的必要。為了表達內心深處的溫柔，我們必須發揮成熟的思考力、專注力、耐力、敏銳的感知與應對技巧。如此一來，既能保全自身脆弱的感情，又能扮演照顧及溝通情緒的角色，我認為這就是情感成熟的證明。

如果沒有能力照顧自己的情緒，那麼另一半將更難照顧我們。首先，光是向另一半尋求協助或安慰，又要對方不帶投射、不給壓力或不予責怪，這點就很難辦到。如果不能找到有效表達感受的方法，另一半也不太可能做出我們所期待的反應。反過來想，如果你的伴侶不能為他自己的情緒負責，那麼你該有多痛苦。面對自己的情緒，有技巧地加以表達，可以使我們更妥善地關心另一半，令對方感到心安，就跟我們盼望對方給我們的一樣。

婚姻的理想是有能力照顧自己和伴侶的情緒。兩個人共同進入一種彈性平衡的情境，輪流照顧自己和對方。雙方都去想像對方會有什麼感受，盡力用對方可理解並能給予建設性回應的方式去溝通。假使進展很順利，那麼當我們一時失去成熟的度量，惡言相向或無緣無故責怪對方時，對方就能挺身而出，幫忙「共同調節」這份關係。也就是說，另一半會發揮成熟的器量，提供足夠的支持和牽制，使我們免於落入反應過度或逃避退縮的死胡同。萬一我們鑽牛角尖，情感成熟的另一半也能避免過度怪罪，用更快的速度修補裂痕。

這種婚姻平衡並不容易達成，尤其還得面臨生活和孩子的壓力。孩子的需求很多，但若因此責怪他們的需求「幼稚」也說不過去。身為一對好父母，我們殫精竭慮地關照孩子——再喝杯牛奶、再讀一篇床邊故事，一切只為了孩子著想。但當我們耗盡心力、希望孩子暫時停止需索而不得時，很可能會將怨恨轉移到配偶身上，因為我們知道對孩子的需求發脾氣不公平，但對另一半的需求發脾氣倒似乎有些道理。

難就難在意識到自身的依賴會提高我們脆弱無助的感受。史蒂芬和黛安娜藉由迴避性愛、為性愛爭吵，來逃避對彼此**有需求**的處境。飢渴使他們批判對方幼稚、不斷失控，讓對方淪為言語羞辱的對象。他倆都自認心態成熟，站在道德制高點俯視對方的脆弱，由此構成一種異常穩定的協定，但卻看不出正因為他們難以接受並照顧自己的情緒，才會苛責對方也做不到。黛安娜批評史蒂芬太敏感，表示她潛意識也不斷這樣批評自己，若她不那麼苛責自己的依賴性，或許對對方的依賴性也會少一點批判。若是她對自己想得到寵愛的渴望不那麼愧疚，那麼她也不會花那麼多力氣去羞辱對方。

在此我們遇到一個複雜的轉折：黛安娜羞於承認史蒂芬值得被愛，正反映出她內心對自己的看法——很少有什麼東西比羞愧更能撲滅性欲的了。黛安娜的批判無疑抑制了她興奮的能力，也抑制了史蒂芬的性欲，要跳脫這種模式，接受自己跟接受對方同等重要。「相互肯定」包含了重申另一半和**我們自己**都是值得被愛的人。

命令自己或另一半「成熟點」不見得有用，因為單從心理認知要求對方「去做就對了」，是無法形成一段健全的情感生活的，這得在充滿愛與回應的關係中逐漸養成。這方面，童年影響我們長遠的人生，我們希望婚姻能為更長遠的人生帶來影響。在探討哪些核心經驗可以使人產生親密感之前，我們先談談早期親子關係的動力。

* * *

年紀小的時候，我們只會表達需求，沒有能力調控情感。這些情感生猛有力，有時難以判讀。我們仰賴父母去解讀並給予回應、幫助我們理解情感。慈愛的父母會寬容我們強烈的情緒，盡量「看顧」這些情緒，直到他們充分辨認，再細膩而有效地做出回應。父母陪伴我們經歷各種情感，思考我們需要什麼。要讓一個孩子感到心安並且覺得被理解，做父母的必須與他溝通，表示出明白他的感覺（「諒解」他），**同時不忘**表達父母自己的觀點（為孩子「設想」）。因此，**諒解**和**設想**都是要讓對方感到被愛而且被理解，不可或缺的兩種反應。

想想親子溝通失敗的例子。假如父母只能做到諒解孩子的情緒，但任由孩子的恐懼、悲傷或憤怒在她心裡喚起了相同感受，讓她因此不知所措或「沉溺」在事件當中，那麼不但無法減輕孩子的苦惱，反而會讓孩子加深苦惱。相反地，如果父母只顧為孩子設想，回答時少了同理心，孩子會覺得遭受誤解，覺得父母能接受的反應與自己的感受之間存在著根本的落差，他開始忘記自己真正的感受是什麼。父母太**投入**或者太**疏遠**孩子的情緒感受，都會讓親子關係受到傷害。

在一段良好的關係中，稱職的父母會找出適當的平衡點。就以孩子小時候受傷需要安慰來說吧，假如你騎單車摔倒，你會希望爸媽同情你（諒解），也替你想辦法解決問題（設想）。你希望他們抱抱你說：「很疼吧，我知道一定很痛。」接著希望他們說：

「來，我們去清洗傷口，貼個OK繃。」如果父母只對情緒與肉體疼痛有反應（「唉我的天啊，怎麼搞的！一定很痛吧，你這可憐的小傢伙……」），你可能會覺得驚慌不知所措，不覺得被安撫了，也沒得到解決方法。又或者，父母的反應只給予對策（「沒事了，我們去洗洗，走吧」），你可能會覺得獲得安慰的需求被忽略了，甚至覺得被當成一個麻煩鬼。

有個思慮周到的和善大人願意理解我們的想法、渴望和意向，是學會信任親密關係非常重要的前提。父母的這種行為在心理學中稱為「反映功能」。其中隱含的態度，借用一位著名研究者的話來說，就是「願意不加設防地投入情感，為感受和內在經驗賦予意義，而非不知所措或退避三舍。」

一段「好的關係」偶爾也會有溝通不良和無法同理的情形，但整體而言，父母如果能調整做出上述回應，就能引導孩子發展出相同的能力。孩子將學會辨認自己的情緒、整理自身的經驗，分辨出哪些感受是屬於誰的。內化這個**諒解並設想**的過程有助我們理解並回應自己的情緒，構成與他人建立情感關係的基礎。

我們先把這個關鍵能力牢記在心，再來想想夫妻間常見的衝突型態：「我不想……，除非你……。」這個概括型態可以表現成以下幾種變化：

- 「你不要打斷我，不然我也要一直打斷你。」
- 「我可以不對你生氣，只要你從現在起多負點責任。」
- 「我可以在乎你的需求，但你也得在乎我的需求。」
- 「我今天好累。」「哪有，我今天才累。」

請留意，這些陳述如果套用在親子關係中，情境頗為合理。身為**小孩**，沒有**父母（你）**安撫，我就沒有能力安撫自己。沒有你的協助，我也不被期待能夠管理情緒。在你察覺我的需求之前，我沒必要關注你的需求。父母先做了這些事，因此幫助孩子內化了這些能力，這是父母之愛的根本定義。我的某位患者就說：「一個母親理當知道孩子哭就代表他需要什麼。這是做媽媽該知道的事。」

但麻煩的是，即使童年照顧者在這方面辜負了我們，我們現在也沒有權力如此要求另一半。照理說同為大人，彼此的情感與心智認知應是平起平坐，我們理所當然預期另一半有能力溝通情緒，也不期待對方神奇地擁有自動理解的能力（雖然大家都不切實際地幻想過，如果對方偶爾這麼神奇就好了）。我們要求另一半用清楚明瞭的方式陳述想法和感受，例如，把話說出來，而不是透過情緒感染或心電感應。

然而，童年照顧者在這方面**越**令我們失望，我們**越**想從另一半身上索討，這甚至不見得是有意識的。假設你在小時候爸爸就一走了之，媽媽陷入憂鬱和焦慮，她不曾蹲下來看著你的眼睛牽你的手，更不會幫助你化解內心不安。現在的你終於有了另一半，難道不會轉求對方包容你的焦慮嗎？如果另一半未能做到，比方說，你不在家時，他沒能確實按照指示照顧孩子，或者不理解你想說的意思，就會讓你感覺到不被在乎、遭到拋棄，這應該不意外吧？從心理發展來看，你沒有理由**不**感受到這些情緒，而且有充分的原因可以說明，你為什麼不願坦白告訴對方你沒有能力平靜反省，或是你無法看到自己的要求多不公平，並為此負起責任。

如果我們的父母在過去沒能撫慰我們的情緒、為我們的需求設想，那我們就很容易把另一半的疏於回應看得非常嚴重。比方說，你和太太閒聊，她卻表現出一副事不關己或不認同的態度。假如你從小到大，家人總會回應你的情緒，那麼長大後你大概能夠輕鬆看待眼前的情況，也許難免不舒服或不高興，但不至於絕望。

反過來說，如果你兒時依賴的大人一向輕忽你的情緒，或者總是顯得不知所措，無法提供冷靜的看法，或者是憂鬱到只顧得上自己，甚至心智不正常，讓你一再經歷被遺棄、獨自面對憤怒和悲傷的處境，那麼當你長大之後，當太太的未能同理你的感受，你就很容易陷入童年混亂糾結的情緒之中。畢竟小時候沒人幫助你認識情緒，沒人用正確的方法接收你發出的訊息，幫助你去理解並管理這些訊息的意義。結果，到了婚姻中的此刻，你面臨強烈的感受圍攻，內心卻缺少一條標示清晰的反省途徑，你既無法緩解情緒，也無法有效溝通。

親密關係中常見的難題，就是感覺自己的**差異**沒被看見、不被喜愛。小時候，如果大人無法獨立看待你的觀點，或要求你壓抑感受、聽從意見，你就會認為當個有不同觀點的獨立者，會給人家添麻煩。如果過去經驗告訴我，不同的意見會破壞同理心，那麼我為了強行達成一致的意見，而傾盡全力和伴侶爭吵，也就不意外了。強烈堅持對方應該照我的觀點看事情，雖然是在重申每個人心底都有的那個原始訴求，但也曲解了我應當以「我的樣子」被愛的訴求。

諒解和**設想**的瓦解，是伴侶之間相處痛苦最普遍的原因。A有了某種感受，B沒有適當回應，A把事端擴大，不再把B當成有獨立想法和感受的個體。這下子B充分感受到威脅，他不是發動反擊，就是縮回自我保護的軀殼，無法去設想A為何有這樣的表現或感受。雙方進入「追逐」和「疏遠」的循環，不斷強化這種趨勢，一方升高情緒希望獲得回應，另一方則退避開來希望有思考的空間。但是請注意，這個瓦解過程不只在**人**

際之間上演，也會在每個人的內心世界上演，因此從兩方面都必須嘗試化解。如果能在衝突當下或不久後找到「內在照顧者」，我們也許就能暫停這個模式，觀察內心發生的事，重新釋放出更有機會換取回應的訊息。

＊＊＊

諒解自己及伴侶，並且為對方設想的能力，是親密感建立的基礎，無論是情感面向還是身體面向。檢視內心、接納感受、容忍迷惑、不直接跳到責怪——理想上，我們會在童年與慈愛的大人互動時經驗到這些建立親密感的要素，雖然並非每個人小時候都這麼幸運，但是長大後，哪怕是在情緒最緊繃的時刻，我們似乎必須要能「坦然依賴」另一半，這基本上是很大的挑戰！不管你的知識再豐富、接受過再多的諮商，或者睡得再好再飽，有時仍難免失敗。

該怎麼在成熟和「孩子氣」之間順利切換，不產生過度的摩擦，也不拉壞排檔？當指責和不耐煩的抱怨強烈冒出來，該怎麼忍耐後再修補關係，真正傾聽彼此的看法？要怎麼一面思考一面感受，又要怎麼一面感受一面思考？我要如何在努力克服這一切的同時，也給你機會這麼做？

一個有效的出發點就是，停止傾洩「像小孩子一樣」的情緒，這些情緒是我們與人連結的渴望、與人親近的需求的源頭，而我們竟因這些情緒而花力氣批判自己、責怪彼此，卻不盡力增進表達情感的技巧。事實上，這些所需的能力和技巧都可以由培養而來，主流心理學把這些能力統稱為「情緒管理」，廣義來說就是「掌控產生什麼情緒、何時產生情緒、如何經驗及感受情緒」的策略。我們會利用各種方法管理情緒，但最廣泛運用的兩種——後設認知與正念——都有賴於反映功能，或我稱之為「**諒解並設想**」的過程。

「後設認知」（metacognition）是一種區別想法只是想法、並不直接代表現實的能力。看到媽媽生氣，一個有後設認知能力的孩子可以把「我是壞孩子」的想法，以「媽咪把我看成壞孩子，但她也做錯過事情。」的想法代替。發揮後設認知的能力，一個妻子可以從「我老公是混蛋」的想法，轉移到「老公說話傷人真的很不好，但我知道他非常焦慮。」經由後設認知，我們會明白主觀的現實並非客觀的現實，我們所見的現實和他人所見的現實，其實無不沾染了各自的渴望、信念和目標。

「正念」①這個詞如今被過度濫用之後淪為泛泛之談，有如背景嗡嗡作響的噪音。商業市場為它加諸的「假啟蒙」光環令人退避三舍，我們甚至還來不及「用心覺察」，就已經充耳不聞地把該概念摒除在外了。但原則上，正念是一個培養自覺的有效技巧，幫助我們不帶成見地觀察每個當下的知覺、感受和想法。正念幫助我們覺察自己的看法、情緒和身體反應，任念頭自然生滅，而不受困其中。與後設認知一樣，正念也能創造一個喘息的空間，讓我們反思己身，做出通達的回應。

當代很多如冥想、瑜珈、運動等實踐練習都提出了自我管理的方法，這些方法常以「釋放壓力」一詞來包裝，其實它能夠創造一種開闊、接納的主觀意識，放鬆感受與反應的連結。很多人為了平衡情緒而從事這些活動，卻發現在與另一半爭吵最激烈的時刻，這些練習全都被拋到九霄雲外。

你當然不可能一面吵架還一面反省，吵架本來就是這樣，當火爆和無助的情緒佔據注意力，你不可能保持最佳風度。請記住，**諒解和設想**不見得必須**同時運作**，反而兩者往往不在同個時刻發生。一個敏於回應的伴侶，並非永遠不受情緒的宰制失去觀點，而是他在事後能回到原點去思考發生的事。了解這點的人能夠熬過難受的時刻，比起那些不了解的人，他們能更快速地調合彼此的聲音。

如果有繞回原點思考當初感受的能力，就有助於我們把更遠大的目標當成背景，把感受放回背景中檢視。仔細想想，在伴侶間的遠大目標，其實就是維持親密感和友誼。伴侶像朋友一樣相處，對方想引起注意，而投了一顆球過來，我們接住再投回去；我們會盡力理解彼此重視什麼，互相表達喜愛和感激。像朋友般相處，也表示情勢緊繃時可以暫時拉開距離，用關愛而不帶懲罰的方式留給彼此空間，這麼做可以讓我們感覺同調，同時希望和對方同調。而當我們彼此同調、把對方往好處想、相信對方的善意，我們就能繼續做朋友。這是個良性循環。

沒有辦法繞回原點思考的人，容易陷入負面反應。這些負面情緒又滋養出負面心境，讓他們迷失於漩渦中，無法記掛怎樣對彼此最好，也不會顧慮怎樣**對自己**最好。他們帶著自我打擊的心態解釋什麼對自己最好——就是不讓對方得逞。在這種心境下，他們無法這麼想：「另一半是我的朋友還是敵人？他應該是我的朋友，我善待他就有可能修補這痛苦的一刻，恢復良好的感覺。」

如果你的感受或行動無法與溫暖、和諧等更宏觀的目標連結，比起「由上至下」的方法，不妨試試「由下而上」的對策，專注觀察當下那一刻有沒有覺察、仁慈、回應的

①譯註：正念（mindfulness）的概念源於佛學，意思不是正向思考，比較近於用心覺察當下的一言一行。

可能。細心留意你們各自**做了什麼**造成彼此的互動不良，有助於發現有什麼不同的做法能和緩帶領你們走出泥沼，不再耽溺於毒害關係氣氛的負面情緒。關注過程而非結果、感知當下、調適自己的情緒風浪——這些不管在任何情況下都是寶貴的正念技巧，要為關係創造補救或調適的機會，使局面轉向正面，這些做法尤其重要。

身為一名伴侶諮商師，有時我看著一對伴侶的發展情況即使沒有太大改善，但兩人光是努力趨近正確的方向，就能生成一種希望和親密感，這每每讓我大為感動、甚至感到驚奇。單單以下兩種不同說法就存在著天壤之別：

- 「你多幫點忙，我就不會大呼小叫。」
- 「我知道我很煩，但我很想克制自己大呼小叫。」

我甚至想說，即使惱人的行為看似絲毫沒變，但關係有望或者無望就是一個巨大的差別，而造成這個差別的，是伴侶是否表現出**自我覺察**和**自我負責**的態度——承認雙方對彼此的影響，負起責任嘗試不同的做法。懂得自我覺察，我們就會反省情緒的成因和效果。懂得自我負責，我們就會正視自己對另一個人造成的影響，從而調整自己的行為。

那些想維繫婚姻的人，生活裡可能不免有許多限制和煩心事，甚至不乏剝奪感，但有人願意傾聽自己，是感覺被愛最基本的條件。反過來說也成立：一般人覺得在婚姻裡最能侵蝕信任感和發展潛力的原因，就是感覺不被傾聽。自我覺察，代表我們願意傾聽自己；而自我負責，代表我們願意傾聽並回應對方。

自我覺察和自我負責，與夫妻經常面對的一個問題高度相關，那就是誰該向誰道歉。人堅持要另一半道歉，往往是希望看見對方的這些特質。雖然手段笨拙，但要求對方道歉等同於告訴對方：「我還不相信你已經充分意識到你在這場衝突中的行為表現。這件事你也有份，在還感覺不到你願為此負責之前，我無法信任你。」但是這種溝通方式的問題出在實際說出口以後，弦外之音像在說：「你不承認**我**不高興都是**因你而起的**，我就連話都不想跟你說。」

時間一久，另一半漸漸受不了這種感覺，好像只有自己擔下所有責難才能重拾安寧。任何時候要求（或講好聽點，「請」）人家道歉，必定要先為自己的過錯負責，這是非常重要的事。那麼，如果你相信自己沒有錯？光這個想法你就有必要自我反省一番。

衷心道歉有著莫大的意義，更是修補關係不可或缺的元素。但道歉之所以有效，是因為奠基於一個更基礎的東西，那就是**理解**。回到黛安娜或史蒂芬身上，假如一方能這麼說：「我看得出為什麼我這麼說讓你不高興，我了解。」對話勢必會改觀。也許不是馬上見效，比如黛安娜這麼說了，史蒂芬可能猝不及防，還趁機調侃她兩句。但黛安娜如果堅持這個態度不回嘴，那麼史蒂芬對她的信任感就會增加，因為他意識到黛安娜能思考自己的行為與對他的影響，他也許就會願意跟著調整行為，反省自我的過失，從而使黛安娜感受到希望，相信彼此最終能夠互相理解，更添親密。

＊＊＊

有的人會覺得走上婚姻路已經步履維艱，**成熟**和**責任**這類字眼未免引來更多哀號。婚姻需要持續地維護、節制、克己、圓融、紀律，有時也會讓人心裡發悶，渴望叛逆。尤其在婚姻裡，我們忍不住想抗議：「應該不必這麼費力才對！」我們幻想著就算只有一次也好，跟著欲望走，不用總背負著良心或責任。有時我們覺得這些欲望隱約透露出甚麼才是「真正的我」。每當有所不滿，我們就會興起這個想法，認為「真正的我」被「表面稱職的我」給壓抑、隱藏了。我們只是將就忍耐，沒有活出本色，一思及此就大感喪氣。也許這是另一半的錯，他太霸道了；又或許，這是整個社會的錯，一夫一妻制婚姻本來就不自然，社會生物學者也指出這一點。

精神分析師米歇爾（Stephen Mitchell）在著作《愛能長久？》（*Can Love Last?*）中，提供一個迷人的看法：「一個人的自組織（self-organization）……失去豐富多變、失去對單一事物的專注、失去密度，都是發展成熟無可避免的特徵。……病態和健康的自我成長同樣會引起**失落感**，可能還有一股回歸、開拓、**從精神結構本身的壓力下解放**的渴望。」

他提到問題不只出在長期關係的束縛，也出在**擁有自我**原本就是一種制約。維持自我、為個性打造一貫性，會造成一股沉重的壓力。維持是項苦差事，人人都希望逃離，想到箇中的辛苦，我們自然希望伴侶能夠撫慰我們、替我們充電、幫我們放鬆，但是我們又一再面臨現實情境，要當個技巧熟練且心思敏銳的伴侶，共同成就一段充滿慰藉和活力的關係，同樣得花力氣。

前文提過，我們如果能同情並關心自己的情緒，比較容易滿足與伴侶情感親密的渴望。相同的方法在性方面也有幫助。婚姻中可能沒有哪個方面比「為性生活努力」更令人覺得洩氣了。本書後續會談到婚後性愛的其他面向，但這裡我想先說明，所謂「為性生活努力」在此書框架中的討論意涵。

我們在固定伴侶的性愛中尋找及渴求的，是當下身心都感覺愉悅，而且不由自主地戀慕對方，同時被對方戀慕。性興奮的核心就是看到某人因為跟我們在一起而難掩興奮——看到他失控，看到她「不夠還要」或「全力滿足自己的需求」。如果我們無法相信自己在某人眼裡是性感的，就會興致缺缺。

新手媽媽有時會有這種感覺，新手爸爸也會。不幸的是，我們的文化崇尚青春的價值，加上隨著歲月自然而然的衰老，更是徹頭徹尾澆滅了熱情。一個人會滿心在意性表現，除了渴求生理上的解放，更因為那的確會激起恐懼，擔心自己失去了性魅力。

因此在某種程度上，愉悅的性取決於是否有過被人發掘魅力的經驗，這個道理淺顯易懂，但我想強調的是「被發掘」這個概念。我們要的是那種被人「探索」、進而發現魅力的經驗，這在長久穩定的關係裡可能是道難題。日復一日的性生活也許有些探索意味，一對已經知道怎麼做最好的夫妻對基本公式舒服自在，興致來時還可以即興發揮。但長久穩定的伴侶有時也可能很難獲得新鮮感，日常習慣漸漸變成例行公事，嚴重缺乏想像力。

當我們哀嘆婚後性生活一成不變，抱怨的不是缺乏新體位、沒有情趣玩具，或是老待在家裡……其實只要有意願和欲望，這些都很容易解決。而是我們想追求更超脫的經驗，想用一種更能挑動性欲的觀點看待自己和另一半。當我們希望獲得新奇的體驗，例如出外度假、改變地點、角色扮演，就必須把探索和遊戲的元素納入情感的考量。

身為治療師，我見過許多「一方想要，另一方不想要」的問題在婚姻裡激烈上演。這種情境一如所有文化腳本般遮蔽了許多特定的複雜因素，也因此，其中的情緒氛圍變得密不透風、失去彈性。夫妻被困在固有模式中，一方認為對方沒完沒了、貪得無厭，自覺不再是一道待解之謎而更像洩欲的工具。女人可能抱怨在丈夫眼裡看到的自我形象（穿著沒破就好的舊睡衣）根本無法撩撥情欲，但如果不以行動引導，對方八成也不知該如何探索她撩人的一面。這種情況讓伴侶雙方都不敢冒險，只好雙雙躲回寂寞、無力、沒自信的角落。

從我的觀點來看，婚後「為性生活努力」的意思是**積極負起責任，創造能經歷探索的情境**。這和關係的諸多面向一樣，重點在能夠成熟地思考規劃，創造出使人充滿幻想、出乎意料、超乎掌控的情境。從這個角度想，「為之努力」其實並非壓力，至少和為孩子辦個生日派對一樣有趣，還可能更好玩。

問題在於，刻意做這些事來滿足自己和另一半的欲望和需求時所感受到的顧忌。這些顧忌可能化作令人意外的形態，就連堅持順其自然也可能是種規避之策。性的難題誠如婚姻中的其他難題，難在如何找出方法啟動並表達我們成熟的關懷能力，如此一來才能滿足原始的渴望，包括滿足性欲或尋求安慰。

聽到要積極投入心力，規劃出能夠享受愉悅性愛的情境，一般人可能覺得很矛盾，部分原因在於，要在不同的自我面向之間自在的轉換，十分有難度，可以說，心理上擁有海納百川的彈性非常了不起。比方說，有能力談論性欲或性愛技巧（用於分析、解決問題），但也知道何時該避談性（感受、經驗），這需要伸縮自如的個性。又例如，能容許溫柔的性、解放肉體的性、扮裝的性與各式各樣的性共存，而又不必然與之融為一體，也是相同的道理。

人會用各種方式表達欲望來逃脫「精神結構的束縛」。讀言情小說和色情作品大概是方法之一，藉此暫時放下制約讓內心放假，享受身體感官和熟悉公式的樂趣，忘記現實的沉重。長期關係裡與伴侶的現實性生活中，我們必須想辦法在心理立場之間轉換，運用部分自我來創造愉悅的性愛，再讓另一部分的自我去享受。

我們對性生活的態度居然還得「努力」順應自然，認為不費力才是好的，這種心態豈不像限制感情關係一樣限制了性欲嗎？相同的假設會說：如果你懂我，那麼我要什麼都不必說出口，這樣的關係（或性愛）才是好的。除非從你身上得到我想要的反應，否則這段感情（或性愛）真教人失望。我們之間如果產生尷尬、不當或誤會，一定是感情（或性愛）出了差錯。在這些場景中，我們忘了性或情感要有良好的連結，兩人都必須諒解並為對方設想，因此應該運用成熟的能力創造容許興奮、玩鬧和情感樂趣的空間。

安排「浪漫約會夜」是坊間常開立的處方，毋須捨近求遠，光從這個處方就能觀察到失控的焦慮，以及焦慮最具破壞力的表現形式（包括大驚小怪、怪罪責備和心理投射）是怎麼把一個照理說能自然喚起溫暖感情和性吸引力的好方法給破壞掉的。為什麼婚後的約會夜這麼容易出岔子？因為那就像一塊吸引希望和恐懼的磁鐵，會引來我們所談到的各種衝突，而且是強化過的版本。

妻子對丈夫發脾氣，他**難得**打起精神來安排活動，卻不夠了解她，沒有選擇她想參與的事。至於丈夫，則深怕會錯意把場子搞砸，落得熱臉貼冷屁股的下場，往後整個禮拜還得聽老婆叨念。伴侶雙方都為了想像中「成功的」約會夜搞得進退兩難，彷彿不成功便成仁，無法順勢而為，成功失敗只能一概接受，也無法在事後討論哪些有效哪些沒用，以作為雙方合作、理解彼此的經驗。

對任何創意而言，如果堅信事情只有一種方式進行，難免會導致問題，而若要保持心態開放，就不能強求結果。創意的本質包含冒險，冒險的結果也包含了失敗。事實上，情欲的核心就是向情感和性的創意、探索、驚喜保持開放的心態，如果不願敞開自己，就不太可能感到興奮。對性生活投入創意的人一旦想挑戰既有邊界，就一定會面臨「失敗」——意思是，總有些時候事情令人洩氣、覺得愚蠢或者不好玩。

性治療師麥卡錫（Barry McCarthy）說過：表現不重要，態度才是關鍵。**不要在意，勇於嘗試就很好**。在性之中培養幽默的態度，無妨一笑置之，總會有下次機會。大家雖然抱怨婚後性生活有種種缺點，但總存在下次也是婚姻的優點。

誠如狄克斯所言，婚姻是一段成熟的關係，我們透過接受對方的依賴、接受彼此對愛護和關懷的需求，來肯定對方。但狄克斯也進一步提出看法：「也許關於所有人際關係的奧秘，解答就在於是否有能力『以愛的架構包容恨』。」如果無法平衡心中的恨意，任何關係都不可能維持長久。他人既令我們感激，也使我們沮喪，有的人甚至因為另一半日益變得「可恨」而考慮離開。但狄克斯認為，我們是否認為另一半可恨，與我們自身「以愛的架構包容恨」的能力有關。

婚姻裡的性，是有實際機會以建設性態度表達恨意的場域。「孩子氣」的語言有助於我們去思考性，這是很重要的著眼點：拒絕與「討厭」的另一半做愛，跟我們小時候耍脾氣並沒有太大不同。「我什麼都不要了，我討厭你！」聽到對方出言安撫或試圖分散注意力，我們會如此憤怒地回應。但我們身邊的照顧者終究會張開雙臂抱住鬧著彆扭的我們，然後在她的陪伴和肢體碰觸下，我們不知不覺就息怒了，世界為之改觀，也倏地明亮起來。

然而，成年生活不似童年，沒有機會用肢體扭打來宣洩情感，前一秒你還怒氣沖天，下一秒已經被搔得咯咯笑的那種扭打。但有些時候，碰觸依然比說話有用得多，有些時候，做愛比說話更容易消解惱怒。但當夫妻出於防衛心理互相比賽誰更冷淡，或者靠滿足對方的需求來取得權力，這樣的賽局就失去了用性愛化解忿恨的機會。

我遇過最後悔離婚的人之中，有不少都是用性當作獎勵或懲罰的手段，因而侵蝕了婚姻的基礎。這麼做會演變成零和賽局，兩方皆輸。我想，女性尤其容易犯下以性作為控制手段的錯誤，畢竟從少女時期開始，女性就吸收到這麼多物化、混淆的訊息，把女人的性當成權力和價值的籌碼。越是把性當成施捨予人的恩惠，或當成不想棄守「原則」就必須拒絕的東西，越是剝奪了自己把性當成抒發感情的有效形式。這種「原則」毫無用處。

最有用的原則是當一個包容矛盾的複雜人類，不堅持某個閉鎖的觀點。不做愛的人，等同於關閉一個建設性宣洩忿恨的管道，他們用棄絕性愛來表現恨意，但也失去了轉化恨意的辦法。

我是個有感情的人嗎，該怎麼做才能更有感情？這是個令人愕然的問題，尤其是有這麼多人到了中年才第一次碰上這問題。想當然爾，我們是有感情的，畢竟我們結了婚，談過戀愛，更不用說我們都愛孩子。但成長逼迫我們跨出下一步，擴大了問題的範圍。

中年探索內心的壓力免不了會調動回憶，使人反省起自己對創造現有關係扮演了何種角色。如果我們足夠誠實，就會開始對自己日常的消極狀態採取行動。中年這個階段促使我們向外開拓，鼓勵思考如何超越那些清楚界定了人生安排的對價關係，學會關心另一半，把對方視為獨立的個體，認清他們關心的事與我們一樣重要。

如果我們所謂的愛，是指肯定另一個人的個性值得被愛，那麼無論史蒂芬或黛安娜，都還不到愛著對方的地步，但是他們沒有放棄嘗試。走過對浪漫熱情的追求，走過求婚、訂婚、結婚，買房子、生孩子——不只一個，還生了兩個；走過入不敷出、婆媳糾紛、工作困擾之後，剩下一個問題：「你還願意踏上探索之途，學習去愛一個與你在根本上不同的人嗎？不是因為對方有能力為你生孩子、做你的依靠、當你的垃圾場，而是把對方當作一個獨特的生命，而這個生命的本質和構造，你還不全然明瞭？」婚姻縱然複雜難解，充滿坎坷，但也給了我們機會問這個問題。婚姻透過堅持一對一、單純直線發展的特性，不斷探問我們是否還願意與這個我們部分熟悉、部分仍神祕難解的他人，追求身、心、靈的持續對話。

4 婚姻故事

剛步入婚姻時，我們並不了解自己所說的故事，或並未有意識選擇要說什麼樣的故事。到了中年能夠說出「共同故事」的夫妻，他們的關係往往最為緊密，也最有希望。所謂「共同故事」強調同情、尊敬、愉悅、接納等相愛的要素，並涉及婚姻相處的一種基本態度：雙方願意滋養保護這段關係，為關係付出，並在價值觀、看法和人生目標上通力合作，相伴成長。

兩年前，我出席一場晚宴，鄰座是位年約四十的迷人男士，人生正逢重大變動。他為了解釋為什麼隻身赴會，提到了最近剛與妻子分居。幾杯紅酒下肚之後，他坦言自己先有了外遇。等到甜點上桌，我得知他和太太有個兩個月大的寶寶，還有兩個年紀較大的孩子。身為治療師，我不時會碰上類似的告解，我盡量同情地傾聽，但這次我覺得困難。首先，我很熟悉他言語中那種自私自利的作風，一面慷慨激昂地聲稱孩子是他的心肝、是他存在的理由，一面對孩子的實際生活露出事不關己的態度，這種態度每次都會把我惹毛。

他似乎是用三語兩語的簡單說法打發我，恐怕他平常也習慣這樣跟別人說話（「我的要求比較多」、「她不接受我」、「我受夠了照她規矩做事」），顧及晚宴的談話禮儀，我除了禮貌點頭，實在無法多說什麼，只能暗自不滿基於這種場合的禮儀，我得被迫附和他的陳腔濫調。他看來自信十足，以為這番闊論一定能說服我，哪怕在我眼裡他的行為完全無法令人信服。怎麼會有人一輩子活到現在滿口大話，卻還有人相信他們？

後來我有點心軟，我想像著他可能有段慘澹童年，早早學會用淡漠的外表掩蓋真實的悲傷、憤怒或恐懼。他可能聰明地意識到，比起表現得像個喪親焦慮的孩子，不如展現處變不驚的冷酷魅力，對凡事都有個說法，這樣人生會比較順遂。如果他所言不虛，那麼他從六歲起情感就遭到家人全盤的冷落，讓他從此不再碰觸內心真實的感受。那麼，一個意志堅強的女性在接納他之後才發現無法與他溝通，挫折之下抱怨他拒人於千里，這種反應也不令人意外吧？再者，一個英俊硬朗的四十歲男人，一副輕佻的態度惹得太太經常對他生氣，但他內心卻深感委屈，覺得人生遇到的每個人都對他要求太多卻付出得少。某天這人發現自己有外遇，自私地拋下太太獨自在家照顧小孩，這恐怕也不令人意外吧？

某種程度上，他拋下家人合情合理，但我不禁覺得，他如果離開婚姻，會是一個大錯特錯的決定。要說有哪種人專門搞出棘手外遇，為了離婚撕破臉，把孩子捲入麻煩、惹火一眾前妻，這人一定是絕佳人選。他極有可能將人生弄得一蹋糊塗，據我推斷原因出在他的自我耽溺，他永遠只想到自己。他告訴自己，從妻子身上無法獲得迫切需要的東西，但相處的問題是兩人共同造成的，他對自己有責任的這點顯然蠻不在乎。他一連串抱怨妻子的態度，卻看不清自己扮演的角色。人類心理的諸多矛盾之一，就是當你越把情緒怪罪在他人頭上，你所創造的世界就越鬱悶幽閉，你也越想逃離。但從他的表現看來，這些話說得再多，他也聽不進去。

幾星期後，我在街上看到他和他的太太。他太太正費力推著一輛雙人座娃娃車，胸前還纏著寶寶的襁褓，他則跟在後頭。她的姿勢顯示了兵荒馬亂、腹背受敵的狼狽窘態，但他仍然從容漫步，彷彿消極地報復般，一邊享受著風和陽光，一邊沉浸在自己的詩意天地。雖然他裝模作樣，但在我看來，他就像個孤單迷路的小男孩。一股沒來由的哀傷忽然刺進我心口，他們一家人的畫面看來脆弱又辛酸，甚至莫名勇敢。他在晚宴上的大言不慚只表現出一個面向，而前述我的看法則呈現另一個面向，然而此刻街頭的這一幕，綜合了我們兩個的故事版本。

＊＊＊

身為心理治療師，我的生活充斥著引人入勝的故事。我對別人的故事固然感興趣，但對於他們如何說故事，我同樣興致盎然。這個人是把自己的故事理解成現實的一種版本，還是一個絕對**正確**的版本？在這兩者之間，他可以轉換理解嗎？他能不能想像，可以安置他感受的故事不只一個，某個故事也許比那一個更容易催生出特定的感受？伴侶之間，雙方是否對另一半的故事感到興趣或好奇？

晚宴上的男人對我說了一個他自己的故事，我也對自己說了一個關於他的故事。我們自然而然就這麼做了，人類就是忍不住說故事，這是我們用來理解自己是誰、思考下一步的方法。人類總是積極編造過去的故事。每個人之所以獨一無二，並非因為我們所遭遇的事，還包括我們用來述說遭遇的故事。

評論家戈特沙（Jonathan Gottschall）在《大腦會說故事》（*The Storytelling Animal*）就寫道：「人類的心智是為了說故事而塑造的，反過來也可以被故事塑造。」個人認同（personal identity）**本身**就是以故事的形態呈現。從青春期開始，我們編織自己的偏好、興趣、才能，構成一套認同和價值準則，並使之與更大的社會使命串聯在一起。創造認同在文化中是青年期的首要目標，包括人際關係、職業、性向、精神、政治的認同。我們把自我視為一個可以著手處理、改良、編造的計畫，用以反映真實的自我。

述說愛情故事與述說人生故事一樣，我們選擇要強調哪些部分、隱藏哪些部分。尤其因為人生是條單行道，我們會帶著許多未完結的故事步入婚姻。我們在原生家庭學到哪些情緒可以安心表達、哪些欲望可以被允許、人際關係中哪些事可以期待，這些都在潛意識形成敘事的主軸。

在與人聯繫的渴望下，我們擴大心理的相容力，把不相容縮減到最小。剛開始戀愛時，我們注意到哪些事會帶來困擾，半意識地評估這些事對整體選擇所造成的危害。這些評估往往停留在半知覺階段，寄託在像是「沒有人是完美的」、「她會改變的」等模糊的分類裡。這些都是「敘事選擇」，是拿著感受去尋找相配的故事情節。

隨著歲月流逝，早年忽略或撇在一旁的問題逐漸要求被正視，這就涉及擁有一段美好故事與擁有一段美好人生之間的關聯了。人生是否令人滿足，取決於你能否述說一段有意義的故事，說明當下身處什麼位子，又將往哪兒前進。中年的我們尤其需要一個富連貫性又有意義的故事，那些我們自問的問題——我還在前進，還是停滯不前了？我還擁有熱情，還是凡事虛應了事？——全都攸關著故事**和**關係。

有位作家這麼說：所謂「認同」，就是把故事繼續發展下去的能力。一旦故事發展不下去，我們便陷入危機，而婚姻又引來特別仔細的檢視。婚姻是成年生活的情感重心，也是一座中繼轉運站，一個人在這個階段判斷自己是否認為人生有意義，是否依然順利前進，還是被困住了。

步入婚姻時，我們並不完全了解自己所說的故事，或者，並未有意識選擇要說什麼樣的故事。到了中年重新審視婚姻，難免有一種**回歸自我**的感覺，這是原因之一。不同於為結婚而接受假象，我們在那瞬間想起真正的自己。我們忽然覺得真正的人生故事應該在某處，不知為什麼卻走錯了軌道。在這一切不確定中，唯有**時間流逝**的滴答響聲是我們無言的夥伴，故事和音樂一樣能幫助人感受時間，給人一個掌握、標記時間的辦法。倘若故事一步步瓦解，我們也會開始納悶人生是不是略過我們往前去了，最後，絕望感與日俱增，因此如果必須改變，那麼時機就是**現在**。

心理學家沙克特（Ernest Schachtel）寫道，「人在成年後，人生的經驗顯得如此老套，回想起來盡是老套的劇情。」許多人發現自己聽聞離婚朋友訴苦，或許基於對朋友的義氣而不便多問，但越聽卻越覺得困擾而不自在。你的朋友批評著他們的前夫或前妻是多麼差勁，期望你和他站在一起，當然你也盡可能表示支持，但那故事讓你並不好過，因為你秉著良心無法這麼單純地區分出加害者和受害者。即便在友誼壓力下，你仍舊無法把一個複雜的故事簡化成完全無辜的老套劇情。

我們矛盾的反應可能源於一種直覺，研究也證實了這點：人在締結關係時會選擇性地注意另一半的優點，正如分開時，也會選擇性地注意另一半的缺點。兩者都把故事形塑成符合自己感受的樣子。當一對怨偶分手，雙方會重新構思這段關係，認定這段關係從一開始就有缺陷，並且以過往鮮明的回憶作為佐證。就算兩人不明白當初為何要在一起或分開，依然需要有個故事來自圓其說。

文化故事也一樣老套。一般人少了文化背景的框架，就會不知如何過活。我們被百家爭鳴的說法轟炸，時時刻刻陷入誤把廣告標語當成個人經驗的危險之中。根據心理學家麥克亞當斯的觀察，「一般人在文化中找到許多故事和形象，從中挑選並選擇性抄襲，調配成一個敘事身分。」美國文化擁護的故事情節相互矛盾，婚姻在故事裡象徵了永恆，除非提前結束。即便信仰得很虔誠，要妥善調和永恆的時間框架與此時此地情感獲得滿足這兩件事，也一樣費力。

究竟是如齊克果所言，真誠的愛要超越個人好惡才能獲得，或者，滿足個人好惡才是愛的泉源呢？理想上，我們對婚姻的奉獻既源自愛的感受，也源自對婚姻承諾的重視，但當感受和承諾背道而馳，當婚姻不再是天長地久、命中注定，反而令人覺得漫無盡頭、麻木無感，這時就很難找到一個橫跨兩端的情節將兩者重新結合。

社會學者伊洛茲（Eva Illouz）說，當代對於愛的心理認知，特點是「明知不可能，卻還堅持想像著一般人長久的愛情故事（如婚姻）中，也存在著只限少數人能擁有的短暫強烈愛戀。」我們一下子注重短暫強烈，一下子要求感情長久。要是沒警覺到我們正把不協調的時間軸混在一塊，到頭來可能會把兩者不能調和歸咎於關係或伴侶的身上。每當我們自問在婚姻裡快不快樂，等於默默在問這段關係能不能延續至未來且依舊有愛。我們暗自思忖，這段關係是一輩子的愛，還是偶然的配對？其實答案我們多少可以控制。但如果不確定該把婚姻視為一輩子的事，或者只是片段的故事，那麼這種搖擺的態度有時也會悄悄影響我們選擇相信自己擁有多少把握。

我諮商的一對夫妻，他們當初是先上車後補票，兩人都覺得彼此間缺少了堅實的感情基礎。太太在諮商時不斷抱怨丈夫的缺點，但依我來看，更根本的問題在於她對結婚完全不感興趣，寧可恢復自由之身，重回戀愛場景。以這位太太的案例來說，比較有建設性的做法是引導她捫心自問，願不願意或想不想要投入一夫一妻制的長久婚姻關係。

在美國，我們特別鍾愛「英雄之旅」的故事，主角從小就受到天命的召喚。我們把「天啟」、「探索」、「命運轉折」等詞語掛在嘴邊，重述著以進步對抗衰亡這個共同的母題。但我們的文化故事很少把「命運轉折」和「天啟」視為一段快樂婚姻的歷程，而更常用在意識到自己必須「出走」的時刻。婚姻在進步成長的敘事裡往往被喻為趕鴨子上架，更多的是被形容為「停滯、無聊」。

分析敘事方法有助於我們理解為什麼。一個故事通常呈現三種基本形態：著重往單一目標前進的故事、受到阻礙的故事，以及沒有發生變化的故事。如果是悲劇，成長前進的情節很快會通往衰落毀滅的情節；至於喜劇，則是把順序調轉過來，遇到阻礙之後才隨之成長。如果是「從此幸福快樂」的情節，成長之後伴隨而來的就是安定，而故事就結束在由成長轉向安定的那一刻，理由很簡單，因為安定了，所以自然也就沒有戲劇元素了。

從此幸福快樂的故事扭曲了我們對婚姻的期待，因為它暗示我們會永遠幸福，或者理當永遠快樂。其中，「永遠」這個概念是嚴重的扭曲。故事能夠向前開展，是因為有冒險與休息的橋段輪流推動，休息之後必須接著冒險，不然就無法繼續下去。文化故事如果把婚姻說成無聊停滯，很容易把整個婚姻階段歸結成一種「休息」。的確，「光是這樣我覺得不夠」、「我在這裡無法成長」，這些告別婚姻的論述往往把冒險橋段據為己用，然後把休息的橋段丟給「停滯不前」的伴侶或婚姻本身。

現實中，婚姻很少顯得平穩或無聊，很多人覺得自己受到婚姻伴侶的**劇烈影響**。如果有人把自己冰封起來，一定是出於許多戲劇化且意義重大的原因才會這麼做。會有人祭出**無聊**這個字眼，往往因為他們不再傾聽或關心。所謂「無聊且停滯不前」的情節在兩方面掩蓋了更複雜的現實：憂傷的夫妻很少覺得困境無聊，快樂的夫妻也很少覺得處於停滯狀態。一份針對相處已久的夫妻做的調查中發現，許多伴侶都表示對彼此一直懷有強烈的感情、性致、互動，雖然調查結果也顯示他們不再擁有如著迷、不安、對關係侵入性的焦慮等所謂青春之愛的面向。但我們的文化在描寫熱烈愛情的本質時，往往極其突顯這種高度焦慮，使我們忘了對很多夫妻來說，能在漫長婚姻中**激發**「冒險」

的，就是信任和安全感。

＊＊＊

「我不知道我還愛不愛我老公。」愛蜜莉說。她在某個灰暗週一早晨來找我，那天的天氣有多陰冷，她的能量就有多旺盛。她掏心掏肺的熱烈程度讓我覺得被捲入一股漩渦之中。「我也不知道是否真的愛過他。我覺得我會和他結婚，是因為他很清楚自己要什麼，他要我。不久我突然就懷孕了，他說服我搬到這裡。現在我們有了女兒、房子，有個美滿人生，但我卻想：『我為什麼來到這裡？我好想搬回娘家附近。』我老公只叫我別想太多。我想：『我跟這男人在一起做什麼？』」

愛蜜莉調整了坐姿低垂著頭，可能在想她的聲音給人什麼感覺。「比利真的是個好人，為了這個家什麼都肯做。他很努力工作。」她的語速加快：「但他絲毫沒辦法跟我談心事。每次我想聊聊心情，他都不肯聽我說。我覺得我活錯了人生。」她的眼眶泛淚，失望之情不亞於哀傷。「我有時覺得動彈不得，就像想倒車離開泥沼走上一條不同的路。」

接下來的幾週，我和愛蜜莉又見了幾次面，每回她都重申相同的問題，詢問她的婚姻是不是個錯誤。但我同時注意到，她是個非常熱衷於說故事的人。她描述夫妻間溝通不良的痛苦，咒罵之餘還帶著黑色幽默。她會穿插趣聞，活靈活現形容她老公是如何反應遲鈍，小姑如何暗中擺架子，有時我甚至覺得她的故事已經有了生命。我想像有兩個愛蜜莉——一個是實際與比利互動的血肉之軀，另一個是把這些互動編織成一個生動故事的說書人。我也想像比利可能會有什麼感受，大概會為了抵抗愛蜜莉惹眼的存在而退縮到疏離、略帶輕蔑的理性當中吧。她這麼強勢站上台發言，旁人很難找到空隙插入。我想告訴她，只有那些夠拿來質疑她的故事，這個治療對她才有用。但時間一久，要對她這麼說越來越困難。

直到有一天，愛蜜莉令我大感意外。她思索了一會兒說：「如果我和比利處得沒這麼糟，我大概不會說我對他從來沒感覺，我的故事會不一樣。我可能會說：『我們花了點時間才培養出感情。』或是：『他不是世界上最多情的男人，但我欣賞他的忠實敦厚。』」我仔細判斷她說這些話是想討好巴結，還是在對人生哲理發表敷衍的看法。聽起來兩者都不是。事實上，愛蜜莉知道敘事者的觀點永遠是故事的一環，不同於許多踏入我診間的人，愛蜜莉並不完全堅信她的故事。意識到這點，我的心裡湧起莫大希望。

能夠說出彼此感情故事的夫妻，通常他們的關係也最為緊密、最有希望。心理學者稱之為「共同故事」，這些故事強調如同情、尊敬、愉悅、接納等相愛的要素。問題是，他們怎麼做到的？他們的婚姻故事怎麼從僵持敵對轉變成深刻的共通情節，因而為關係帶來光明和鼓勵？從此岸過渡至彼岸的過程中到底包含了哪些變化？

延續第三章探討的情感探索，對於理解感情故事很有幫助。我們為當前的關係述說的故事不只涵蓋當下所發生的事，還會以特定的方式、系統性地汲取早期人際關係的經驗。想擁有更大的自由去檢視或改變當前的婚姻故事，必須了解早期人際關係的記憶如何形成，又如何持續影響著我們。

嬰兒從一歲時就開始大量學習，他們是用全身感受的方式來消化經驗。他們的大腦皮質尚未發育成熟，不像大人有認知能力可以「回憶」或「理解」經驗。嬰兒和照顧者之間的情緒、身體感受、視覺印象、五官知覺、回應模式，都是以「內隱記憶」的形態保存下來，無論在轉譯成記憶或事後檢索，都不包含有意識的關注焦點。用精神病學家席格（Daniel Siegel）的話來說，人從呱呱墜地那刻起，大腦就是一部「預期裝置」，我們建構的心理模型有重要的生存價值，因為我們若能識別到**可能發生**的事，就能迅速應付潛在的危險，也能適應安全愉悅的處境。這些心理模型充滿了非語言並訴諸情感的互動，早在還沒出現「我」的意識前，就成為我們對人際關係最早的「記憶」。

隨之形成的兩個結果很重要：第一，內隱記憶會影響我們人生中的關係經驗，即使我們對記憶源頭並無自覺。第二，當內隱記憶在感情關係中甦醒，我們不會當它是回憶中的往事。如席格所言：「我們只是掉進根深蒂固的狀態，把那些感受當成當下經驗到的現實。」早期記憶刺激我們，使我們傾向透過從前的情感濾鏡去經驗當前的人際互動（例如長大後與伴侶的互動）。

到了一歲半左右，我們漸漸發展出意識或「外顯記憶」。前額葉皮質和神經系統開始發育迎來新的記憶形態，我們將之等同於意識，從此有了「我記住了」這種經驗。這是自傳式記憶（autobiographical memory）和有意識自我的發端。兩歲後，隨著語言發展突飛猛進，幼兒漸漸能理解、也能講故事，這包含了社會認知與反省思考能力的提升。可以講述自身故事代表「敘事自我」的誕生，發展越久，越趨成熟。

內隱記憶和外顯記憶都是重要的核心，奠定了人對自我的認知及感情生活的基調。健全的情感發展應該包含把發自身體的感受性記憶，納入一段有意義的自我認知敘事之中。先於語言的情感記憶與有意識的自我故事若能整合，或者流暢的「對話」，就會帶來一種真實本體的深刻感知。自我與記憶的這兩個面向透過我們與所愛之人的關係，透過人類情感依附的發展，得以整合為一體。

人類在初生的十五個月之後開始發展情感依附，這段時期如前所述，也是具體、無意識、「內隱」記憶的時期。現在普遍已知有四種不同類型的安全或不安全依附，含括了所有嬰兒與照顧者的組合。這些分類源於照顧者回應嬰兒需求的作法中某些明顯可見的特點。這四種被普遍驗證的幼兒依附類型為：安全依附、逃避依附、抗拒／矛盾依附、混亂依附，反映出父母如何回應嬰兒尋求依附的行為，以及會造成什麼影響。父母對尋求依附行為的回應，形同教導一個孩子應該有什麼表現，才能持續引起這父母的關心。我們對親密關係的期待，由這些行為反應構成最早的基礎。

照顧者對孩子尋求依附的行為若能敏銳地覺察和回應，便有助於建立安全依附關係。父母如果忽視或誇大了孩子的表達，孩子會據以扭曲自己的依附行為作為回應。照顧者拒絕孩子的依附行為，孩子就會演變為逃避依附，不再追求親近感，轉而把注意力投向其他的活動。照顧者游移不定的感覺遲鈍和難以預測，會讓有抗拒／矛盾依附的孩子無從得到安撫。照顧者如果同時表現出驚嚇和恫嚇的行為，孩子會因缺少一個能獲得安全感的明確策略，發展出混亂依附傾向。

父母能**諒解並設想**孩子的感受，孩子就會發展出安全依附。如果父母敏於回應，孩子尚在發展中的自我故事就能順利整合先於語言的身體實感，並且加以運用，這樣一來，防衛性適應會降到最低，自我內在的溝通與人際之間的溝通都能協調並進。在安全依附關係裡，父母和孩子分享一個世界，彼此的感受、認知、意向都被視為重要的中心，孩子能自由思考、回顧、探索當下的情境和想法，動用全部的經驗建構出一段屬於個人關於自我的故事。雙親的態度如果足夠慈愛、足夠信任，孩子就不會害怕去探索內心。父母引導孩子說故事，協助孩子架構出骨幹，協力拼湊出「發生什麼事」，並且一起賦予意義，可以想見有這樣的合作對於培養孩子未來與成年伴侶建構共同故事的能力，有著多大的助益。

相對於安全依附的孩子，不安全依附的孩子在自我與依附對象之間發展出的互動模式有著許多問題。行為難以預料的依附對象，會使孩子對自己依賴的人產生混亂分裂的印象，降低了安全感和信任。如果父母前一秒還在噓寒問暖，下一秒又視若無睹，在安慰和生氣之間游移不定，只會留給孩子滿心的疑問和痛苦：我是乖還是不乖？爸爸是兇我還是愛我？如果父母否定、扭曲孩子的故事，敘述的事實或情感與孩子實際感受到的不符，比方父母跟孩子說：「這哪裡可怕！」「爺爺去雲遊四海了（其實去世了）。」「（挨罵）又不會痛！」這時孩子所感受到的經驗將無法與從依附對象互動中所聽到的故事結合。換言之，受到父母輕蔑態度的影響，孩子會忽視那些依附的情感，導致情感匱乏，容易過度簡化、壓縮自我與他人的故事。

凡此種種都顯示，我們帶著核心依附故事離開童年，故事的主軸關乎可以與什麼人建立關係、可以在他人身上期望什麼。這些故事告我們哪裡潛伏著危險（如：「不要要求太多，不要驚動媽媽」），哪裡可能找到安全的避風港（如：「我如果難過，爸爸會安慰我」）。雖然這些核心情節對人有著深刻的影響，但同樣令人驚訝的是，這些情節可以**改變**。人改變故事的能力，是依附研究中另一項驚人的發現。

想想看故事是如何改變的，想想成年時期依附他人的安全感，那不單只和童年遭遇有關，還和你能為童年遭遇述說一個怎樣的故事有關。研究者利用一項名為「成人依附訪談」（Adult Attachment Interview，簡稱 AAI）的研究工具發現，成人如果有能力為自身的依附史講述一**個前後一致的故事**，則可以預測她和孩子的安全依附程度較高。換句話說，如果一個女人現在當了母親，**無論她當初的不安全感有多大**，現在的她若有能力回想過去，而且能前後一致地描述自己與雙親的關係，這就會是個關鍵要素，決定她和自己孩子之間的依附關係安不安全。

接受成人依附訪談，被評估為「安全—自主型」的成人在描述童年時，能夠講出童年人際關係的情感記憶，能夠反省箇中意義，同時能夠與人合作，把記憶清楚傳達給另一個人。評估為「逃避—不在乎型」的成人提及早期依附經驗時，在認知上有條有理，但是情感空洞匱乏。評估為「焦慮—煩心型」的人，容易被與依附相關的情感淹沒，因而扭曲記憶、思考和說話的方式。

父母敘事談話的這些分類也與孩子的依附安全狀態有關。因此，那些安全依附的孩子，他們的父母談到童年時，多半條理清晰，能夠自我反省。那些逃避依附的孩子，他們父母描述與自己雙親的關係時，用的是缺乏自省又過度簡化的方式，會說出一些沒有具體記憶佐證的廣泛形容詞（如「童年很快樂」、「媽媽人很好」）。那些矛盾／抗拒依附的孩子，他們的父母描述自己依附經驗的方式往往混亂而模糊，對訪談者的觀點缺乏認識。

重點在於，一個能前後一致敘述過往的依附關係、與孩子建立起安全依附的父母，**不見得自己有個安全依附的童年**。這就是依附關係研究所謂著「爭取得來」或「演化出來」的安全感。一個「演化出安全感」的父母已經從過去的經驗得到一個觀點，得以在目前的關係裡運用**不同以往**的方式去感受、行動與說話。事實證明，一段充滿支持和信任的關係，能幫助我們從早年因為冷落、創傷、失落所引起的不安全依附中復原。治療師或某個適時出現的他人所給予的重要情感支持，對新手媽媽爭取安全感極有幫助。

一個以社福機構扶養之孩童為對象的研究指出，這些孩童多半在「經歷溫暖信任的婚姻之後」成為好的父母。童年時期遭受家暴的媽媽如果接受心理治療，或與另一半擁有滿意的情感關係，就比較不會對孩子施暴。結婚和當上父母都有助於推動我們邁向更有安全感的依附關係。而相愛的伴侶之間的安全依附，看來比他們與童年照顧者之間的依附類型更有益於改善關係的品質。

成人依附訪談的特殊之處在於，受訪者一面要回想過往與照顧者間的情感經驗，一面要維持一致性的思考及對當下的自覺，這可比聽起來困難許多。依附關係很自然會挑起我們激動的情緒。安全依附的成人特點就在於，即使處於強烈的依附情緒，他們依然有能力連貫地思考、談論童年的依附關係，這正是反射功能的本質，也就是第三章探討的「諒解並設想」過程中的精髓。借用一位依附研究者的話來說，「思考感受以及感受思考的能力」，正是反射功能和安全依附的核心。有安全感的成人能夠諒解並設想曾經是孩子的自己，也能如此對待現在自己的孩子。

婚姻也是一種依附關係，關係到人對安全、舒適、關懷最深沉的希望和恐懼。又因為依附關係會喚醒最原始的情感需求，因此不見得總是能夠讓人輕鬆地思考，不如運用與更大目標的連結、運用共同故事來調整、緩和、形塑回應。不過，當人習慣用思考掩蓋感受，或用感受掩蓋思考，那麼親密關係就會受損。

舉例來說，一名逃避／不在乎型的配偶，可能會用一套官腔故事述說他的過去（「沒有大問題」、「一家和樂」），但其中總有些令人訝異的細節會抵觸他的說法（「對啦，我爸是酗酒，但他沒那麼常揍我們」）。經他理想化的童年印象會掩蓋早期的情感經驗，妨礙他與伴侶在一起時表達脆弱的感受。現實中，這樣的人往往覺得他對安慰和回應的需求遭到父母的忽視，因此早熟地學會自給自足，如今，他因為恥笑妻子感情用事而點燃了衝突。要真正緩和他對妻子（和自己）的態度，他必須學會看清楚他那套故事其實是為了在童年情境存活所建構的說法，這個故事不經意地把妻子化作「愛抱怨的小孩」，那也正是他從前所受到的責備，他所有個性認同都是為了遺忘這一點而成立的。如果這對夫妻接受治療，我會設法揭露他痛苦的過去，以利於了解他此刻的情感，想辦法在現下夫妻之間創造出新的經驗，好好整合並治癒過去。

每個人都可能配合新的情感經驗來改變故事，這代表一段安心、關愛的婚姻具有「治療」的潛能。在一段相愛的關係裡，我們信任伴侶的關懷，因此能夠重新評價自己的故事，重新打開通道，讓早期情感經驗與有意識的自我和關係故事得以交流。我們能拓展自覺，意識到童年的依附模式如何影響了現在的行為，檢討哪些意念傾向曾經是必要的生存手段，但如今只會造成妨礙。

比方說，我們可能會注意到，每當自己感到有需求、想依賴的時候，是不是會立刻警惕或防備起來。或者，我們可能會在另一半不那麼大驚小怪的時候，設法克服恐懼，冒險地尋求多一分親近。藉由檢討自己的傾向，讓我們更能夠開口談論這些傾向，慢慢走向一段有更多關愛和回應的共同故事。

就算只是回想某些枝微末節的經驗，也能替改變故事打開一個通道。想像一名年輕女子為了生不生孩子而傷透了腦筋。有天她去朋友家作客，她們一邊聊天，朋友一邊餵著十三個月大的寶寶吃飯。坐在高腳椅上的寶寶大概為了吸引注意力，把一碗早餐穀片往地上摔。年輕女子聽見她朋友溫和地說：「哎呀，不小心弄得好髒哦，對不對？」隨後平靜地收拾殘局。年輕女子很訝異，甚至有點震撼，她還以為會出現怒氣沖沖的場面。此時她才意識到預期與現實之間的差距，這也促使她反思自己。她發覺自己心中有一個母親與幼兒關係的典型：強烈主張自我的行為會招來嚴厲責罵。見到朋友有不同的「故事」，動搖了她原本以為絕對如此的假想。現在她得以想像自己當了母親，與孩子互動時也可以有個不同的故事。她與自己母親關係的故事也在新的方面產生了意義。

諮商那天聽到愛蜜莉質疑自己的故事，喚起了我一股希望，因為這表示她能夠接納不同的觀點。如果要求她考量自己強烈的情感，別再全心相信只憑情感就能說出故事的全貌，我想她會很難做到，但她的優勢就是願意嘗試。接下來與我合作的幾個月，我們的治療給了她情感支持和心理空間，愛蜜莉得以思考自己的經驗，嘗試去理解而非只是反應。由我開始先聽她說話再做出回應，她漸漸能傾聽並回應自己，也能傾聽她丈夫，更有興趣知道**他的**感受和想法。她凡事都想下結論、主導論述的反射動作顯然慢慢平息了下來。等她克服了詮釋的衝動，她才發現自己最渴望的其實是種互相分享的感覺。看來結婚這麼多年後，她和比爾終於開始攜手尋找「共同的故事」。

＊＊＊

針對依附理論、情緒管理、後設認知與正念等做的研究發現，一個人具備敘述內在經驗的能力，是改變感受最有效的方法。能用準確、前後一致性的故事說明自身經驗，直接關係到我們調適並緩和情緒的能力，兩者相得益彰。敘述一個邏輯連貫的故事有助於整理情緒，而調適情緒也有助於說出一個連貫的故事，當你情緒越平靜，就越能夠反思，這樣不僅察覺到自己所說的故事，還意識到自己正在說故事，光這樣就是一種強大的情緒管理手段。

一旦情緒管理瓦解，不止婚姻關係會惡化，離婚時也往往搞得十分難堪。我們誰沒見過某人因為無法或不願預想後果，導致婚姻走到難以收拾的地步。身為治療師，我雖然能設法延緩事態的發展，幫助人從未來的觀點思考此刻的決定，但一般人多半無法做到，或者不願這麼做。就算我努力探討整個局勢，分析案例可能面臨的得失，對方可能也不屑一顧地認為我在說教，或覺得我搞不清楚狀況，甚至排斥「所有的結果都有得失」的想法。在高漲的情緒下，人會失去區別感受、詮釋和現實的能力，我們往往得費一番工夫才能記住，實際經驗與我們述說的故事是兩回事，驅使我們說出這個故事的原因往往自己也不了解，而且我們說的故事並不完整。難就難在，不是所有人時時刻刻都願意或有能力去拓展他們的內心。

然而一旦婚姻瓦解或發展出外遇，與過去相差無幾的痛苦往往會再度出現。那些最初無法看清全局的人，此刻對眼前發生的事會既驚訝又憤怒，總覺得哪裡搞錯了，卻不知能怪罪誰。

與布麗姐晤談時，我就遭遇到這些問題。向丈夫提出離婚的是她，但得知前夫打算再婚，心煩意亂的也是她。多年來，她對丈夫已經沒有了愛意，始終覺得對方一絲不苟的生活態度令人窒息。她與藝術家朋友相處開心多了，其中有幾個是可望發展戀情的對象。她在諮商時用就事論事的口吻向我說明——她不想接受治療，只是朋友叫她一定得來。她的語氣彷彿她來求助的這件事與事態如何開展沒有多少關聯。聽她說著說著，我注意到她絲毫沒想過自己會落入目前的狀態。原本不想離婚的五十二歲前夫現在卻愛上別的女人，這件事徹底讓她傻眼。丈夫展開新生活，她的戀情卻告吹讓她覺得憤怒又委屈，好像這一切都沒得選擇似的。

孤單、煩惱，經濟窘迫加上深深的剝奪感，布麗妲不自覺想找個對象來怪罪。離婚前，這個角色是她丈夫，現在剩下兩個正值青春期的孩子，她開始覺得他們的需求是在榨乾她。她對孩子說：「不要凡事都覺得理所當然。」還說：「錢不會從樹上長出來。」雖然孩子對這段日子生活中的變化一無所知。像假日出遊、上才藝班等原本的日常活動現在都成了布麗妲無力負擔的奢侈，但她沒有同情孩子的失落，也沒有去感受自己的內疚或傷心，反而責備孩子要求太多。看來，她並未意識到孩子只是維持著一直以來的期望，是她改變了說詞，把整件事看作他們有問題。她一時的情感經驗完全覆蓋了長久以來的故事。

布麗妲想邁向一條有意義的道路，但她缺少能夠串連思考和感受的對話，不得不在混亂和僵化之間搖擺。當焦慮和剝奪感過於強烈，她無法反省自己的決定、並從中獲得教訓，因此陷入混亂。加上她冥頑不靈，一再採用失敗的策略，企圖靠外力修補內心的不快。精神科醫師席格表示，混亂和僵化是情緒失調的指標。布麗姮自言，只要與新對象交往，她的問題就「不見了」。而新對象一旦消失，問題又源源不絕地奔湧而來。布麗姮不懂得用後設認知管理情緒，不知道能拿一個完整的故事作為參考，以幫助自己整理思緒、感受和行動。她一方面過度相信她的故事，一方面又不確定那是個怎樣的故事。

聽布麗姮描述成長的過程，我發現她小時候並未受到慈愛父母的關懷，沒人教她以穩定的自我意識整合情緒。「**自戀**」一詞常被隨口用於譴責別人，事實上，將之理解成一種深沉的匱乏感會更有幫助。這份匱乏感使人難以把他人視為真實的人，擁有跟自己同等重要的目標和感受。遲鈍冷漠的父母在孩子心中留下那些對愛與溫柔的渴望未能滿足的記憶，因此孩子會不斷追求讚美作為一種安慰，藉著某方面表現出眾來博取關注，這樣一來，他們自我中心的父母才可能給予他們獎勵。孩子靠這種方式照顧自己，但也使得他們的內心空虛，到頭來，他們開始用當初遭受漠視的方式漠視別人，這就演成自戀的悲劇。布麗姮的被剝奪感導致她表現得自我中心、抗拒別人，而這些心態讓她益發孤單，被剝奪感也更重了。

我雖然希望每個人都能修改帶給他們痛苦的情節，但聽人說故事也聽得夠久了，知道要對賦予故事頑強力量的無意識動力保有一分敬意。正如不是所有依附關係都有益身心，我們的故事也不見得都有益處。滋養故事的是人內心深層原始矛盾的情感暗流，如侵略、羨慕、罪惡、恐懼、嫉妒等，以上還只是簡單列舉。我們的童年經驗及其所引起的感受共同構成了一份長久埋藏的信念，主宰我們看待自己和述說人生故事的方式。我們之所以困在自己的故事，原因之一就在於這些故事是如此精簡有效地表達出那些建構我們潛意識生活的願望、恐懼和幻想。

這就是傑夫和譚雅的案例。這對五十歲出頭的夫妻來找我，首先令我印象深刻的是傑夫言談間顯露的高傲態度。他造作的用詞在我聽來有點誇張，不是因為他說了什麼，而是因為他好像在演一齣神祕兮兮且自我指涉的幻想，幻想他對聽眾（也就是我）極具影響力。太太譚雅則正好相反，她給人感覺務實、漂亮又清爽，以服飾品牌來比喻，比起仙氣的 Anthropologie，她比較接近俐落的 Talbots。從外表上看，他們也像從不同片場走出來的佳偶——先生是哈佛出身的約翰．克里斯（John Cleese），太太則是影集《絕命毒師》（*Breaking Bad*）裡的主角絲凱勒．懷特較為拘謹、上流的版本。

在我最初的觀察，他們「表演」的婚姻就像寫好劇本、經過排練，雙方都異常投入。我幾乎覺得他們是否在演出某個打情罵俏的場景，令我十分難以理解。

我詢問他們為什麼想接受伴侶諮商，他們和藹地提出幾個常見理由：他們嚮往與子偕老，他們共同擁有一段豐富的回憶，有過笑聲、溫暖和孩子，他們希望這些能夠延續下去。但他們對於目前想要的生活產生了分歧的想法。他的工作以城市為重心，她的生活則圍繞著郊外住宅區。再過一年，最小的孩子也要離家讀大學了。想到兒子即將離家，傑夫除了滿懷不安與憂傷，也熱切期待擁有更多的自由，好追求他的城市生活。但是，再過不久整個家就會空蕩蕩的畫面，為傑夫追求刺激的渴望增添了一絲絕望的氣息。

譚雅則相反，她期待小兒子離家，因為這樣才有機會與丈夫重溫舊情，找回二十幾歲時享受過的如膠似漆。她要的很簡單：丈夫每天下班回家，兩人一起享用晚餐，看部電影，然後上床睡覺。對她來說，這就是卸下多年養育孩子的責任之後，兩人應得的快樂回報了。

我一邊掌握他們的狀況一邊思考，這兩人既能共同撫養兒女長大，還能在歡笑中互相示愛，那麼該有足夠能力回應對方覺得重要的事，並且找出可行協議吧？我問了一個普遍會問的問題：你們有沒有試過讓對方參與自己的活動，將兩個人的世界合而為一？

有的，他們嘗試過，但太太覺得丈夫的工作場合無聊，周圍的人都浮誇愛現。那麼，你們有沒有試過每週用幾個晚上各做各的事？沒有，理由很簡單，只要哪天晚上先生在外過夜不回家，他們就會大吵一架。我問先生，他試過投入參與太太想分享的家庭活動嗎？有的，他樂在其中，但不久就開始焦躁，而且不禁質疑，難道和平的代價就是永遠依照她的方法行事嗎？

婚姻中常見的難題之一，就是雙方的難題看似淺顯，實際上卻無從化解。他們的故事隱含一個明顯的矛盾：他們深愛彼此，希望維持婚姻，但無論哪一方都不能忍受在某方面妥協以滿足對方重要的渴望。他們談起過去的經驗，傑夫提到他有個執拗的母親，母親因為孩子不順她的意，就丟下兒子挨餓受凍。在他的描述中，他的母親既嚴苛又強勢。他曾費盡心思只為獲得母親的肯定，他發現只有少數幾種行為能夠受到認可。之後的幾次會面，每當話題轉到這方面，我都不確定會從他口中聽到哪個版本。有時他提起母親，幾乎帶著一種畢恭畢敬的語氣，有時我也感覺到他對母親的怒火如焚風般輻射擴散。還有些時候，他流露出一種近乎挑釁的天真信念，認為自己理當自由地表現自我，以本來的面貌受到接納和肯定。

舉凡這些感受都表現在他和譚雅的問題之中。在他眼裡，譚雅就和他母親一樣，對「好表現」的定義死板狹隘，他一方面想取悅她，一方面又因為不被理解而感到憤怒，堅信自己有權加以反擊。他用不可親近的態度來懲罰妻子，又努力回應妻子的需求，藉此宣洩怒氣的同時也滿足了對愛的渴望。他抗議譚雅不支持他的興趣，也隱約將她排除在這些興趣之外。他一面演出過去的情節，一面想嘗試新的做法。

在譚雅的成長史中，死板代表安全。她母親訂定的規矩和習慣就像是一堵抵擋焦慮和恐懼的牆。她的家庭會精心安排生活的模式，所有家庭成員按部就班一起行動，建立起保證「安全」的規範。我們討論到，所謂的好表現總是帶給人無窮的壓力，她忍不住吐露，她認為超出代代傳承的規矩之外的，都是些酒鬼和毒蟲。她一個哥哥就因為表現不良被逐出家門，從此再也沒人提過他。「我只知道他現在流落街頭。」她說。譚雅透過這種安全或危險非黑即白的觀念來表現她的敵意和焦慮，這跟她媽媽很像，老是拿酗酒父親留下的陰影來說嘴，藉此要求譚雅那個愛找樂子的爸爸安分守己一點。譚雅把依賴表現於外——她渴望親近，對獨處感到焦慮，這點讓傑夫覺得備受重視、被需要，也是他一直渴望從自己母親那兒得到的感覺，但久而久之不免演化成雙方對控制權的堅持，這部分也是為了應付譚雅的羨慕和嫉妒情緒，因為在她看來，傑夫生活裡的好事好像都和她無關。

傑夫和譚雅前來求助的問題從內心深層來看，其實正是讓這段感情對彼此有意義的核心要素。他們一起演出的相處模式表達了各自矛盾的願望，有時譚雅是控制狂母親，傑夫是安撫母親的孩子；有時傑夫是叛逆的孩子，譚雅則是生氣或害怕的母親。傑夫會用離開（表現為「堅持做自己的權利」）來懲罰譚雅的控制欲，之後又藉由屈就於她的願望，回到她的恩寵之下。這的確是一種痛苦的安排，但童年經驗已讓兩人學會預期並忍受這種痛苦，他們會選擇與對方在一起，是因為兩人能如此合拍地一起演出這齣故事。

與傑夫和譚雅晤談讓我感受到一種錯綜複雜的膠著，但他們近二十五年的攜手合作打造一段婚姻和家庭，實在令人敬佩。只是既然問題一直都在，為什麼偏偏現在才變得無法容忍了呢？空巢期到來，夫妻不得不重新安排生活的優先順序，這雖然是極為平常且可預期的人生任務，但仍會對關係形成棘手的干擾。孩子離家之後，兩人被迫思考彼此身為一個人或一對夫妻的角色，是否希望成長改變，又該如何成長改變。

辨別婚姻是否成長的要素之一，就在於能不能從將自身的處境歸咎於伴侶（「這是你犯的錯，我是無辜的受害者」），轉變成為自身矛盾而負面的感受承擔起責任。我如果能看清並承認我正在對你做一件不好的事，既有助於我停止這麼做，也有助於我尋回你是個好人而我愛你的想法。即使我打算結束這段關係，如果把心態從責怪對方不是**理想的**妻子／丈夫，轉變成承受愧疚，接受對方**原本**就是這樣的丈夫／妻子，只是我不再想繼續相處下去，那麼這個體悟也至關重要。為自己的感受承擔愧疚和責任，是長大成人過程中重要的一環。

婚姻包含成長與反成長的潛力。夫妻可以選擇各自在關係中成長，也可以把婚姻當成抗拒改變的堡壘，保護他們安全、不用費力或思考。中年時期的一大煩惱，就來自於伴侶之間對於是否希望成長的態度分歧，或對於成長能走的方向有了不同的想法。當然，夫妻之間也可以心照不宣達成共識，維持現狀，隨著時間永遠演出彼此的心理投射。我不禁懷疑傑夫和譚雅是否正是如此，不只是他們的核心困境正一點一滴轉變，他們面對改變的態度也產生了變化。我如果請他們一方想想這件事，場面就變得有點尷尬，另一個人會找藉口插嘴或者發出會心一笑，好像這是場虛構的比賽，他們是隊友，而我才是他們的對手。有時我甚至覺得，他們正在演出某個場景，兩人一起在暗中竊笑——可能把我當成那個嚴厲的母親，而他們是一對調皮搗蛋的搭檔？這讓他們共同處於一個異常安心、小孩子氣的情境。他們雖然表面上來接受諮商，希望尋求改變，但內心深處已經同意維持這個既定的模式。

表面看來，傑夫和譚雅以極端形態表現出中年的兩股驅力，一個向內加深，另一個向外拓展。譚雅代表向內加深的形式，把自己和丈夫緊緊裹在孤立窒息的兩人世界。傑夫則尋求向外流浪與世界互動，又暗暗像小飛俠彼得潘一樣有一種長不大的情結，刺激著譚雅的不安全感。兩者的目標乍看之下分歧，其實存在於一個故意對立的平衡之內。在最理想的情況下，婚姻在中年能拓寬舒適的兩人天地與廣大非個人世界間的空隙，讓雙方不是越來越趨向極端和隔絕，而是互相騰出空間，擴大連結、加深親密感。這麼做某方面也代表修改童年的劇本，重新編寫一個兩人共同的版本：一則屬於他們自己的成熟故事。

在譚雅和傑夫的故事最後，他們熟悉的魔鬼還是勝過了陌生的魔鬼，六個月後他們中止了諮商，還特地感謝有我的協助。雖然我實在不確定有沒有幫上忙。他們的共同故事既滿足了他們，也剝奪了他們。我有預感他們會繼續抱怨，但不會做出任何改變。

研究婚姻的人有不同的方式來稱呼伴侶對共同故事的需求。例如我稱之為「金環」（golden ring），精神分析治療師稱之為「第三空間」（the third），而高曼②一派的治療師稱之為「我們的故事」（story-of-us）。其實這些都指涉婚姻相處的一種基本態度：伴侶雙方會滋養、保護這段關係，為關係付出，把關係視為同時存在於個人之外及兩人之間的實體。創造一段共同故事，形同伴侶雙方在價值觀、看法、目標上通力合作，這來自一種關心好奇的態度，也反映出這種態度。但既然想合作，勢必得確保如何進行有效的對話。對話不同於平行的獨白，必須包含兩個**有差異的人**，他們的**觀點各自成立**，卻努力設法去理解彼此。不過，有時受到情緒左右，對話會令人意外地難以完成。

瑪格麗特和班恩眼前面臨一個重大抉擇，攸關著他們的共同故事。他們正考慮要不要搬回太太的故鄉英格蘭，在那裡撫養一個四歲和一個六歲大的孩子。這個決定牽涉到財務、家庭、文化和身分認同，絕對需要協調。但是瑪格麗特前來尋求諮商時告訴我：「我和班恩沒辦法對話。」他們兩人都感到一股揮之不去的模糊壓力，覺得進退兩難，要一起做決定儼然不可能。每次稍稍有些進展，但到了最後心力都會白費。他們需要有人協助他們找出對話的方法。

要順利引導你的伴侶參與對話，可分成三個階段進行。有句開場白聽來很簡單卻很有效，那就是問另一半：「現在適合來談談嗎？」對方如果回答不適合，就請他提出一

②譯註：約翰．高曼（John Gottman），美國華盛頓大學心理學榮譽教授，專長以科學觀察方法，分析婚姻關係及婚姻穩定程度。成立高曼學院，對婚姻及家庭諮商治療影響卓著。

個適當的時間。這句話之所以有效，是因為我們常常習慣在手忙腳亂的時候拋出困難的話題，那時另一半可能正趕著出門、忙著計算所得稅，或者已經困倦想睡了，結果我們又因為得不到回應而生氣受傷，怪對方「從來不聽」（然後胡思亂想自己編造故事）。「現在適合來談談嗎？」是個開放式問題，隱含了金環式的覺察，你知道你詢問的對象是個複雜、立體、獨立的個人，你想請他花時間和心力與你進行互動，哪怕這麼做可能困難且壓力重重，但你也希望有所收穫。

第二階段是將**諒解並設想**的過程付諸實行。還記得小時候騎腳踏車摔倒的例子嗎？你不只需要安慰，也需要解答。夫妻之間對話破裂常常出自於另一半只提出或接收到其中一個面向：「我只需要你聽，不用一直替我想辦法」，或「你能不能先冷靜下來，我們才能想辦法嘛？」對話要收到最好的效果，往往是雙方在感受和思考上都有餘裕的時候，這兩者不見得能同時發生，何況有時進行的是困難的對話。最有效的做法是先從各自交流自己的感受開始，另一半可以提問鼓勵對方繼續說下去，但不要加以評論或詮釋。這需要自制力，否則很容易只是擺出有在聽對方說話的樣子，其實心裡正不耐地敲著桌子，等著輪自己說話，好證明自己的論點。

在此刻，要當個關心對方的人，代表你需要管理自己的情緒，才能抱持著好奇心與同情心傾聽對方說話。等雙方都分享了感受、把感受放進金環以後，兩人再一起思考如何解決問題。他們可能會驚喜地發現，在充分說明彼此感受之後，反而發現彼此的觀點比一開始以為的有更多相同之處。就算不是這樣，至少他們已經更加了解需要做出哪些妥協，才能達成雙方都願意接受的方案。

與班恩和瑪格麗特進行晤談時，我特別注意他們如何和對方說話。普遍來說，我相信只要能夠順利對話，每個人都可以是足智多謀、富有創意的問題解決者。我請他倆在我面前談談。

瑪格麗特（對班恩）：好吧，所以搬家的事，你決定怎麼做？

這句開場白在我聽來相當咄咄逼人。我很納悶，他們難道已經同意決定權在班恩手上了嗎？

我：在你們繼續之前，我能不能先弄清楚？你們已經有共識，這件事交給班恩決定？

班恩：不，沒有。

瑪格麗特：每次我想談這件事，他都不聽。所以我跟他說，他得做個決定。

很顯然，瑪格麗特還沒想到該怎麼順利開啟這個敏感話題。說不到三句話，他們已經爭論起來。因為感覺不被傾聽，事情無法照她希望的時間表推進，瑪格麗特在挫折之餘把問題丟給了班恩，表現出問題全都出在他身上的態勢。班恩左右為難，承擔了做決定的責任會被罵（例如被批評做事武斷、不在乎她的感受），不承擔責任也會被罵（例如被說逃避責任、沒達到她希望事情有所進展的需求）。我必須激發他們的金環意識，那是一種共同故事的意識。

我：這個決定困難又複雜，顯然只有一起做決定，才可能讓你們兩個人都滿意。請先認知到你們正在進行一段艱難的對話，與對方商量時記住這一點，我想會有幫助。（對瑪格麗特）你想試試嗎？

瑪格麗特（對班恩）：搬家的事，我想了很多，越想越擔心。我希望我們可以談談。現在方便嗎？

我：很好。班恩，既然你也來諮商，我假設你的答案是OK。要不要接下去說說？

班恩：聽起來的確好多了。（對瑪格麗特）好啊，現在可以。

瑪格麗特：所以你原本打算打的幾通電話，已經打了嗎？

班恩：呃，因為時差關係，這幾天不太方便打過去……不過我已經想好了，接下來這幾天就會打。

班恩看來有點膽怯，彷彿瑪格麗特所感受到的巨大壓力影響了他的反應。

達芬妮：班恩，你知道，要讓對方理解你的想法和感受，部分取決於你覺得自己有沒有權利表達、能不能清楚溝通。你可能太習慣由瑪格麗特主導事情的發展，變成她有問題，你才會反應，甚至還可能覺得她很煩，或者因為不甘願做這些事，所以拖拖拉拉。我希望你盡量想出一個回應方式，不要畏縮或不耐煩，直接說出：「我的感受和想法是如何，我打算怎麼做。」你能試試嗎？

班恩（深呼吸）：我試試……瑪格麗特，我們倒回去一點好嗎？我覺得我們應該互相回報進度，說明搬家這件事各自進行到哪。我會告訴你我怎麼想，我也希望聽你的想法。我不是怕麻煩或想逃避（他考慮到她可能會這麼批判他。）我只是希望有時間了解彼此立場的出發點。

瑪格麗特的表情軟化了些，看起來放心多了，幾近於感激。她也有點尷尬，沒料到換自己需要釐清感受，不能只是要求班恩這麼做。

從這個簡短的互動就看得出班恩和瑪格麗特翻臉的模式是可以預測的。面對充滿焦慮、喚起強烈迷惘的決定，兩人首先都得努力克服個性造成的立場。瑪格麗特隱約變得高要求且好挑剔，班恩則變得怯懦又抗拒。兩人**各自心裡**和**彼此間**都需要進入金環結構。班恩原本做出了符合他性格的反應，我敦促他想想內心的感受，冒險向瑪格麗特表達觀點。班恩這麼做有助於讓瑪格麗特冷靜下來。瑪格麗特由衷感受到班恩也在付出，顯然安心許多，這讓她不會希望繼續冷戰或刻意報復。她的情緒冷靜下來，也有助於丈夫冷靜情緒。

導入一個較有架構的對話框架的好處之一，在於能引導出比較溫和中立的情緒語氣，這對人的神經系統具有奇效。藉由表現自我來宣洩情緒的這個觀念在一九六〇至七〇年代被視為通往情緒健康之途，但隨著我們日漸理解情緒管理對於化解負面情緒的功效，過去的觀念已不足為信。我們現在知道，情緒和情緒「發作」，兩者天差地遠。研究者約翰・高曼針對伴侶互動這麼寫道：「回想你和另一半發生過的爭吵，你應該會同意，如果另一半能平和陳述觀點，想必能讓人樂得鬆一口氣。」雖然有時候溫和中立溝通感覺很困難，不過為之努力是值得的。越能溫和中立溝通，越能減少頂撞反應，並帶來越多合作互動。這麼做會使人冷靜下來，澄清感受，增加別人傾聽並理解我們的機會。

＊＊＊

「說故事免不了會預設道德立場。」心理學家布魯納（Jerome Bruner）寫道。無論主題是婚姻或人生，我們說的每個故事都包含了對顯要事實的評判、可再詳述的細節、希望留給別人的印象。厲害的說書人用來引人入勝的技巧與伴侶間用以促進對話的方法，並無太大的區別，兩者都依靠敘述可能發展（而非既定事實）使聽者放鬆地進入故事當中。當一方想請另一半考慮自己的觀點，他會暗示他相信自己所知的並非唯一事實。他可能會用「我有時候覺得」或「不知道你有沒有想過，但是……」之類的語句，表示他的解讀是開放的，容許增補和修正；這麼做的同時也引發對方的好奇心。

反之，關係陷入瓶頸的夫妻則不令人意外地一律很難做到這點。他們不會探索言外之意，反而堅信另一半的意思再清楚不過（而且通常是壞的）。他們察覺不到自己的偏見，使用語言往往是為了辯贏對方，而非用來說故事。他們耗費時間爭論事實（「有！你明明說過！」）而非設法了解對方的用意。他們覺得不被傾聽，但發現自己也很難聽對方說話。伴侶雙方都覺得戒心太重，不敢公然提出想法，害怕遭到誤解或責怪。

即使我們真心誠意承認自己的話只是出自一己觀點，壓力之下還是有可能弄巧成拙。例如所謂的「自我」表述——很多「伴侶諮商工具包」拿這些生鏽玩意兒來搖得叮噹響。每句話前面都用一個「我」當開頭，陳述中往往夾帶著觀點。這個方法偶爾有用，但多半沒用。要不是狀況這麼令人頭疼，看到大家有這麼多方式能把「自我表述」扭曲成指責（「我討厭你……的時候」）倒也挺好笑的。話語中不時加入「老是」和「從來沒有」，也是另一種迫切希望對方聽我說話，於是強行單一解讀的形式。

若能見到伴侶一方表現出自覺，明白她的感受只是自己心靈的產物，而非另一半行為造成的直接結果，那可真是令人讚嘆了。另一半的情緒會立刻緩和下來，腦中也能開始整理想法，一旦獲得思考空間，就不會再只顧著反擊。不可思議的是，即使伴侶只是承認自己沒有能力採取觀點，也具有相同的效果。

有位太太情緒一來就習慣誇大事實，聲稱「我老公每次兇起來，我都覺得快被家暴了。」渾然不知她的用字遣詞很容易引爆爭端。如果她能培養敘述能力，**留意**說詞是否火藥味濃厚，同時確保個人故事的真實性，對關係會有很大的幫助。此外，她對個人看法的堅持，在那一瞬間也會不知不覺地轉為嘗試去理解。

何時應該述說共同的故事，何時又該選擇不說？每一天的故事都可能改變，作為一個情感平衡的個體，千萬不要把單一變數看得太複雜。共同故事不見得都朝向美滿的婚姻，有時也是好聚好散的故事。你的共同故事中，某個部分可能就在講述要說一段共同故事是多麼困難——兩個人時常覺得各說各話是多痛苦的事、那些親密無間或自在信任的時刻有時多麼難以達成。但是，對於自己是個怎樣的敘事者、這又如何影響我們述說的故事，我們有機會、也有責任感到好奇。婚姻裡有時衝突不斷，令人痛苦，有時一成不變，難免無聊，但即使在這些時候，我們還是必須抱持著好奇心，嘗試理解自己為此述說的故事。

5 外遇、調情與幻想，不容小覷

事實證明，每個人都擁有發展外遇的欲望，而相較於沒有外遇的人，那些外遇者的婚姻未必不快樂。決定是否外遇，牽涉到我們如何與欲望共處，包括對欲望的期待和恐懼、賦予的意義、抗拒欲望時的沮喪，以及面對沮喪的態度。在脆弱無助的時刻，我們會想起並牢記現實嗎？我們會把不妥的想法推到腦後，還是設法平衡價值觀與動機之間的矛盾？

瑪莎和亞倫來找我諮商，因為亞倫與職場同事捲入外遇。他素來有好感的一名女同事，某天開始向他傾訴婚姻不快樂，激情和性欲接踵而來。公司尾牙那天兩人都喝醉了，接下來的六個月，他們持續在公司附近的旅館幽會。瑪莎在亞倫的手機裡發現他們互傳的訊息時，憤怒得都快吐了。她威脅著要離婚，亞倫認錯道歉，唯恐失去妻子和孩子。一開始，他各方面推卸責任，辯稱是女方勾引他，之後一度把矛頭轉向瑪莎，嫌她太過無趣，放不下責任，兩個人在一起想喘口氣都難。

他們首次來找我時，顯然剛經歷過一整個星期的淚水、煩悶、迷茫和貨真價實的不幸，好在最猛烈的風暴已經過去，他們恢復對話，不再哭泣和吼叫，但也覺得精疲力盡、尷尬迷惘，找不到方向。

初次會面，瑪莎出乎意料表現得深思熟慮。三十九歲的她身材纖細、神情嚴肅，有雙美麗的眼睛。兩人育有一男一女，分別是十歲和八歲。兩年前，女兒被診斷患有妥瑞氏症，她辭職在家照顧孩子。「協助女兒緩解焦慮的任務，不亞於做一份全職工作。」瑪莎說。即使在當下的局面，女兒的病情仍在她心中占有優先順位，可見照顧女兒耗費了她多大的心力。我發覺她緊張時會刻意保持冷靜，讓自己不致失控。

亞倫則相反。他四十一歲，健壯的體格漸漸發福，散發出躁動的活力。我想如果處在其他情境，這股氣質應該會被解讀成一種活潑的魅力。此刻他和瑪莎的互動尷尬，猶豫且遲疑，同時我感覺到隱約的不耐煩。

很明顯，亞倫一心希望過去的事就讓它過去，盡快**回歸正常**。「坐在這裡讓我不安，不知道妳怎麼想，」亞倫對我說，「妳大概覺得我是個混蛋吧。」他發出一陣不搭軋的笑聲，眼神明亮而警戒。我不懂他為何這麼快就擔心起我的看法。我備感壓力，彷彿不表現得愉快都不行。

「老實說吧，我現在最大的問題，不是我在外偷吃，」他說：「而是我覺得自己**不對勁**。我這樣已經好一陣子，以前快樂的我不見了。」

「也許這整件事影響了你對自己的感受？」我說，「還是說，不知道自己為什麼會做這件事，讓你覺得有點心煩？」

他看著我：「我知道我為什麼出軌。因為我只想到自己，因為我逮到機會就不放過。我不想為自己的行為找藉口。」只因他是個「男人」，是個精蟲衝腦的自私渾球，除此之外，外遇情節沒有任何意義，這麼理解對亞倫來說很重要。

經過幾次對話，我了解亞倫希望承擔責任，也敬佩他努力想吐露心聲的態度。但是雖然亞倫急於解釋動機是在譴責自己，我聽了仍不禁猜想，是否還有另一種解釋讓他一旦深思就會害怕。當個「自私的色鬼」對亞倫來說顯然在可以接受的範圍。至少這表示他的確犯了錯，而且只不過犯了全天下男人都會犯的錯，與其他原因無關。只要抓住這個想法，就沒有什麼基礎會受到動搖，他大可回歸正常。

「你的看法無法充分解釋一件事，那就是，為什麼是現在？我的意思是，如果這只是男人自私犯的錯，為什麼不是每個月都來一次，或者少說也是每年都來上一次？」

我的問題明顯惹毛了他，但他停頓了一下，可能認為配合才是上上策，於是回答：「好問題。」

瑪莎說：「你不清楚這件事的意義，我也不清楚，不想辦法找出緣由，我們會一直停留在表面的困境。」

亞倫確實想停留在表面。他想相信「這種事沒什麼」，一方面保護瑪莎免於受傷（雖然傷害已經造成），一方面也說服自己，此事無關內心感受，這麼一來他不必做出重大改變或重建，就能回歸正軌。我的看法受限於我看待這件事的角度，因為我把他們視為一對夫妻；但我在亞倫身上能看出較多的情感，也看到較多的衝突，雖然他無意承認。他覺得正確的做法就是重新投入婚姻，他想回到舊的故事情節，問題是故事現在已經納入了新的人物和新的情感，變化無法逆轉。他唯一的希望是找到一段新的故事，而要做到這點，唯有趁此混亂之際深入理解自己的情感和婚姻。

我慢慢意識到，在他那副追求刺激的「真性情男子漢」形象之下，迷惘的感受暗潮洶湧。家庭生活，包括工作壓力、每個週末不斷重複的日常、討論不完對孩子的擔心，奪去了他以前能用來宣洩能量的時間，結果他累積了滿腹騷動的焦慮，越來越容易發脾氣。以前跟朋友出去喝酒、跟女人打情罵俏，通常就能讓他心情好轉，現在就算有這些機會，也只能稍微分散一點點注意力，何況他能休閒放鬆的去處越來越少。外在刺激漸漸失效，調適內在的壓力卻增加了，但只要一碰觸到內心世界就會迷惘，激起更多逃避的手段。亞倫發現自己處於兩人關係的極限，是還沒把婚姻搞砸，但也不遠了。

他不喜歡談論自己。即使撇開當前困境不談，要他面對過去的情感來源好像也很難。母親的情緒波動在他心中留下陰影，長年來他背負著心理負擔和恐懼，為了不給母親添麻煩，他壓抑情緒安撫母親，這也表示他甚至連對自己都得隱藏需求。但是如果絕口不提，他又怎麼能復原？他如何能接受父親事不關己的冷漠？自己必須為生命中的女人負責，這個強烈的感受令他脆弱無助。每當他令妻子失望（兩人都同意這經常發生），他先是慚愧，接著生氣，然後急著想找其他管道恢復自尊。他會佯裝愉快，扮演取悅妻子的角色，同時背著她縱容一下自己。如果這個方法有效，他大概會永遠這樣下去。但中年危機逼迫我們探索內心深處的真相，哪怕我們拚了命地想抵抗。

我後來得知，瑪莎的童年遭遇甚至比亞倫更辛酸。她父親很少在家，全家人心知肚明他有婚外情。他自以為的「隱密」只不過徒增家人的羞恥。瑪莎的父母在她十二歲時離婚，她一方面努力迎合母親要求的忠誠，一方面渴盼父親的關心。直到離家讀大學，遇到好的心靈導師，情況才獲得幫助。為了處理女兒生活上的困難而離開職場帶給她不小的打擊和失落，而她的心情似乎尚未完全復原。

外遇事件讓瑪莎深感受傷，她對亞倫很生氣。同樣令她煩惱的，還有她所謂的「柯林頓問題」：「性嫉妒令我困擾，但我更氣亞倫自制力不夠，居然還說謊。我很難再尊重他。」她依然愛他，希望一家人繼續生活在一起，但原本對丈夫仰慕的火花已經消失。依目前情況，她只能想像一個黯淡的未來，兩人共同生活但各過各的，所有理想都褪了色。

讓不少歷經外遇風波的夫妻大感意外的一件事，也令她十分困惑，那就是她和亞倫忽然急遽地受到對方的吸引。瑪莎對這種現象的原因深感興趣，正合我意。她不像亞倫那樣，她既不設法壓抑想法，也不願粉飾思考之後的結果。「如果說，我現在特別想和他做愛，是因為沒失去他所以鬆了一口氣，這的確可以理解，但我不相信是這樣。」

她說：「我不覺得我像動物之間的競爭性那樣，從對手那兒把他給贏了回來，我的感覺比那更微妙。我幾乎把他當作陌生人那樣重新看待，對於他在我看不見時是個怎樣的人，多了一份新的認識。我覺得彼此的關係除了個性，好像還有什麼深層的東西在運作。」

＊＊＊

與婚外情曝光的夫妻進行諮商，總有兩個問題值得商榷。一是，你們兩人都想回到過去嗎？二是，你們各自想回復的是什麼？對於受傷的一方來說，外遇牽涉太多面向：信任遭背叛、性嫉妒、個人遭到厭棄、震驚創傷、對現實的掌握受到威脅，還有「下一步怎麼辦」這個令人苦惱的問題。不忠的一方雖然還不至於失去資格，但一樣陷入驚慌，他們絕望地道歉、表露悔恨的態度，懇求再給一次機會。他們設法照料另一半的傷口，置另一半的心情於優先，但自己往往覺得像是被大卡車撞到一樣。他們覺得有必要自我解釋，但卻對發生的事和箇中原因深感困惑，他們的故事變得太過複雜而難以述說。

兩夫妻一邊經受著創傷的影響，一邊理解發生了什麼事，幾個月過去，有時幾年過去，才知道應該如何前進。復原的過程很少循著直線進行，有時會遇到寧靜得可怕的暴風眼橫阻其間。受傷方不斷假設有跡可循（他遲到了、他為什麼買了新款內褲、他會看電視上關於脫衣舞孃的電影——事情不都是這樣開始的嗎？）不忠方則越來越覺得困在一個羞恥的角色裡不得脫身，哪怕被質疑麻木無情也不禁出聲抗議，質疑對方究竟有沒有走出外遇風暴的一天，因為受傷的另一半如果創傷的痛苦長年不減，便形同加害於他，這並不公平。

產生這種感受的源頭，可以追溯到狄克斯的說法。狄克斯所述的婚姻是「雙方互相同意對方是個**值得愛的人**。」不再是一個值得愛的人，這種感受格外使人煎熬。受傷的一方有充分的理由覺得自己值得被愛的感受遭到嚴重傷害，但要在外遇之後復原關係，雙方都需要恢復值得被愛的身分。這時，不忠的一方自然會面臨考驗：他的行為不值得被愛，若要恢復一個值得被愛的身分就得誠實以對，而所謂的誠實必然得吐露實情，可是實情又直接不利於他值得被愛的身分。當受傷方想尋求保證（「他／她比我性感嗎？」、「你們有做〔自行填入性愛動作〕嗎？」不忠的一方如果設法回答，多半會出現互相折磨的對話。雖然一方焦急地想向另一半保證，另一方也深切希望得到保證，但更多惱人的細節不是被揭露，就是被隱藏起來，無論如何都很難讓雙方感到安慰。

夫妻兩個人都急切地希望時間倒轉，回歸「正常」。此刻他們共有的生活與故事分崩離析，必須建構不同的東西來填補空間，他們用什麼方式熬過失落（包括信任的失落、婚姻故事的失落、親近感的失落），將決定是否能找到一條適合兩人的前進之路。如果這段外遇是意外曝光的，伴隨而來的失落感會更強烈，因為這代表一個人最核心的親密關係，已經被困惑、絕望和疏離給團團包圍。

外遇事件時常發生在一個人經歷失落（失去家人、失去希望、對工作失望、或孩子患病）之後，並非巧合，因為即將落入絕望的當下，人心總會落腳於某個誘人的機會之中。當然，這些失落包含了備受限制的感覺，人不得不面對的除了時間和機會的有限，還有自身心理結構的限制，誰都可能像亞倫一樣，有一天突然發現自己賴以生存的適應方法不再管用。

遭逢限制和失落，以及相伴而生的痛苦，會產生一股把人拉向失序、乃至瓦解的力量。這種壓力來得十分巨大，人會四處尋找解方，繼而發現置身於某個新環境或與某個新的朋友相處時，他們的心騷動不已，彷彿重新活了過來。考驗就在於面對這些壓力時能不能想辦法去應對和判斷，即使與欲望衝突，也能遵循個人的價值標準，這正是界定統整性（integrity）的方法。所謂統整能力，就是在遭遇困惑和痛苦時，還能夠抵擋失序的衝動。

顧名思義，外遇會與一個人「正規」的生活共存。人之所以說謊，就是因為同時想擁有兩個不相容的東西。他們在內心角落滋養幻想，妄想說不定可以讓許多個自我共存，讓不協調的故事情節並進，直到被發現或被迫做選擇，才清楚意識到想腳踏兩條船是多麼不合邏輯。然而，有這樣的自覺並不能抹殺也許可能的嚮往或畢竟不能的哀傷，一場外遇有很多意義，但對不忠方來說，那還包含放手一搏，遠離單調生活的可能性。

從外遇中復原的觀點，在治療師葛拉斯（Shirley Glass）的著作中有精闢的說明，她發現美國職場性別平等的程度有所提升，但發生性誘惑的機會也因此飆升。不只一般人會接觸到更多可能成為性伴侶的對象，職場上也多了許多具性暗示的情境。

葛拉斯認為，實際發生外遇者與他人的區別不在於感受，而在於所做的選擇。她提出當今著名的解析，說明人如何把自己的「牆壁」和「窗戶」放在不同的地方。我們可以把窗戶（意指開放、透明、資訊流通）放在自己和配偶之間，把牆壁（意指不透明、隱私、限制）放在自己和他人之間。或者，我們可以把窗戶放在自己和可能的外遇對象之間，吃午餐時抱怨彼此的配偶、傾訴複雜的感受，用貌似可以否認實則逾越界線的方式互動，反過來把牆壁放在自己和配偶之間，將與他人的互動保密在心。

葛拉斯提出的模型直指「選擇」的問題，雖然在外遇這個角力場上，每個人經常覺得自己並沒有**決定**什麼事。「事情就這樣發生了」或「等我發覺，已經陷得太深了」都是司空見慣的說法。面對一段可能的外遇，我們常常稀釋一連串微小的選擇，來假裝其中沒有做決定的成分。這些微小的選擇不會顯示成「選擇」，而比較像觀點細微的推移，很容易被忽略，因為化為理由聽起來多半健康而且有道理：「你倒是說說，為什麼我就不能交個異性朋友？」或「現在是怎樣，難道結了婚，我連享受自己在別人眼中的魅力都不行？」

自我欺騙和明辨道理之間的差異非常細微，我們對於坦承這些差異始終有困難，這正是葛拉斯治療方法著眼的基礎。從外遇中復原的模式會依照修補關係需要多少堅定的誠實而有所不同。對受傷方來說，刺探腥羶色的細節有二度受傷的危險，而對不忠方來說，連最後一丁點隱私都交出去，可能有困窘乃至於被侵犯的感覺。但依葛拉斯的觀點，要在對的地方重建牆壁和窗戶，需要伴侶兩人把關係攤開來談。如果想建立一個誠實互信的基礎，就必須撬開每塊蛀蝕的地板，清空每座腐朽的櫥櫃。

葛拉斯雖然並未如此表示，不過她的方法在心理學上的邏輯就是用耀眼強光照亮那個每個人都有的願望：希望暗中保有選項，讓兩個不相容的自我共同活在世上。葛拉斯的方法是一段建立統整性的嚴苛過程，其對症下藥之處正是人心能豁免於對單一條故事線、單一人生限制的渴望。除非掏空所有口袋裡的矯飾，否則就無法建立我們的統整性，另一半也會不斷被觸怒，逼迫我們執行這項難題。光靠一次誠心誠意的道歉還不夠，當受傷方願意相信對方真心想建立統整性，還只是信任的開端。葛拉斯強調，要從外遇中復原，承認你的行為必須與價值準則一致，是必要的關鍵。

但是，這做起來談何容易？誰不想過上一百種人生？誰沒渴望過自己在新認識的人眼中能映照出美麗的形象？誰沒想像過如果當初跟另一個人在一起，現在可能是什麼景況？侷限的感覺會激起這些欲望，但同樣的，好奇心、想像力和希望也會。凡處於一段長久誓約關係中的人都不免睜一隻眼閉一隻眼過日子，不能三不五時就去懷想另一個版本的自己會有什麼經歷、遇見另一個新對象該有多麼興奮，因為每段結合都是一個機會，也是一個限制，跟另一個人在一起，一定會有所不同，也許更好。因此，去幻想另外一種現實，簡直是無可避免的人之常情。

事實證明，每個人都擁有發展外遇的欲望，而葛拉斯也指出，相較於沒有外遇的人，那些外遇者的婚姻未必不快樂。決定要不要外遇，牽涉到人如何與欲望共處——我們對欲望的期待和恐懼、賦予的意義、抗拒欲望時的沮喪，以及面對沮喪的態度。脆弱無助的時刻，我們會想起並牢記現實嗎？我們會把不妥的想法推到腦後，還是設法平衡價值觀與動機之間的矛盾？換句話說，我們會分裂還是統整？每個人多多少少都會盼望能放下統整的責任，偷懶讓自己放個假，但是願意趁放假時好好檢視欲望，也同樣表現出我們的統整性：統整性的首要特點，就在於它是一個人與自己的一種特殊關係。

然而，人生只此一遭的現實，以及面對現實、活在現實中需要的統整性，抵不過選擇結果總會縈繞於心的特性。發現自己在婚姻外發展出一段真心的戀情，可能形同發現自己處於一個不同的世界，而打從根本上無法調和的統整性竟然在這兩個世界共存：一種以忠誠為中心，另一種則圍繞著情感的親密。因此，我們永遠要對外遇的三角結構心存警惕，因為這個精細的結構是專門設計好的，會依照寫定且蒙昧的劇本分派情緒角色給我們——施暴者和拯救者、救星和怪物、聖女和妓女。

基於心理治療師的身分，我常勸人花時間好好理解自己的內心，不要隨便聽信普遍的類比或錯誤的結論。同時，中年外遇之所以痛苦，是因為突顯了人心分裂的本質，也突顯了想成為更完整的人，是一件何其複雜的事。每當有婚外情的人找我諮商，我想到可能的結局都不禁難過，因為不管哪種結局，必然都得承擔心碎與失落。

我相信，在你認定答案只能求助於人之前，如果能先理解自己的婚姻，不但能免於許多痛苦，還能保護對方，並感受到更多的自尊與自重。（多數人最後並不會與外遇對象結婚，指出這點有時很有幫助。）話雖如此，有些人認為外遇的心理特點就在於「無法抗拒」，即使可能與統整的需求相反，他們還是固執於一種見解：如果「放棄一切」就代表跳進虛無和空洞，那或許無法忍受；但如果代表跳進別人的懷中，那麼多半就能接受。

* * *

關於外遇有一個昭彰真理，那就是，最傷人的不是性，而是欺騙。同理，會不會婚姻中最重要的是**對話**，而不是性愛的記錄呢？這點值得思考。面對婚姻中的感情疏遠，外遇不是最勇敢、成熟的應對之道。不忠的一方擅自改變遊戲規則，理所當然會激怒受傷的一方，但若能學著成長，設法在良心、衝動與現實間找到更真誠而有收穫的整合方式，我們就會明白，為什麼對性說謊隱瞞，往往會成為阻礙成長的關卡。同時我們也會明白，如果希望外遇事件不只是一次自私殘忍的錯誤，那麼就該把握這個機會與另一半和自己進行不同以往的對話，一段更為親密而深入的對話。

要與婚姻伴侶進行更親密的對話，尤其剛受到外遇的刺激，幾乎無可避免會引發對性忠誠的討論。婚姻如果是兩個人的產物，那麼雙方都有機會和責任去思考彼此希望創造出什麼樣貌的婚姻。那些抱怨一夫一妻制婚姻一成不變的人，應該花點時間留意自己是否選擇結束了對話，不去討論承諾、性行為和隱晦不明的欲望界線，因而加強了婚姻中一成不變的感覺。

許多伴侶無意間因為一夫一妻制所形成的剝奪感而責怪彼此，卻不曾面對自己對於改變遊戲規則的複雜感受。我無意把實踐新型態的性愛關係當成化解中年倦怠的辦法，但如果不把一夫一妻制婚姻裡對性愛的期待闡述清楚，絕對會使得中年倦怠更加嚴重。我認為，自由客觀地討論雙方都能認可的界線，才可能讓伴侶關係變得更有趣，也更有目標。

舊金山灣區有個「雙方同意非一夫一妻主義」（consensual non-monogamists）團體，發展得十分蓬勃。成員維持著各種非一夫一妻制的婚姻關係，包括開放式婚姻、多夫多妻、交換伴侶等。他們認為關係的核心承諾和統整性的重點是誠實，而非「排他的性」（sexual exclusivity）。壞的不是婚外性關係，而是為此說謊。與我聊過的雙方同意非一夫一妻主義者，大多都說他們在未婚的青年時期或婚後偷情時才意識到，他們一開始就不適合單一性伴侶，他們在伴侶關係中最痛苦的疏離感來自沒辦法說實話，因此他們希望創造出不同的關係型態，讓對性的誠實成為首要重點。

「我和艾琳在前一段婚姻裡都是說謊不忠的那個人，那種關係不是任何人都適合。」年屆五十五歲的馬康說。「我們在交往初期就知道彼此都是那種興趣飄忽不定的人。起初我們訂立一個『外地調情條款』，接受雙方可以與人發生關係，但一旦發生關係，就一定要告訴對方。我們天生是尋求刺激的叛逆分子，交往時也已經了解自己的這一面，所以能夠認同彼此。」

馬康認為是艾琳率先提議打破外地調情條款，讓關係開放，但換艾琳敘述時，她說這是為了馬康著想。「進入更年期之後，我很在意體重增加，不再有那麼多性愛精力。我一向覺得自己性欲十分旺盛，更年期讓我陷入恐慌，也擔心馬康有沒有發洩的管道。我問他：『你會不會想找別人做？』我覺得他如果能釋放性精力，身心會比較健康。當然這表示我也能這樣做。」

我問艾琳，與其他男人發生性關係，對她有什麼樣的意義。「每個對象都讓我反映了不同面向的我，」她說，「這真的是一條認識並理解自我的神奇途徑。生活中因為有更多性愛，讓我身而為人的所有性欲都活了過來，把這個水龍頭打開的好處實在太多了。跟老公做愛也開始令我享受。」

艾琳或馬康都說他們年輕時代放蕩不羈。因為父母都有自己的事忙，對孩子高度縱容，他們早早經歷了所謂對性的「不當關注」。兩人都形容自己性欲旺盛，從小到大不時為性欲感到困擾，在找到紓解之道以前，他們必須克服想和很多人發生性關係的羞恥感，而今他們都覺得擁有一個接受這點的伴侶意義重大。

艾琳和馬康認為彼此的關係是開放的，因為他們允許與對方和他人發生性關係，但主要承諾與依附的對象還是彼此。很多開放式關係對主要的愛情關係與額外的性愛消遣有著相當清楚的界定，然而艾琳和馬康的相處，還包含了可以與他人有親密度深淺不一的情感和性愛交流。這樣的安排偏向多夫多妻制，因為他們接受且宣揚「多重的愛」。

我問了馬康一個一夫一妻制者向來好奇的問題：「萬一你愛上了別人？」他提出一個許多人都有的觀點，他說，他和艾琳會把這種「愛上」或「煞到」新性愛對象的經驗——又稱「深戀感」或「新關係能量」——當作一種短暫的心理狀態，以決定要把握或者放手。

艾琳告訴我，事實上他們為了協助彼此度過這類情境，反而加深了彼此的感情。

「如果艾琳真的愛上別的男人，」馬康想像道，「我大概會想搬過去，三個人一起生活。」看在一般男人眼裡，這種三角關係只會造成苦惱，不過馬康的性向是雙性戀。至於馬康自己也不怕會愛上別人。「我所做的一切都以艾琳為中心。我是艾琳的用戶，這是一種明智的自利方式。她快樂，我也會快樂。」我聽了之後不免有些哀傷，他的話裡勾勒出一個渴望愛的小男孩形象，男孩對著心不在焉的媽媽露出緊張的微笑，希望逗她開心。

「她天生比我更傾向於多重伴侶，」他繼續說，「我喜歡的是關係，我絕對可說是柏拉圖戀愛的大師。這種生活方式讓我們能與異性建立深厚的關係，那是多數已婚人士不被允許的。我並不會和大多數與我建立關係的人做愛，但我喜愛與人交往的那種深度。我最嫉妒的一次甚至和性無關：我聽到艾琳跟某個男人說笑，我從沒聽過她發出那樣的笑聲。聽到那笑聲，我心想：『他比我有趣。』接著我對自己說：『是啊，我們都從不同人身上獲得不同的東西。』他碰觸到她身上某個我碰不到的地方，這讓我有點恐慌。但當我跟她說起這事，她告訴我：『哎唷寶貝，我這麼愛你，你這麼風趣。奈德只不過是一段插曲。』」

這段故事我幾乎不忍聽下去，我當下第一個念頭是，我很確定自己不想遭遇這種經驗。但我的反應也突顯了一個關鍵差異，而且可能正是雙方同意的非一夫一妻主義者與我們其他人的差異，那就是嫉妒的角色與意義。多數人把嫉妒當作自成一格的情緒，引起嫉妒是不好的，感覺到嫉妒更不好，可是嫉妒又是愛人在我們心中地位不可動搖的珍貴證據。非一夫一妻主義者傾向把嫉妒當成一連串負面情緒裡的一環，跟羨慕、驕傲、憤怒沒有兩樣（我們經由設法克服這些情緒來建立人格）。

比起物以稀為貴的概念，雙方同意的非一夫一妻主義者喜歡擁抱豐富的概念。他們提到「同感快樂」（compersion）這個詞，意思是看到另一半與他人獲得性愛滿足時，也感受到相同的歡愉。從這種非一夫一妻主義者的觀點來看，想邁向更豐富的性愛生活，嫉妒是一大絆腳石。就如艾琳所言：「看到馬康擁有自由的快樂，這是我能送給他的美好禮物。」馬康回憶有一晚艾琳出外約會，他驚駭地發現自己焦慮又嫉妒，艾琳也曾述說自己有天晚上躺在廚房地板上大哭，但兩人隨後都說，他們在分享感受、獲得對方的保證之後，感覺到無比的親密。

要有這種程度的保證需要大量的對話。艾琳和馬康不太確定哪個更花時間，是與其他對象約會，還是事後跟對方說明這些約會的意義。「這種活動要耗費大量的心力，」馬康說，「你會不斷遭遇多數人不會遇到的情境。這也是快速自我探索與成長的方式。」非一夫一妻制容許另一半身體開放，卻也使一個人前所未有地接近主要伴侶的心靈。兩人之間沒有空間保守秘密，顯然也鮮少有空間容納任何型態的私人想法。

我覺得至少對馬康來說，對話比性愛帶給婚姻更多的助益。比起想像艾琳與別的男人做愛，想像她私底下有感受卻不跟他溝通，遠遠更令馬康感到害怕。對他而言，在事後聽見所有細節形同重新黏合感情，可以鞏固兩人的連結。

儘管這在很多一夫一妻主義者看來像是自討苦吃的活動，不過非一夫一妻主義者需要大量充分且深入的溝通，這點或許值得學習。無論一夫一妻制或非一夫一妻制，成功經營關係的基本技巧大抵相同，這也是艾肯（Yoni Alkan）在「打開你的感情關係」課程中提倡的重點。

＊＊＊

年紀三十出頭的艾肯專門研究性欲，是位思緒清晰、滿懷熱忱的博士。我參加他在Kink.com舉辦的工作坊，地點是一間由國民兵軍械庫改建而成的A片片場。Kink網站上形容這個空間重現了一九一四年摩爾人的城堡，保存了護牆板、石階、長廊等歷史遺跡，還有近一英畝面積的寬闊練兵場。白天，Kink.com在這裡製作「戀物癖娛樂片」，如《手腳綑縛》（*Hogtied*）和《終極臣服》（*Ultimate Surrender*）系列，入夜後則舉辦「解密並發揚不同性向」工作坊，探討粗暴式性愛或開放式關係等主題。

抵達會場後，我看見一名親切的金髮年輕女子足蹬黑色厚底鞋，一身純真性感的牧羊女打扮，正引導與會者（一對五十幾歲看似來自郊區的夫妻跟一小群千禧年世代的文青潮人）進入仿若地牢的地下室。艾肯博士希望把雙方同意的非一夫一妻制帶進主流視野、去汙名化，重新詮釋為一種值得尊重的經驗，並與當代社會對男女同志婚姻的接納相提並論。這位親切聰穎的嚮導在講座尾聲討論到，假如想實踐雙方同意的非一夫一妻制必須擁有哪些個人特質。這些特質基本上與每一個處於健康伴侶關係的人希望擁有的沒有兩樣：自信、自尊、安全而健康的關係、對伴侶的關心、自我意識、溝通技巧。

艾肯博士分享了一些小訣竅，教人判斷自己適合哪一種開放關係——是開放式、多夫多妻、交換伴侶，還是關係無政府主義（沒有架構、沒有規則）。他解釋，「容易愛上性愛對象的人」可能不適合開放關係。我特別思索他說的這句話，因為這似乎會大幅減少可以實踐開放關係的人數，因此寫了封信請他詳細說明。他回信：「把性愛與強烈情感連結在一起的人不適合開放式關係，因為他們可能愛上每個與他們有過性行為的人。不過，」他熱心補充一種適合所有人的開放關係，「他們可能適合多夫多妻或關係無政府主義（Relationship Anarchy）。」關係無政府主義？我必須承認，我對與會者表現出的開朗淡定多少有些懷疑。交換伴侶者，也就是那些與其他夫妻做愛的伴侶間，似乎普遍有一種司空見慣的冷淡。

我請丹妮兒安排時間來聊聊，她住鄰鎮，與丈夫一起交換伴侶。她在回信裡列出她每天緊湊的行程，包括去女兒學校當義工，以及準備下星期搭波羅的海春色號（Baltic Debauchery）出遊，有四千名交換伴侶者會參加這趟航程。我們的對話真誠而友好，交換了很多資訊。她愛自己的丈夫，但無法想像兩人生活如果少了交換伴侶的新鮮感會變成什麼樣子。跟許多女性交換伴侶者一樣，她也是雙性戀。

與我聊天時，她用一種近乎平淡的語氣提起四Ｐ、群交和她朋友在家裡蓋的「性愛遊戲室」。我和她不算熟，她也可能只是說話本就不太有表情，但我不禁猜想，是不是這個文化內部本身就建構了一種有如交易般實事求是的態度？大家會描述派對上要守規矩，互相禮貌詢問要不要「一起玩」，被拒絕的話就友好告退，繼續尋找下一個對象。即使是向陌生人提議特殊神秘的性愛活動，也不用幾分鐘就能交涉完畢，很有效率。

這種事聽在我這種局外人耳裡彷若一幅混亂的立體派畫作，充斥著身體部位與性愛動作，除了引發輕微的精神病，並沒有給觀者多少自由和自我表達的感覺。但在熱衷此道的人眼中，這顯然為意識打開了一扇全新的門。

倘若依照莫林（Jack Morin）在《好色之心》（*The Erotic Mind*）一書所寫的，性欲的基本結構是「魅力＋阻礙＝興奮」，那麼在所有阻礙似乎都被清除的情境下，要如何產生性能量呢？對此感到納悶也是合理的吧。說不定，性能量源自於**集體**反抗阻礙——類似把《蒼蠅王》（*Lord of the Flies*）的情節顛倒過來，一群人倡議只要做愛、不要戰爭，一旦有人反叛也不會造成騷亂，反而能引發樂趣。

說不定，集體逾越社會禁忌本身就有著激發性欲的作用，當你看著其他活生生的肉體接連交合或者加入群交，說不定在意識的角落會漾起一股興奮感，因為他們敢做那些「溫良恭儉」的人或社會主流沒膽做的事。但是，跟我聊過的人至多形容他們樂在其中的是紓解，沒有人形容成踰矩，他們克服了侷限——超越嫉妒心、單一性伴侶、異性戀或雙性戀的自我分類，去除了那套對他們行不通的限制，讓他們擁有做自己的自由。

雙方同意的非一夫一妻式的生活在某方面特別突出，那就是整體看來投入極大心力，而且時間緊湊。不是說他們的熱忱和樂趣讓我覺得礙眼，而單純是那樣的行程安排讓我感到疲累。有個男人說，把你的 Google 行事曆分享給心儀對象看，形同一次「重大宣示」；有個女人說，多角關係使她「作息更加規律」。

非一夫一妻制作為兩個合法成年人之間的一種生活方式，雖然小眾，但用於解決性忠誠與長期誓約關係固有的長久壓力，不失為有效的折衷之道。也許這種關係看似充滿危險和痛苦，但我見過的人多半自覺熱愛冒險、容易無聊。從一夫一妻到多夫多妻的光譜上存在著形形色色的人，自我認識和誠實相告因此彌足珍貴，每個人的心理和性生活都存在著迂迴曲折的面向，沒有理由兩個人不能靠開放關係的方式來調適這些曲折。

我唯一不變的顧慮與孩子有關。包括艾琳和馬康在內，很多我見過的人都在孩子離家以後，才把非一夫一妻關係當成明確的生活方式，或者至少也會確定孩子受到安全隔離，有另一方監護人照顧。但也有些人試圖平衡工作、婚姻、小孩——**外加**多重性伴侶——每天花上幾個小時回覆約會網站留言，飛到各地參加性愛派對。

我與艾瑪晤談時，她先生有意開放關係，她正在考慮接受。她說：「他把那想成一種我們可以共享的有趣嗜好。但性愛跟打網球或集郵不一樣，性是私密又強烈的，你偶爾分散注意力跟你全心全意的投入，孩子會感受得到差別。我老公一個朋友說，只要孩子在睡午覺，約炮友回家就沒關係。我不相信，這太危險了。假如決定要這麼做，我們必須更敏銳注意孩子，而非減少關心。」

＊＊＊

有些人渴望活在單一性伴侶關係，卻發現自己迷惘動搖、好奇偷情，變得感情疏離，或者乾脆避免與別人接觸。幾個問題在他們心裡徘徊不去：婚姻裡理想的隱私界線在哪？如果有，哪些事屬於「不要問、不要說」的類別？婚姻要求人信守什麼承諾？個人與伴侶的利益從來無法完全一致。不只是性，幾乎任何事都是這樣。個人的性癖好和幻想若徹底開展，必然超越單一伴侶的身體關係，那又該如何因應？我們該如何把婚姻視為一個情感和性愛上更能冒險的機會，而非性欲的埋葬場？該怎麼保有最大活力，又不會落入把衝動化為行動的危險？

浪漫化的婚姻故事容易低估成人性欲的一項核心特點：人的性幻想很早就已存在，而且與和伴侶的親密關係並存。多數人在尚未與人有過性行為之前，已經有細節詳盡的性幻想生活，通常是在自慰自娛的背景下發展而成。個人性幻想的特色在年輕時就已底定，只是其中的細節是後天形成還是與生俱來，還是個問題。我們與伴侶做愛時，就算只是部分也好，都會想辦法實現自己某些性幻想的劇本。性治療師告訴我們，人習慣把性交與私密的性幻想結合起來，藉以把彼此對性的想法整合成一段共享的經驗，也會在與伴侶做愛時，用性幻想中的畫面激發高潮。

幻想可以想像成一種清醒的夢，是我們身而為人的基礎成分，是無意識所發出的嗡嗡低吟。我們一邊過著日常生活，一邊不斷幻想各種事情，從性愛到食物、睡眠、運動、乃至報仇。幻想和夢一樣有心理上存在的必要，若是不能幻想，我們八成會發瘋。幻想可以用於滿足我們的短促片段，幻想是小小的壓力釋放包，是我們導演的微電影。

調節幻想與現實的關係不見得總那麼容易，性愛和浪漫幻想尤為如此。人類是出了名地容易錯將幻想當作現實（例如看了浪漫愛情電影，就堅信自己的感情關係遠遠不夠理想），或把部分混淆為整體（例如做了一齣白日春夢，就對複雜的婚姻起了反感）。有時我們忘了現實和幻想從根本上就不能相比，反而醉心於幻象，把兩種情況並列，覺得其中一種匱乏而不足。但我們也會往另一個方向犯錯，過度壓抑自己，嚴厲告誡自己不要混淆現實和幻想——比如要自己「接受」結婚十五年後還覺得另一半有魅力並不「實際」，或者宣稱想從逢場作戲得到樂趣太過「天真」。

這兩種態度都剝奪了一個更有活力的選項，也就是找出辦法愉悅地交織幻想與現實，用幻想的新鮮感為現實「賦予魔力」。要達到這個目的，需要從根本上改變觀點。有太多人私下抱怨另一半未能實現我們的幻想，但為真實關係注入幻想的歡愉能量，其實靠的是個人內在的能力。當我們意識到幻想在腦中的作用，願意把這種自我意識放到最大，同時把內心的壓抑減到最小，便可磨練培養這種能力。想像力是一座遊樂場，目的是娛樂我們，幻想畢竟是一種念頭，而一個人心智發展成熟的標誌，就是有能力辨別「念頭並不等於行動」。

牽涉到性的時候，多數人或許可以善加利用日常的幻想和感知，為自己的性感形象添加燃料。那位可愛的收銀員、某首聽過的歌、剛飄過的一縷香氣、衣著打扮給你的感覺——這些全都有助於人發自內心感受自己就是性的原動力。你是個有性欲的人，你和這個自己的關係是你能帶進婚床上最珍貴的特質，這比起抱怨另一半勾不起你的性欲，勝算要大得多了。

我們的性欲發動機有很多不同的燃料來源，當我們越能享受這些來源，就越能感到生氣蓬勃。實際上，所有性愛專家都同意，要邁向更有活力的伴侶性生活，熟悉自己才是第一步。到目前為止都還很好懂。但假設真的接觸到這些「活水」，又該怎麼整合進我們長年以來（就直說吧）熟悉到不行的實際關係裡？感覺精力充沛固然好，但又該怎麼轉換成想和實際的伴侶做愛呢？因此，我們有必要了解性衝動和性欲之間的關聯，並且認識女人和男人使用的方法有時不盡相同。

提到性欲，我們很容易以為情不自禁、忽然冒出的才是「真正」的欲望，會這麼想不難理解。多數人會在新建立的感情關係裡經驗這種性欲，但實際上，每個人生成欲望的形式各有不同——有些人感受到比較「自發」的欲望，有些人的欲望偏向「反應」，沒有哪一種風格「比較好」。反應式的欲望可能經常在某些背景下出現，比方說結婚十年了，忙著照顧小孩。在這種情況下，人可能只有處於撩撥情欲的情境才會感受到性欲，因此困難之處就在於創造撩撥情欲的情境，點燃衝動和欲望。

《女士優先》（*She Comes First*）一書的作者克納博士（Ian Kerner）說：「感情之初，神經化學物質所調配的雞尾酒帶來新鮮感和興奮刺激，自我整體得以拓展。之後熱情緩和下來，伴侶雙方容易開始照著非常狹隘的性愛劇本走。因此，考驗就變成要如何增加喚起性衝動的方法。」

一般人嘗試用以增加性衝動的方法之一，就是為性愛增添更多新鮮感，說著更多淫言浪語、使用情趣玩具、看影片、換體位……諸如此類。但情感脈絡也是另一個有力的來源。分析女性的性欲，很多女人在青年時期適應了感覺被愛、自認美麗、容易信任人的情感脈絡，因為她們需要能恣意運用大量時間充分激起性衝動。男人年輕時有反射作用幫助他們勇闖早年的性生活，但等到發現反射作用無法永遠壓過情感困難，他們往往十分驚訝。時日一久，男人同樣需要一個心意相通且有愛的環境，才能充分喚起性衝動，也才能通過性愛獲得情感滿足。

相關研究正逐漸帶領我們擺脫過去的刻板觀念，認為男人因為性別使然，天生有著比較強的性欲。性欲的強弱差異之所以存在，與觸發性衝動的誘因是否充足、對伴侶雙方是否有效，有更大的關係。因此，平衡性欲多寡差異有個方法，就是一對伴侶必須探索哪些誘因能真正挑起另一半的衝動和性欲，並了解到男人和女人要的暗示可能不一樣。

伴侶可從探索分別挑動彼此的實際誘因當中受惠。這些誘因不只與荷爾蒙造就的特質有關，更關係到性愛、情緒和社會的環境氣氛。尤其在一段長久關係裡，性欲與其說是「獨立的性衝動狀態」，更像是「關係裡的一個過程」。這個「過程」部分著重的是人對另一半情感世界的覺察。尤其證據顯示，女性常覺得焦慮、壓力和衝突爭執，會與性愛的調和互相牴觸；光是認知這點就有很大的差別。女人的另一半會因此知道必須重視傾聽的需求，了解是什麼原因使她焦慮，培養更放鬆親密的氣氛，而女人也能因此主動調節自己的壓力。此外，最有效的方法大概就是幻想了。「要排解壓力因子，幻想是個強而有力的可行方法，」克納說，「女性應該允許自己在性愛之中進入一個幻想空間。」

想要維持旺盛的欲望，對於性的想像就不能侷限於與另一半做什麼或不做什麼。基於這個理由，我們應該允許自己多點想像的自由。但是，這引發更複雜的難題。尋找個人愉悅的來源，什麼時候會悄悄化為不欲人知的祕密？上網逛情趣用品店，該不該告訴另一半？那麼一趟能勾起你性欲活力的私人小旅行呢？跟朋友的老公貼身跳舞，只是無傷大雅找點樂子，讓你晚上回家更有情調，還是會害你必須沉重地告解？每個人都需要心理隱私的空間，讓心情能在現實與幻想之間的液態空間流動，就算不為別的，至少也能為生活增添詩意。可是，另一方面，私下的念頭也可能膨脹失控。兩者差別在哪？

要回答這個問題需要退後一步，仔細想想這些念頭引起的強烈等級。平常人一整天雖然多少會產生關於性的念頭，但這些念頭大多來了又走，沒留下太大影響。有點像鐵氟龍塗料，東西不會沾黏在表面，不過偶爾還是會有東西黏住，至少殘留了些微的痕跡。有人來到諮商治療診間，手裡拿著咖啡，身體微微顫抖，因為方才與咖啡館店員四目相對的那一瞬間讓他觸電了，他不斷納悶著這對他的婚姻有什麼暗示？簡略回答就是：**沒有半點暗示**。但是如果有人覺得類似這種時刻充滿了暗示，令他過分擔憂，沒辦法單純享受完幻想樂趣就任由念頭流走，他們可能已經走進了個人矛盾的競技場。

這些矛盾有多種不同型態。在最無害的等級中，我們只覺得為外物著迷的愉悅想法與道德規範相互矛盾，但如果渴望太強或煞車太弱，那股矛盾就會開始令人害怕。

一般人通常靠潛意識的平衡行為來應付這些時刻，心領神會但不加以放大，有所感受但不過分解讀，為那一刻投入一丁點心力，送走那一刻時被失落感刺痛一下，但很快恢復平衡，日子再度明亮起來。不過，當我們飢渴或空虛時就沒這麼容易了，有太多東西寄託在這些時刻：被人欣賞的欲望太強，抗拒的衝動太弱。習慣過度壓抑欲望的人，也很容易有過度反應的危險，因為經年累月注意到欲望，卻又未能依欲望行動。每個人這方面的脆弱程度不一，我們會在本文之後探索一些心理學因素。

這些屬於個人的私密時刻有沒有壞處，關鍵在於**我拿這些時刻怎麼辦**，換言之，我會不會把對另一個人的片刻感覺發展成一則完整的故事。當一個人開始分析起某個不經意的眼神、解讀無心的話語，編織情節以便從互動中獲得意義，也形同不知不覺走上冒險的岔路。他／她會變得像個偵探，對尋常之事抱持懷疑——他怎麼也跟我一起加班到深夜？她最近怎麼都到我家附近遛狗？再用一種能支持雙方互有好感的故事軸線，把疑點串在一起。

漸漸地，這個人越來越執著於證明故事是真的。這條岔路走得越遠，她越會用兩人的各種相通點處來渲染補強這個故事。她注意到那人會和她為相同的事發笑，同時感嘆另一半欠缺幽默感。不公平的比較成為擴充故事內容的媒介，在她編織的故事裡，她日漸想像她的婚姻可能打從根本上就存在缺陷。

這些場景有個共同特點，就是直到造成傷害之前，看起來都是無害的。他們只覺得自己在做一般人都會做的事，維持自己的性魅力，對新經驗保持開放心態，等到察覺這段幻想關係占用了大量心思和精力時，為時已晚。他們發現自己活在兩條軌道上，一邊是讓家庭生活順利營運的日常活動，一邊是悄悄充滿了幻想可能的閃亮世界。當他們退後一步，暫時放下焦慮或興奮，就會納悶自己究竟是怎麼了，為什麼情感生活變得這麼難以掌控。

環顧周遭，社會文化能給予幫助的範本是那麼少，在長久關係裡「忍著點」例子，把「成熟」跟認真工作和性趣缺缺畫上等號，而浪漫愛情故事又把幻想視為通往偉大命運的線索，讓人得以找到「真愛」，或至少擁有更美滿的性生活。地圖上幾乎別無其他指標引導人通過那老套制式卻隱含顛覆力量的動情經驗。

我們每天都會遇見其他的性身體、性意識，這是事實。我們該問的是，如果已經選擇與一個人立下承諾，要怎麼有創意又不失敏感地面對這個事實？維持快樂的婚姻可說是一項重要的生活技巧，卻很少人仔細思考或認真研究。非常奇怪，沒有人想談這件事，等到婚姻危機來襲，才表現得既驚奇又意外。這個問題不只與潛在的刺激因子到處存在有關，還與我們巧妙管理情緒的歷程有關，我們得走上很長的一段路，才有辦法對此提出一個足夠周全的答案。

但姑且可以說，答案所在的方向不在於道德觀念，反而比較接近美學標準。如果我們固守道德，就會把日常煩惱的性生活視為應當忽視、壓抑、超越或區隔開來的東西。然而，我們已經知道，要增進婚姻中雙方的性欲情感，這種態度恰恰是錯誤的方向。相較之下，美學式的答案向我們提出挑戰，要人對生活中的性愛素材保持開放心態，但也要將素材變化成更詩意的模樣。

說到這裡，有必要分析一下調情的行為，以及調情的用處和濫用。在彼此忠於對方的兩個人之間，調情是種遊戲，從有限的情境裡擠出最大的性欲樂趣。調情被視為一種藝術，因為必須適當使用技巧來誇大感受，也得巧妙平衡可能和限制、興奮和約束。調情作為一種人類經驗及個性創意，可以把性能量轉化成愉悅卻不含許諾的溝通交流，調情成功與否，取決於情感、美感和價值觀能不能完美調和，少了這種和諧就嘗試調情，很容易惹人厭惡，引來反感且流於低俗。

調情和勾引的界線在哪裡？我們怎麼知道何時越界了？使調情不同於勾引的，是我們內心的意向，關鍵在於，是否把另一半的感受和觀點牢記在心。性暗示固然使人興奮，但假如另一半的形象盤桓在側，就不那麼有趣了。同時，潛意識裡對主要關係的奉獻，會促使我們把片刻欲望與更大目標調合一致。也許所謂在乎另一半，最重要的做法就是讓自己對他人一時產生的性欲感自然生滅。如同正念練習，任由念頭通過我們，而不引起太多興奮，也不用太感愧疚，就這麼目送念頭離開。能在**精神上**享受每天與人相遇的新奇緣分，同時在**現實中**把守界線，也許對長期一夫一妻制婚姻的性生活最有助益。

＊＊＊

以上我們探討了幻想與個人私底下的念頭對伴侶的性生活可能具有的價值。但萬一這些個人思緒無法輕易整合呢？萬一牽涉到一方品味與另一方不同，兩個人無法一同享受呢？

這個議題常表現於一個常見現象，就是色情的使用。色情無所不在。現時約有兩百五十萬個成人網站，網路色情佔了美國網路交易總量的百分之三十五。用葛拉斯所倡言的高標準統整性建立策略來看，伴侶一方私下使用色情影片算不算「外遇」？還是只算「幻想」，理應被視為個人內心的隱私財產？瀏覽色情圖片網站，或打開一封主旨挑逗的電子郵件，顯然都是具體的行為，參與者多半是易受推銷和脅迫的真人，如果還堅稱色情「只是」幻想，不只離譜，更是個錯誤。但消費色情作品落在「背叛」範圍中的哪個部分，每個人看法不盡然相同。

綺拉和雅各這對找我諮商的夫妻，吵的就是這個問題。綺拉有一天意外發現房門深鎖，從雅各慌亂的神情猜出他在看網路A片。他說這是他的私事。這個行為究竟是丈夫有權做的私事，還是背叛妻子信任的祕密，兩人為此僵持不下。唯有完全開誠布公才會讓綺拉覺得安心，但這引發了雅各的戒心和躲避，而他的迴避進而觸發太太的警覺和不安。可見，兩人的衝突下藏著依附關係所造成的困境。舉凡分離的跡象都令焦慮依附的綺拉擔心，而色情的性愛內容和丈夫堅持要求隱私則更加深了她的擔憂。逃避依附的雅各害怕被打擾，但他自我照顧的傾向（這次是透過自慰）卻又刺激綺拉做出他最害怕的焦慮侵入反應。

面對綺拉和雅各的困境，必須先問一個問題，性活動是祕密或隱私是由什麼決定的？多數夫妻都有不成文的共識，與別人發生性行為是屬於祕密的範疇。但自慰呢？思考色情時，我們往往只是勉強接受色情的主要用途。對某些夫妻來說，自慰的性從未在兩人之間充分發揮作用，等到色情片成為自娛的選項，才讓伴侶驚愕不已。一般人傾向把自慰看成一種隱私活動，而觀看色情作品則屬於祕密範疇，但他們從未深入思考或調解其中的矛盾。事實上，區別隱私和祕密是伴侶的首要之務。莫林在《好色之心》裡寫道：

> 清楚區別隱瞞和隱私是關鍵。隱瞞祕密，是把重要資訊藏著不說；隱私，是人活著而保有一己空間、不與人建立關係的權利。隱瞞祕密會傷害到親密關係，保有隱私會增進親密關係。只可惜，很多人不明白兩者的差別，他們害怕祕密，因此也憎惡隱私。諷刺的是，拒絕承認每個人應當擁有合理的隱私權，不只沒讓他們更安心，反而創造出他們所害怕的祕密。

雅各和綺拉的問題可以理解成雙方高舉祕密和隱私的定義相互攻擊，其實只為了支持自己的情感立場。雅各對於看其他裸女做愛興致勃勃，綺拉為此感到驚恐害怕，於是罵他偷偷摸摸以表達抗議。雅各不滿妻子的指責，因為他是愛看裸女做愛沒錯，但他自認絕對忠於綺拉，而且有權保有隱私空間，單獨從事性愛活動。自慰在一段關係裡可以發揮各種正面功能，例如緩解雙方性欲多寡的差異、學習認識高潮（通常是女性）、在幻想中做現實中沒打算做的事，或者探索個人的「核心性欲主題」。如果為了祕密使用色情作品而感到不安，可能會誤解或掩蓋這些正面功能。

但色情在伴侶間依然是個尷尬話題。不像外遇有時而盡，使用色情作品沒有盡頭，也就沒有之後的一刀兩斷、重建信任。色情作品持續為伴侶一方帶來歡愉或紓解，自然也會挑起另一方對性的競爭意識。研究者好奇在異性戀伴侶中，女性對男性伴侶使用色情作品是勉強忍耐，還是熱忱參與，可惜這方面的研究多半充斥著難解的術語，而且挾帶道德說教的味道。

我們只確定，整體而言對色情保持誠實的氛圍能減輕煩惱，而且不出所料，誠實與關係滿意度比不誠實有著更高的正相關。色情使用者有三成是女性，接觸過網路色情圖像的女性中，約有四分之一表示這讓她們更願意嘗試新事物，更敢於說出在性愛方面的需求。平均而言，比起伴侶一方（通常是男性）獨自觀看，一起觀看色情片多半能帶給雙方更大的滿足。

性專家也同意，色情作品為夫妻帶來的最大好處，是有機會為需求過少的兩人創造性衝動。性衝動的來源能刺激反應式性欲起作用，而色情和情欲藝術能提供新的管道喚起性衝動。克納博士請諮商者進行一趟「色情之旅」，瀏覽不同網站，用不同音量收看電影裡的情欲性愛場景，導演有男有女（女導演通常寫出的故事情節較好，找的演員也較真實可感）。平均而言，女性對稍微冗長的情節較容易有反應（想想《格雷的五十道陰影》賣破一億冊還持續熱銷），男性通常偏好不太需要情節推動的視覺意象，但探索過伴侶雙方的情色品味後，雙方可以分享選擇的清單就能列得更長。

性愛探索精神是個值得努力的目標，但不容易達成，因為性涉及脆弱的情感。情色品味與身體高度相關，超出意識的控制，而且容易受到羞恥心的影響，使人在自我良知下很難追求情色品味。即便我們承認另一半有權擁有個人欲望，但這麼想還是有些不自在。

主觀認知因人而異。有的妻子可能反對丈夫看素人拍的業餘性愛影片，畢竟那些是「真的人」。然而，她丈夫在A片裡找的可能就是真實感，就像克納博士的一名諮商者所說：「A片是一片人造荒漠，我會看是想在裡頭找些真實的東西。」對異性戀女人來說，想到另一半幻想的是「真實的」女人，比起他渴望和充氣娃娃做愛，感覺可能好受些，更慘的是真的到外面找別的女人做愛。但還不只如此。

線上遊戲《第二人生》（*Second Life*，簡稱SL）是一款挑戰現實與幻想界線的虛擬遊戲，玩家不只可以用遊戲貨幣在遊戲商店裡買到各種適用於虛擬性愛的性器官，還有能讓虛擬人物做出性愛動作的「動畫」。有些SL玩家會拿遊戲人物的虛擬性愛搭配自慰一起進行。我聽說有的玩家會讓自創角色在遊戲裡「結婚」，之後也在現實世界嘗試與「網婆」交往。有項研究聽來雖然荒誕，不過結果顯示，半數玩家覺得比起現實生活中的伴侶，他們與《第二人生》遊戲中的伴侶更能坦率溝通，而且超過三分之一玩家表示，他們與線上伴侶有更強的連結。此外，問到哪個背景提供較大的性滿足感，受訪者看法各半，百分之四十三的人從遊戲內的性愛獲得較大滿足，百分之四十二的玩家則偏好現實生活。

回到現實生活，假定伴侶一方由衷覺得另一半的性癖好令人反感，這時品味不同的問題就更複雜。戀物癖和性怪癖——簡單列舉如戀足、皮革、繩縛等，都是很難改變的性興奮來源，從青春期開始就在內心確立了。伴侶如果能共享這些癖好當然很幸運，但在一段關係中，兩人在這方面不必然要相容，也能在其他方面帶來好處。對此，最好的辦法或許是雙方達成協議，允許對方在私人空間表露特定的幻想（幸虧有網路，很多小眾欲望現在都能安全地在遠距離獲得滿足）。

此外，我們也可以借鑑雙方同意的非一夫一妻者那種極度坦誠的溝通基準，明白這種事在伴侶之間其實可以談談，決定要分享哪些活動。特殊性癖好也許能和更「主流」的性生活和平共存。有人設法結合兩者，有人則情願不要，但除非雙方對此都有一定理解，否則這些癖好只會被掩埋在祕密之中，而祕密又會引起疏離和懷疑。因此，明白說出口反而還有機會被接納，令雙方更親近。

一路探討到現在，很多伴侶問題可以歸結為感到差異所帶來的危機。雙方那種「想把你變得更像我，做不到就嫌你」的鬥爭，在性事上一樣容易上演。但假如感情市場會秤量性身分，那麼無論女人男人、同性戀或異性戀，所有人都渴望差異。異性戀男人打量女人的身材容貌，異性戀女人則愛看言情小說，主角清一色是五官英俊的強勢男人。酷兒文化則認同且頌揚個人化的品味表現，打破侷限於特定（社會認可的）差異的性向和性別分類。

事實上，社會正在重新思考對性向和性別的分類與成見，為表達個性和差異而開創了更大的自由，這是直到幾十年前都無法想像的事。借用這些論點來討論我們該把哪些期待帶進婚姻，不失為一個有用的辦法。

性事與伴侶間所有涉及情緒的問題一樣，難就難在找出一個金環式的方法來化解差異，這表示我們必須盡可能理解自己的欲望，而非傳統觀念告訴我們「應該有」的欲望，然後與伴侶合作調和彼此的欲望。或許在這個過程中，一個男人會停下來意識到：「仔細想想，腦袋裡沒出現二十二歲假奶啦啦隊員跳舞的畫面時，我的確覺得老婆比較迷人。」因此決定少看點A片，多實驗一些性愛。說不定女人會問自己：「在我反射性的憤怒背後，是不是有點政治不正確的興奮感藏在陰影裡？」雙方最後都可能做出結論，明白無論是（他）光顧著瀏覽網頁，或（她）擺出批判姿態，都會減損彼此感覺親密和興奮的可能。最佳情況下，雙方願意冒險共同探索那些能享受歡愉的活動，或許是一起讀情色小說，或一起拿權力或物化的主題來娛樂，又不用害怕出了臥房要「實際」為這些主題背負立場。

近年來有許關於「A片成癮症」的討論。坊間不乏偏激的看法，認為看A片這種「流行病」正逐步吸乾青年男性與真實女性做愛的欲望。我們都知道年青男性會打手槍，而且次數頻繁。他們常用A片助興，難道就表示他們對A片「成癮」？諸如 yourbrainonporn.com 和 nofap.com 這些反自慰網站肯定這麼認為，還會建議你報名「身心重整」課程，發誓不再看A片。事實上，對於「A片成癮症」，現有的共識並不多。

成癮不只牽涉到投入該活動的「量」（如每週觀看十一小時以上），還牽涉到「質」，意思是即便有害結果持續累積，仍堅持使用該物質或投入該活動。青年男性躲起來打一槍或許能暫時消解真實生活中工作、感情、規劃未來的壓力，這不叫成癮，只能算是逃避。

不過，青年男性若有這種逃避心態，可能預告了相同的情緒管理策略會繼續跟著他們進入日後的婚姻生活，畢竟已婚中年男性一樣會靠瀏覽色情圖片逃避關係裡的情感壓力。色情一旦被用來當作逃避手段，迴避實際與人建立關係的複雜難題，也就不免漸漸成為拒絕外人窺看的事情。打造出一個與世隔絕、自我撫慰的世界，身在其中既能創造興奮、分散心思，又能保護他們不必揭露自己的脆弱、依賴或需求。那些利用線上性愛消解壓力、創造情感距離的男人，最可能隱藏自己的習慣，也最易令另一半感到氣憤與背叛。但這種隱瞞色情的態度，與他們在親密感方面的整體問題是糾結不清而難以劃分的，這類男人有的就和雅各一樣屬於逃避型依附——比起溝通情感需求，寧可依賴自給自足和躲避退縮。

姑且不論這種行為該不該定義為成癮，它與成癮者的心態至少有個共通點，以馬特（Gabor Maté）醫生的話來說，就是「為不實的需求附加高度的價值，同時貶低真正的需求」。這麼一來，便佔據了本來唯有透過親密感和努力才能真正滿足的回饋與動力循環。當伴侶一方主要透過關係以外的性活動來「滿足需求」，會使得雙方的需求和權力處於不平等地位，因為其中一方在婚姻裡尋求關注的動機減少了。

這樣的人並不在少數，絕大部分使用色情作品的男人都跟我說，面對關係的困難和衝突，色情是他們的壓力調節閥。這話當然沒錯，不過這種解讀，無疑把他們本身在一段惡性循環裡的作用縮減到最小且合理化了，畢竟很少有什麼比一個疏離、心不在焉、寧可坐在電腦前也不願上床的伴侶，更容易挑起困難和衝突。

來到光譜的極端，假設伴侶一方的因應機制都設定成能以物質或其他行為自給自足，那對婚姻將形成嚴峻的考驗。伴侶諮商師瑞爾（Terrence Real）的要著作中，說明了當伴侶一方認為成癮或外遇是應得的權利，在這種自戀的看法下，該怎麼幫助這樣的夫妻。我看過這類案例多到讓我的希望蒙上大片陰影。

曾有對夫妻找我諮商，太太發現丈夫趁出差時與網路認識的應召女郎幽會。溝通無效，他堅持如果太太對性生活「活躍一點」，他也不必「到外面發洩」。三年後他們回到我的診間，這次先生稱自己「性愛成癮」。但一如性成癮專家懷斯（Robert Weiss）提出的尖銳質疑：「他到底是上癮，還是只是個人渣？」太太質疑的不是丈夫是否性愛成癮，而是更深層的問題：他真有「那個心」嗎？她丈夫還擁有與她建立相愛關係的誠實和善意嗎？幾次面談之後，我得知他從小到大，父母對他的態度都是冷漠、輕蔑而好批評，不難想見童年經驗帶給他的影響。但要不要與這些問題對抗，必須由他決定，而他毫不在意。

撇開愛找妓女的自戀狂不談，有時男性伴侶從事較無害的網路娛樂也會選擇隱瞞，以免妻子不悅。男人會發現自己深怕妻子反對，在性方面尤其如此。不幸地，某些性別對立又強化了這個問題。女性在關係裡通常會被失去權力、不公平、不負責任的感覺給激怒。可以想見，如果不考慮性別歧視和遭男性壓迫的集體記憶，女性對於不受傾聽、不被理解往往十分敏感，而每當有這種感覺，女人就把矛頭指向男人，指責他對性的態度物化女性，而且貶低女人，但對於欲望和情感的想法卻單純而膚淺。當女人居高臨下看待男人對性「不成熟」的態度，男人有什麼理由不覺羞愧而不心生防備呢？

這令人聯想到異性戀夫妻性生活瓦解的典型模式：妻子表示，她必須有親密感才會想要性，如果丈夫不溫柔體貼，她不想做愛。丈夫因為妻子拒絕做愛而感到生氣受傷，他越是生氣，越不會溫柔體貼，反而表現得更加疏離和不耐，更少向妻子表達親密感，讓她更不願做愛。兩人就這麼不斷惡性循環下去。

這個痛苦循環還有個不幸的副作用會引起雙方貶低對方的性別。女人喃喃抱怨著「他整天只想做愛」、「根本不在乎我的感受」。男人則多半反擊老婆自私、冷淡、愛抱怨，完全忘了要激起妻子的性欲，最直接的方法是讓她對自身魅力產生信心，培養情感的連結和愛意。女人則完全忘了，另一半其實是透過性欲，來表達對情感連結的渴望。

這種兩性對立的僵局常針對「被利用」的感覺做出激烈的辯論。女性不滿丈夫「利用」自己發洩性欲的同時，不妨檢視自己是否也拿「關係」當作擋箭牌，隱藏對男人的「利用」。很多失望的妻子告訴我，但願丈夫能多花點力氣哄一哄她們。女性容易認為自己希望的作為較有益於維持關係和聯繫情感，但嚴格說來，這和其他情欲誘因有多大不同呢？為他著想而按照劇本扮演「性感女人」，跟為她著想而按照劇本扮演「浪漫男人」，真的有差別嗎？女人可能認為，她們希望的這些事屬於「關係取向」，但比較不具體，不代表就比較不照本宣科。無論男人或女人，同性戀或異性戀，一個人的欲望無論是否與性別刻板印象相符，能夠盡己所能尊重並關心另一半**不同的**性衝動來源，而非刻意無視或批評，絕對有好處。一段相愛的關係是能包容彼此的劇本，願意演出其中一角，因為明白這個角色對於創造彼此間的好感意義重大。

婚姻在情感乃至於靈魂的境界，不正該如此運作嗎？自古以來，婚姻的目的不就是要用一段愛與關心的關係，容納我們的「卑劣」本性和「自私」欲望嗎？在我看來，這正是婚姻要協助我們做的事。婚姻不只允許我們行使各種性愛——草率的、激情的、變裝的、心不在焉的、快的、慢的、累人的、觸電的，婚姻的原意還允許我們表達個性裡所有混亂的成分。婚姻營造的關係，用意是要尋找方法滿足兩個不同的個體，它是想像的產物，不是政治宣言，婚姻的力量來自於它包容矛盾的能力。

結了婚的兩人陷入無性的輪迴，幾乎等於違背了這個古老的真理。從前，一段相愛的婚姻關係用意是要「收容」性愛，約束那難以馴服的力量，將之轉化成正面用途，用以建立牽絆和保護孩子。相較之下，無性的婚姻把性當成珍貴崇高的頂峰，只有關係完美履行的時候方可企及。如果從千百年來女性背負的性愛和繁衍責任的角度，不免容易把拒絕性愛的傾向看成存在於女性集體無意識中的復仇手段。只不過，現實情況常是男人拒絕與女性做愛，同性伴侶也會面臨無性婚姻的掙扎。

無性婚姻裡，親密感往往會衰減，這時若還堅持要有更大的親密感才願意有性行為，那麼注定失敗。要跳脫惡性循環唯一的方法，是個違反直覺的舉動，那就是提高個人付出的意願。要真誠付出，有賴於拓展你對另一個人的同理心，這通常表示你要走出舒適圈，和藹大方地給予另一個人他或她想要的，如果沒有這種心情，就找出是哪些情緒氣氛令你不高興。

試試性愛諮商師給的建議，把「欲望」問題重新建構成「意願」問題；在非關性愛的時刻多一些親暱的肢體接觸；刻意安排某些時候不做愛，用令人愉悅的撫摸或碰觸取代。當我們沒有心情付出，往往能想出一堆藉口，並用對方的行為或關係本身的缺點當作例證。把這些想法當作信號，一旦出現就提醒自己，是否少了一些同情和慷慨。

我們如果能體會到對別人慷慨，也等於是對自己慷慨，做起來或許就沒那麼困難了。一個與伴侶缺乏性愛互動的生活，同時也是一個不與某部分自己互動的生活。我們可能認為性欲與自己深層的存在本質相關，但也可能把存在本質跟神經衰弱給混淆了。由此來說，對性愛抱持越少個人觀點反而有好處。把性欲當成一種自然動力，跟季節變幻或天空運行一樣與人無涉，這麼想有助於我們克制自己，不拿性愛當作人質，以補償自己受傷的個性。

若你發現自己內心其實很享受那些抵銷性衝動的輕蔑和不滿，不妨把心思轉移到生命力的偉大之上。試著這麼想，看著在我們每個人身上展現的情欲驅力，能夠懷抱敬畏和感激之心，或許才是合適的情緒，而那可能是人類最後僅存的未經馴服、不受拘束的大自然。假如我們選擇遵循單一性伴侶制，那麼這個地球上將只會有另一個人能與我們充分探索性的領域。

＊＊＊

與亞倫和瑪莎晤談，我覺得亞倫是幸運的，因為瑪莎看起來很想理解他，也想理解自己。我不知道往後事情會如何發展，但瑪莎並未一味責怪亞倫的行徑，也未表現得冥頑固執。她看出丈夫的行徑並不全然針對自己，這點在我看來是最有希望的徵兆，他們很有機會找到辦法通過這個關卡。

我拿當時諮商的另一對夫妻與他們做比較。丹恩和潔德是一對四十歲中段的教師夫妻，有兩個分別十二歲和十五歲的孩子。兩人都信奉天主教，原生家庭都是大家族，住在同一地區。他們很年輕就結婚了，運動是一家人的生活重心，兩個孩子也都朝這條路前進，希望未來爭取體育績優獎學金上大學。然而儘管有家庭支持、人生目標明確、生活井然有序，似乎仍有一股鬥爭的暗流使得危機提前來到，引領他們來找我。

丹恩最近發現潔德和一起運動的某個朋友有婚外情。他深感受傷也十分生氣，潔德則後悔到了白我鞭笞的地步。乍看下，他們的狀況與我見過許多其他外遇被拆穿後的局面大同小異——傷痛震驚、混亂的餘波、不受控的情緒波動。我的首要目標是協助他們找回一點安全感，然後再慢慢協助他們思考這段關係，包括各自在關係裡的感受，以及哪些地方或許需要改變。

但幾個月過去，我越來越同情潔德的處境。他們每週來了又去，丹恩對這件事的反應都像最初一樣，兩人好不容易打開一點空間思考發生的事，丹恩就表現得很抗拒，一再回頭責怪潔德打破誓言，破壞家庭。他不斷高呼原本生活「多麼美好」，都是潔德「搞破壞」。

丹恩自詡婚姻理想標準的守護者，這種心態遮蔽了他內心更深層的情感。丹恩在揭發外遇後陷入一蹶不振的狀態，給人一種逃避的感覺，有這樣的心情是他的權利，但他把自己鎖在狹隘的感受裡，讓我擔心促進復原的對話根本無法展開。借用精神分析師菲力普斯（Adam Phillips）的話，丹恩似乎把「定罪復仇狀態」當成他「偏好的自我解藥」。對丹恩來說，站在非報仇不可的立場比較有安全感，但我認為如果他希望和潔德重新建立連結或修補婚姻關係，就必須接受她是獨立個體的事實，不能再拿生氣不滿來控制她。丹恩不斷把「令人難過的事」想成「壞事」，打從一開始就是這種氛圍使得他日漸與潔德疏遠，現在又讓他們和好的機會驟減。

伴侶雙方都必須接受婚姻是兩人共同創造的，才有機會誠實探討外遇是怎麼發生的，而這並不會抹煞其中一方說謊傷人的事實。即使過程中徬徨無助，但唯有誠實分享心情，才有機會走出死寂和幽閉恐懼，建立更具鮮活意義的連結。

人對婚姻的感受往往搖擺不定，有個接受雪莉．葛拉斯諮商的男人這麼說：「諸事順利美好的一天，我對老婆忠心不渝。馬馬虎虎的一天，我忠於我的婚姻。而遇到諸事不順的一天，我就靠忠於承諾來滿足我自己。」有些時候，婚姻實際上是種「無感」而只是「遵從」的結構，但即使在這種時候，或者該說尤其在這種時候，把婚姻視為超越我們本身不完美的偽裝，比起當作日常的狗屁倒灶，會擁有更大的價值和更多意義，也有助於我們熬過分裂和瓦解。婚姻如果能像一圈金環，就能在我們解決疏離不和，修補關係所造成的痛苦之際，扮演提供安心與穩定感的靠山。

亞倫絕不屬於那種很會自我反省的男人，他剛來接受諮商時也帶著懷疑和防備。他討厭沉溺在感受裡。傷心時他也無助、軟弱、迷惘，但在他看來，既然採取某些方式如改變運動規律、減少泡吧的天數，就能打起精神而且擁有更多力量，那又何必浪費時間傷心難過呢？只是外遇事件突然讓他發現，他不可能永遠掌控自己的精神，他也會驚慌，或者莫名感覺像個局外人，過去的陰影不肯輕易放過他，他就快束手無策了。有些與他有著相同處境的人甚至更加不管不顧，用一輪接一輪的賭局來燃燒生命。但是亞倫知道自己愛著孩子。他相信妻子確實是個特別的人，他很幸運能和她在一起，他心知肚明，但不懂自己為什麼會做危及這一切的事。他宣稱知道原因，其實完全沒有頭緒，有生以來他第一次直面內心的裂痕。

我常說：「會困惑才是好的」。這句話不見得受歡迎，但我相信是事實。因為困惑才能逼得我們把過去費心撫平的矛盾經驗翻出來整理，困惑是探討我們真正心情、發現我們到底是誰的第一步。

處理外遇留下的殘局，無論受傷方或不忠方都必然失落、破碎、困惑，甚至對自我感到迷惘。從事件中成長，代表我們必須感受內心衝突的欲望、恐懼、想法和價值觀，以期找出可以接受並整合一致的自我意識。這是個矛盾的計畫，多數人走得跌跌撞撞，拐進死巷、撞進死胡同，追逐瘋狂的幻想。

而亞倫和瑪莎令我感動之處是，他們一肩挑起責任，勇敢面對婚姻，互相遷就，並承認彼此感受到的、嘴裡說的不見得總是對方想聽的。他們設法感激對方的誠實，而非懲罰實話。對於對方想要的東西，他們甘冒風險回應，即使害怕性事被拿來做比較，瑪莎還是努力讓自己放鬆，她知道就算是她自己，也常被觀念綁手綁腳。亞倫漸漸用一種更溫柔的方法談論感受，他幾乎樂在其中，哪怕這並非他本意。他們放下對確定感的索求，而以盼望對方陪伴來代替。他們學會管理憤怒、困惑、不安全感和批評指責，最終走入新的境地——意外並衷心地體認到，原來彼此真的深愛對方。

6 酒精與其他逃避方法

顛簸中年的核心難題，就是發現我們慣用的對策（包括使用酒精和藥物）已經不再有效。從成癮與復原的概念獲知，要克服與藥物的不健康關係，基本原則和想與他人建立健康關係大抵一致：我們要盡力接納並了解自己、面對自己，直到找出與關係的其他可能。我們可以與朋友建立共同體互相支持，而希望就在伴侶身上，當你轉身面向伴侶，說不定你就獲得了一位朋友。

「我們不能像以前那樣喝了。」四十五歲的保羅體格結實魁梧，深色頭髮，膚色曬得黝黑，鼻樑掛著一副不相稱的書生眼鏡。他有旋風般的活力，每天清晨四點半起床，在奧克蘭的山間慢跑，接著展開一整天承包商的工作。每週兩次，下班後他會約高中時代的死黨打籃球。每當老婆南西嘮叨著她的需求，他表面嘻皮笑臉，實則內心緊繃，而且容易被惹毛。

至於美麗迷人的太太南西樂於扮演母親的角色，她愛老公，也真心想改善兩人關係，但他們老是吵架，吵得激烈又沒有建設性。他們育有泰莎和連恩兩個子女，兩夫妻在孩子面前盡心盡力。他們坦承每次吵完架都有罪惡感，但還是責怪對方挑起爭端，我們的諮商時間中，好幾次演變成數算誰最近爆粗口的次數更多。他們很少有共識。

撇開吵架不談，保羅和南西的日常生活倒是很多樂子。他們喜歡社交，開朗而有活力，經常舉辦派對和慶祝活動。保羅有時扶著額頭用一種佯裝惱怒的浮誇表情嫌南西把生活排得太滿，或抱怨社交行事曆簡直「失控」。但很顯然，社交活動在他們的共同興趣裡名列前茅。飲酒也是。他們都喜歡品酒，把喝酒當作一種習慣，很少有哪個晚上不開瓶來上一杯的。玩樂精神是兩人婚姻中的強效凝聚力，酒精在其中扮演要角。

不過保羅最近提到，喝酒漸漸傷害他的身體。他體重增加，一夜暢飲後，宿醉也不再像以前一樣輕易恢復。他希望健康一點。南西由衷認同維持健康的動機，兩人立刻加入健身房會員，她發誓要重拾每天做皮拉提斯運動的習慣。太太喜歡做菜，不惜投入大量時間研究最新流行的減重食譜，關照飲食無微不至。他們同意減少喝酒，但這陣短暫爆發的共同熱忱沒過多久就因為養生生活沒有吸引力而被拋棄了。他們用模糊的理由為自己開脫，表示「生活壓力太大了」，但真正問題其實出在兩人都不願放棄享受夜裡啜飲紅酒或和朋友聚會小酌的機會。

「我覺得我們不關心重要的事。」有一天保羅沮喪地說。他們的兒子連恩近來在學校忤逆師長，但他們夫妻都沒關心他需不需要幫助。「後來怎麼處理，我們都搞不清楚。」

「你胡說什麼？」南西厲聲反駁，「我認識的人裡，我們明明是最同心協力的夫妻。」

「保羅，你是不是擔心到了晚上兩杯黃湯下肚以後，意識一片朦朧？」我問，「那種時候很難去關心一些無聊但必要的差事。」

「對……」保羅眼光投向妻子，好像我的評語是針對她而發。「我只是希望南西在白天可以多關心一下孩子的事。」

「等一下，」她說，「是你說我們應該齊心合作，結果每次我找你參與，你就控制狂發作，最後我們又因此吵架。」接著他們陷入無意義的爭吵之中不可自拔，剩下的諮商時間都花在發誓要少喝點酒，多做點運動。

置身在婚姻、小孩、工作、老化的滯悶氣氛，夾在世代間沒有空閒運動、放鬆或休息，也形同置身於酒精和其他成癮物質最容易偷渡進來的處境。想到辛苦了一天，回到家還得面對家中緊繃的氣氛，或是又要「第二輪班」打點家務，光這樣就足以讓許多人產生想要喝上一杯的制約反應。如果可以進入不同的心智狀態，任憑心思「隨波逐流」，不用面對與人或寵物相處的緊張該有多好。更柔和、更討喜、更溫暖，少一點大驚小怪、少一點煩躁易怒——這些全是我們渴望的東西，但沒有幫助之下又很難獲得。

成癮物質不只幫助舒緩焦慮、改變情緒，還可以讓家庭生活更有趣，至少能麻痺無趣的感覺。上網搜尋「酗酒和婚姻」，可以發現挪威的某項研究指出，婚後飲酒量相當的夫妻，比起那些飲酒量有落差的夫妻，比較不容易離婚。搜尋「大麻和婚姻」，則會找到另一篇研究報告，說明一起抽大麻的夫妻較少發生伴侶暴力。這些再明顯不過的發現似乎具有報導的價值，因為它們證實了不少喝酒抽菸者私下共有的印象：不就是這些物質讓我在婚姻裡還過得去嗎？

保羅和南西**喜歡**一起喝酒。我不確定我該表示什麼意見。我是心理健康治療師，習慣越過成癮的鏡片看到背後的本質。過去幾十年來，成癮現象晉升為一個關鍵因素，用以解釋物質濫用（如酒精、處方藥、海洛因），也用以解釋許多現今被稱為「過程成癮」（process addictions）的心理障礙（如性愛、戀愛、賭博、工作、消費、飲食）。自從匿名戒酒會於一九三〇年代成立以來，對於酗酒是一種疾病模式的認知已逐漸緩和了道德指責，而將重點轉向患者受害於疾病的主體經驗。

南西和保羅無疑是忠實的酒徒，晚餐後他們會共享一瓶紅酒，外加一兩罐啤酒，代價轉嫁在家庭上面——逃避討厭的雜事，夫妻爭吵，每每讓孩子看在眼裡。但步入中年，他們的成本效益分析改變了，變得越來越難以忽視飲酒對身體和關係的不利影響。一想到享樂的方法看似簡單，卻有這麼多夫妻為之苦惱，我不禁懷疑自己會不會有點自以為是，或許沒必要太過質疑他們喝酒的行為。思考兩人的問題時，我無法完全不考慮他們的慶祝精神，如果我能對飲酒有另一套詮釋，不只把重度飲酒視為一種疾患，而看作他們之間的**核心活動**，說不定更能充分理解保羅和南西的關係。

核心活動會引導並促成其他生活上的選擇和時間投資。某項活動成為核心活動後，對個人的自我定義、行動和價值觀都會發揮影響力。我們自覺是個怎樣的人，部分也透過核心活動傳達出來。無論健康與否，核心活動都涉及儀式和習慣。在保羅和南西眼裡，一項包含儀式意義又愉悅的活動，跟一項缺乏自我控制、無法歸類為積極健康的活動，兩者界線何在？成癮物質使用者總極力強調他們有能力控制用法和用量，因為倘若無力自制，就代表他們出了問題。當使用模式超出特定界線（心理健康領域不斷研發用於評估界線的工具），就成了一種濫用，物質本身也會帶來毀滅。

假使我們能先承認向來都有別種狀態可以讓人昇華日常經驗，並得以接觸到所謂「崇高」的感受，那麼就更能理解把飲酒當成核心活動是個怎樣的概念。婚姻的基本挑戰之一，就是想辦法融合熱情和規矩，以及例行公事和驚奇。因此，除了用病理學角度看待成癮物質，把它想成伴侶用來增強活力、交流崇高美感的方式，應該很有幫助。

無論透過愛、性、音樂、信仰、藝術、運動或藥物，人人都在追求超越經驗，盼望那個經驗能帶領我們超脫司空見慣的生活結構。我們渴望穿越簾幕到另一頭去，我們也都擁有對自身特別有效的事物，推動我們往那個方向走。偶然尋得那樣事物時，我們會覺得實現了天人合一的境界，這種經驗意義深遠，彷彿呼應了我們生命某種私密的輪廓，體現了某種個人真理。

保羅和南西兩人生性同樣極度殷勤好客，他們認為辦活動就是要盛大，也都具備感染人的熱情。他們舉辦的跨年派對常常讓大家期待了一整年，在派對中，每個人放下平常對生活的關注，產生一種同樂的節慶感。當然，有時場面也會搞砸（某年就有賓客嗑搖頭丸嗑到被擔架抬走），但那種狂歡式的活力本身便是樂趣的一部分。對於經常參加派對的朋友來說，這對夫妻所舉辦的派對不只是一場派對，除了音樂和美酒，更是一年一度當日限定的試毒大會。這些活動在在使人卸下心防，帶來原始親密的感覺。

但若藥物能短暫滿足人們所渴望的同伴感，習慣之後產生的反效果，卻違逆了原本要滿足的渴望。反覆儀式化的藥物中毒，並不是一條向世界開放的途徑，反而演進成封閉自我的系統，其中不再會有新事物發生。起初指望帶來刺激的事物，最後難免淪為一種麻木的重複。酒徒（或菸毒癮君子）可能覺得自己正走向一片豐沛的共感，但酗得越兇，越與外產生隔絕，直到最後陷入狹隘的唯我主義；這對關係造成了很大的問題。

站在酗酒者觀點，也許把使用物質歸類為核心活動，但看在另一半眼裡（及孩子眼裡），虔誠的酒徒或吸大麻的人最看重的，很顯然是他們和那些酒或藥物的關係。物質成癮者嘴上那套「因為樂趣才施用」的說詞，根本是為自己漠視這個習慣對身邊人所造成的影響找藉口。酗酒和嗑藥是種假冒手段，乍看能向內加深、向外拓寬，實則哪裡都到不了。

中年危機是讓人面對情感的機會，我們能藉機好好觀察自己在關係裡的模樣。因此，不妨想想每個人喝酒常見的幾個理由：一、為了促進人際關係。二、為了追求快樂。三、為了忘卻煩惱。四、為了融入群體。成癮物質幫助我們忘記自我，讓我們產生一種崇高感，但忘卻自我的首要目的是為了擺脫痛苦和矛盾的感受，若為了自我提升（因為快樂）和應付現況（忘記煩惱）而喝酒，那麼這個理由本身也可以當作預見未來會產生酗酒問題的最有力指標。一般人酗酒的最大理由，多半是為了**控制負面情緒**。

一個人所須仰賴的情緒策略可能早已出了問題，物質提供了一種化學強化法，讓人不用去處理情緒，而創造出一個龐大令人暈眩、永續循環的酬償系統。酬償系統雖然帶來短暫的愉悅（至少暫時緩解痛苦），但也會施加長遠的懲罰，如侵蝕信任感、情感剝奪和駭人的不安；這也是為什麼濫用成癮物質會為關係的成長築起有如萬里長城的高牆。濫用成癮物質通常涉及祕密、半真半假的陳述、合理化以及藉口，並且將人捲入否認的泥沼，不只害己也傷人，快感之後就是應聲墜落。

因此不難明白，藥物和酒精對婚姻的影響為何到了中年會累積出如此大的破壞力。好不容易買了房子，工作也忍耐著做到了現在，孩子養大了，家中財務有了餘裕。無論是好是壞，我們只能活在自己創造的現狀之中。到頭來，每天的生活壓力不斷壓迫著我們的婚姻。需求太多，時間太少，漫長的一天結束之際，我們可能只盼能把一切都忘掉。深夜十點根本不是解決關係問題的好時機，這個時候寧可來罐啤酒，一邊收收電子郵件，或是放空看看電視，也好過談論敏感的情緒話題。我們可能會自開藥方，這一向是我們首選的應對之道（還在交往的那些年，這麼做不僅效果不錯也好玩多了，幾杯黃湯下肚後通往的是性愛，而不是打鼾）。又或許，我們自開處方，是因為已經沒有信心能與另一半達成任何共識，我們甚至可能為自己的選擇找理由（「我會繼續這麼做，直到出了事或崩潰」），忘了孩子可能就在我們所謂的等待時機裡適應一生。

最初，我們怎麼會想出這些麻痺自己的對策呢？以大人作為榜樣可能是原因。小時候，許多人都見過家裡大人以成癮物質作為解套的方式，在美國，超過半數的成年人家族史中存在某種型態的酗酒問題。許多人從經驗得知，為人父母者並不全然理解飲酒對孩子的影響。他們對自己抱持相當粗糙的標準（「我又沒真的喝醉」、「我沒讓孩子看到我喝酒」），未能察覺孩子與他們所依賴的照顧者互動時的極端敏感反應。我常在心理治療過程聽那些成年人提起他們的童年，回憶到酗酒的父母，總會勾起他們的痛苦：媽媽下午五點過後「人就不在了」；爸爸傍晚喝了酒，講話音調都變了；父母在聚會上渾然不覺的醜態；媽媽來親額頭道晚安時表現出廉價的傷感。父母使用成癮物質不僅對孩子留下創傷，甚至可能鑄成悲劇（例如性侵或施暴），就算表現形式較為溫和，一樣是背離孩子，在無形間忽略了孩子。

現代科學證據告訴我們，有特定童年經驗的人也容易使用成癮物質來尋求慰藉。毒品之所以效果強烈，正因為影響到大腦自然的酬償中樞。酬償中樞包含「類鴉片系統」（opioid system）。我們的腦內啡是一種天然分泌的類鴉片物質，會在此生成早期的情感連結，緩解疼痛。催產素這種刺激人與人建立連結的重要激素，則與腦內啡協調作用，提高我們對天然類鴉片物質的敏感度，同時降低壓力反應。多巴胺系統負責刺激及啟動攸關生存的愉悅活動，如飲食和性愛，但任何預期的酬償也都能活化這個系統，無論購物、嗑藥，還是追劇看《權力遊戲》。

邏輯一貫且通情達理的情感培育，會直接影響孩子身上多巴胺和催產素的分泌，以及他們發展中的自我管理能力，包含壓力管理。童年環境建構了每個人的大腦，而孩子與照顧者的關係，就是孩子的早期環境所代表的意義。父母的陪伴與和諧的情感接觸能形塑孩子在生物化學和情感層面的發育。如果催產素旺盛分泌，反應在情感面向，就是安全、親密、平靜的感受。證據顯示，父母「人在心不在」的現象，心理學上稱為「近似分離」（proximate separation），孩子感受到的壓力程度等同於實際分離所感受的壓力。無論身體或情感面向，缺乏照顧都會導致神經化學和心理上的匱乏，使得孩子在往後人生中更易尋求化學補償；而造成父母實質或情感上的缺席，正是父母使用酒精或毒品的一大副作用。

如果早期的關係未能幫助孩子發展出面對壓力時自我調適和緩解的能力，這個孩子長大後很容易觸發壓力反應，對壓力的因應對策也少。成癮造成的影響往往在孩子步入青春期時發生，情緒化反應和薄弱的自我調適能力可能導致青少年的衝動和冒險行為。八成青少年或多或少接觸過酒精，但十四歲前就開始喝酒的孩子，成年之後物質成癮的風險高出四倍。越年輕開始喝酒，情感發展越會受到損害，因為如果依賴藥物來調節負面情緒，連帶也會失去培養其他健康對策的機會。戒酒患者的情感年齡多半困在剛開始飲酒的年紀，這是眾所周知的，有位男士在三十歲戒酒之後告訴我，他「完全錯過」自己的二十歲年代，他覺得自己的情感發育與成長比別人晚了十年。

我每次觀察一對伴侶，總會好奇是什麼原因讓有些人再度落入父母酗酒的家族傳統，膠著於靠著酒精潤滑社交的人生，有些人卻能對原生家庭的失能發展出一套診斷評判；這與原生家庭酗酒嚴重與否似乎沒有關係。有人不假思索就欣然繼承了家族文化，有人雖然與家族決裂，但嫁娶對象又往往讓他們必須持續抗拒飲酒的危險與不負責任的作為。無論哪種情況，這些夫妻在早年交往階段很可能都是靠飲酒來建立感情的，時間一長，與成癮物質相關的紓壓方法和無害的娛樂慢慢累積成有危害之虞——對健康的害處自不待言，對家庭和婚姻同樣有害。如今，酗酒行為已經固定成為模式，而模式一定會反覆出現，這些全發生在生活結構之內，除非結構產生動搖，否則很難改變或拆解。

這又令我想起保羅和南西。他們不愛吵架，也盡可能避免在人生大事上犯錯。但當我問起這兩種行為與飲酒的關係，他們開始為彼此辯解，到最後在我看來，改變飲酒習慣對他們而言實在意味著巨大的損失和代價。他們寧情願把飲酒視為兩人共享的活動，而非一種失能和空轉。由於他們的生活品質並未顯著衰退，因此他們也很難特意去關注這件事，看清自己正在傷害彼此和身邊的人。

父母的飲酒模式最終會交織出現在孩子的一生當中。我是個經驗豐富的心理治療師，完全有理由擔憂這點。想到保羅和南西，我忍不住編起故事，想像連恩和泰莎會走上怎樣的人生道路。畢竟，他們生長的家庭和社交環境已經提前讓他們見識到，酒精是家庭生活和人際關係的一部分，生活中出現酒精，完全理所當然。爸爸媽媽每晚喝光一瓶紅酒，接著不是大呼小叫，就是坐在電視機前目光呆滯，如同美國的無數家庭，浴室櫃裡放置著藥瓶，裡面是幾乎沒吃幾顆的鎮靜藥物，隨手可得。家裡的人都同意，與朋友暢快飲酒是生活一大樂事，也是最令人意氣風發和開懷的時刻，雖然免不了有宿醉的副作用，但那也是幽默玩笑和家人安慰的題材。

我想，也許連恩長大後會有些叛逆，上了高中後，他會是派對上的風雲人物。泰莎可能律己甚嚴，讀書認真，但升上高中後會在週末縱情狂飲。連恩和泰莎都可能離家去上玩得很兇的大學，派對一場接一場，進而發現沒有哪個場合只會有一種酒可喝。新鮮人時期經歷過調酒和啤酒桶的洗禮，就會晉級至「大人」喝的酒——紅酒和威士忌。大學畢業後，飲酒機會不減反增，商場上更加頻繁。喝酒從不假思索的成年禮轉成一種共謀歡笑的場合（「要不要再喝第五杯紅酒？」）。他們現在是「負責任的成年人」了，知道飲酒行為有點稚氣且魯莽，但他們生命裡「負責任的成年人」向來都是這麼做的；人生無非就是在心情惡劣時轉向物質求助。然而不知道為什麼，心情老是惡劣得很快，其他較健康的對策從未獲得發展的機會。泰莎長大後成了超限成就者（overachiever），生活被親職和工作塞滿，她焦慮的完美主義又強化了壓力。只要不窺探情感的陰暗深淵，她知道怎麼把事情順利處理好，一旦她感覺汙水上漲有滅頂的危險，那麼她除了每夜的那杯紅酒，可能還多配上一顆可那平錠（Klonopin）[③]。

至於及時行樂的連恩，可能把二十歲的青春歲月揮霍在派對和戀愛上，等到安定下來，飲酒仍繼續扮演他生活中的核心活動。當他和伴侶考慮生個小孩，他會同意應該戒除舊習，但不會維持太久。南西和保羅的婚姻最後可能告吹，因為酗酒是婚姻破裂的一大肇因。無論如何，連恩和泰莎都得花上好幾年、乃至於幾十年時間，處理父母因飲酒導致的健康問題，包括母親的認知功能下降和父親的肝衰竭，而他們的孩子長大後，可能也會延續家族傳統。

你若聽過「我的婚姻很不快樂，我需要麻痺痛苦」這類說法，便知道藉由物質來規避問題，等同於自備的合理藉口產生器。然而即使身為一個每天接觸這些問題的心理專家，我偶爾也會否認或忘記這個事實——因為承受不了。對於父母或另一半是重度成癮物質使用者的人來說，最難接受的一點是，對方最重視的竟是他們與物質的關係，而非與我們的關係。誰願相信這點？誰能接受化學物質居然強過一個人？強過我們？成癮者在清醒時絕不會認同這種觀點，但究其行為，很難做出別的結論。

合理藉口產生器的運作方式一時半刻看不出來，不過，整個裝置的強效核心處理器就在於，成癮者永遠會把成癮物質奉為優先，**沒有這東西就過不下去**。身為成癮者的另一半，你可能以為你是不可或缺的，但對方會提出各種令人捉狂的論點，證明為何你是他最大的問題。你對他的批評會招致偽裝成正常理由的反駁，他怪你不公平、動不動就批評人、小題大作……這其中包含對物質使用的輕描淡寫與合理化：「還不是你整天嘮叨，我才需要放空。」是啊，但是我會想問他：「假如你不放空，你的另一半需要這麼嘮叨嗎？」

類似這樣的對話會出現什麼問題？第一，即使聽來像誠實訴說情感經驗，實際上也絕不坦承，成癮者只是在欺騙自己，藉此安撫另一半或掌控局面。更大的問題是，成癮者無法處理實際的情緒，一旦抑制藥物用量或停止使用，就會被迫面對一個令人沮喪的事實：在虛耗空轉的同時，身邊的人（除了一起用藥的朋友）不停在成長。

這種趨勢點明復原路上最棘手的挑戰，就在於承認自己控制不了問題。我成長於藥物氾濫的一九七〇年代，記得當年我認識一對夫妻，太太每隔幾年就會有一次在某節慶派對上喝得爛醉。她丈夫的態度堅定而深情，彷彿他面對的是一名病人，而不是令人丟臉的麻煩。他知道她病了，她也知道自己病了。長大後我才知道，她為求康復已經試過

③譯註：即氯硝西泮（Clonazepam），有安眠、鎮靜效果的抗焦慮藥物。長期使用會產生藥物依賴，突然停藥易形成戒斷症候群，嚴重者會有抑鬱、自殺傾向。

無數方法。像她這種情況，酗酒成癮的疾病模式就說得通，因為她知道自己無法控制行為，她承認正為生理和精神病症所苦，而非堅決否認。

相反地，如果一個人不承認自己控制力不足，那麼困擾他的就接近於心理問題。首要癥結是，他會找藉口否認和咎責他人，因此，唯有承認用藥的衝動主導了他的**思考**，他才有辦法進一步為自己的行為負責。成癮專家嘉博．馬特用直白的心理學術語描述這道難關：「大腦這個受損的決策器官，必須先啟動自己的治療程序。一個經改造、失去功能的大腦，必須決定它想不想克服自身的失能。」

面對自己無力控制的成癮行為，又勾起第二個棘手的挑戰：一個人必須為自我發展負起責任。前文闡明自我覺察和自我負責是中年人生和婚姻生活的核心要素，但兩者在戒斷復原的過程中又格外重要。眾所周知，成癮物質會扭曲家人間的關係，配偶會用不健全的方法去適應現況，包括找藉口原諒、過度補償、絕口不提、抓狂發飆，或者背負著非必要的罪惡感。

建構一個健康人格，與建立一段健康的伴侶關係，兩者都需要相同的東西：保有獨立性、更多個人特色、更多自主的權力。堅持擁有更多親密感雖然是可以理解的衝動，不過在早期復原階段，這種衝動容易使伴侶陷入適應不良的模式。把隔離和個別治療置於優先，此事看似矛盾，其實是伴侶重回彼此身邊的直接途徑。只是，這種做法非常困難，可能會有好幾年處於徬徨不安之中，看不見故事該如何收尾。

露西和湯瑪斯這對來找我諮商的夫妻，從派對狂歡的年紀就在一起了，結婚後，他們的生活模式隨之改變。露西週間不再喝酒抽菸，頂多偶爾在聚會上喝過頭。湯瑪斯喜歡聽音樂，通常會配上一根大麻。辛苦工作了一天，他覺得有資格為自己提振精神，有時回家前他也會跟朋友抽一根嗨一下。湯瑪斯不算重度使用者，但一天中不抽個一兩根，他就覺得無法放鬆。

很多夫妻為了對休閒的定義爭執不休。每個人都希望可以透過那些無須動腦就能享受的娛樂，為漫長的一天畫上句點。但為人父母者有長達十八年的時間，晚上不能好好休息，獲得滿足。壓力之下，他們把戰線拉到誰「霸道」或誰「愛掌控」，逃避如何公平分攤家務等真正的問題。一旦藥物加入戰局，局面更加緊繃。

露西抱怨湯瑪斯一到晚上魂就不知飄哪兒去了，但他們在念小四和小六的孩子此時正需要有人陪伴做功課。也許不算中聽的批評，但我希望湯瑪斯至少能想想露西的立場。不料他發動反擊，堅持他有權放空：「你知道嗎露西，每次要做什麼一**定只能**照你的方法做，每個人都應該像你一樣焦慮一樣愛掌控。我沒有整天跟在背後催促他們，孩子們可高興死了。他們也希望你開朗一點。整個家好像都得在你的規矩面前畢恭畢敬一樣。」當然，每當湯瑪斯放空，露西也會提高要求，這時湯瑪斯又會聲稱她的要求令他覺得生活毫無樂趣且備受控制。

湯瑪斯最能緩和妻子焦慮的對策應該是停止抽大麻，但這迫使他得面對自己有問題的事實。成癮復原專家布朗（Stephanie Brown）指出存在於兩個現實之間的緊綳關係：使用者安排日常生活的原則雖然受到物質使用的主宰，但為求暢快使用，使用者多半會否認有此原則。為應付這種緊綳關係，使用者以「個人的評估系統」來合理化使用方式（「中午前我不喝」、「我不依賴酒精，只是享受它」等），讓他的使用行為合乎自我定義的「正常」範圍。評估系統的用意在於模糊依賴性使用者與他人的區別，就是物質使用建構並主宰使用者生活到什麼程度。

不管湯瑪斯是在實際上抽大麻，或純粹想想而已，這件事確實主宰著他。成癮行為不是從實際攝取物質算起，而是從事前的期待和儀式就開始了，多巴胺於此時開始旺盛分泌。從鋪紙捲菸、從五點鐘的雞尾酒儀式、從藥頭打電話來，成癮狀態就開始了。至於會不會有其他先導情緒，如無法專心工作之類的，倒不一定。不過成癮者多半會在使用前感到焦慮或沮喪，這正好成為使用的理由，同時顯示使用者缺乏因應正常情緒的對策。成癮物質如果被當作應付不適或焦慮的直覺反應，那麼當然會強化使用的理由，促成上癮循環。

忍受關係中的情緒不適，是每個人一輩子需要持續培養的能力，對藥物使用者來說更是如此：他們不只必須停止靠用藥來緩解情緒不適，還必須學著在婚姻等情感關係中忍受溝通過程中常有的痛苦。湯瑪斯跟多數成癮者一樣，把吸大麻當成容忍婚姻問題的方法，但物質使用疾患（substance use disorder）之所以是「原發性」疾患，原因就在於它原先雖是單獨的狀態，但往後就會與其他情緒與關係相互影響。

湯瑪斯對露西行為的看法並非無的放矢，但我若順著他的話把注意力轉向幫助露西緩和她的行為，形同在保護湯瑪斯的習慣，絲毫無助於湯瑪斯面對婚姻問題，更別說面對他那被大麻煙霧遮蔽的人生了。除非他能承認無法控制習慣，否則他還是會繼續推卸責任，把情緒怪罪給別人，他的說詞有時聽起來有道理，但幾乎從非如此。

「按你的意思，」有天我對湯瑪斯說，「你把傍晚看成放鬆時間，所以選擇不幫忙做飯或陪孩子看電視這類家務？」

「我也不是都不做，」湯瑪斯說，「只是我不覺得有必要做到那麼無微不至，但露西覺得有必要。」

「所以可以說，你會煮飯……有一半時間飯是你煮的？也許有一半的碗是你洗的，是這樣嗎？」

我看得出露西努力忍住不插嘴。

「沒有，我沒那麼常做。」湯瑪斯說。

「所以晚上那些非做不可的家事，你有公平分攤嗎？」

「沒有，大概沒有。」

「我如果理解得沒錯，你發現自己晚上選擇放鬆抽大麻，但你多少知道這樣不公平。」

「對，大概吧。但每次我一回到家，家裡就氣氛緊繃，我不覺得是我造成的。我的生活不應該受到她的壓力影響。」

「你預期一回到家就面臨情緒風暴，這種氣氛讓你難以接受，你想逃避。但我們暫且擱下露西的壓力不談，把焦點放在孩子身上。在孩子眼裡，你晚上算不算有在場關心他們？」

湯瑪斯挪動了一下坐姿，看得出正想辦法處理腦中扞格而不協調的觀點。「我認為父母裡有一個人不那麼緊繃，孩子也能鬆一口氣。」

「是有可能。但露西說她會這麼緊繃，是因為你已經喝茫了，完全心不在焉。我想問，你覺得自己有沒有全心在場，在孩子眼裡，你有沒有全心在場？」

「我不知道。我只知道露西讓家裡每個人神經緊張。」

「你有沒有注意到，你一直把話題從自己轉向露西？你覺得問題出在老婆過度焦慮，家裡氣氛緊繃。你似乎相信是露西的焦慮導致你需要逃避壓力，包括做你份內的家事和照顧孩子。」

「差不多是這樣。」

「你用抽大麻來解決面對她焦慮的問題，沒有其他更直接的方法嗎？隨便舉例，例如幫忙照顧孩子，或跟她聊聊她對你的影響，或少抽點大麻。」

湯瑪斯沒辦法輕易回答。他如果肯定我的論點，就表示他同意抽大麻是他應付壓力的唯一方法。但如果他否定，則表示抽大麻對他而言是必要的行為，而非只是放鬆的選項。他困在尷尬的局面。

「除非你承認自己上癮，願意面對這個問題，」我說，「否則無論是你個人或在婚姻裡，都換不來更好的處境。拿你的行為責怪露西，對你沒有幫助。」

我們花了一點時間回顧他和露西在各自原生家庭的處境。湯瑪斯眼裡的母親不理性又過度情緒化，在他小時候，媽媽開始「抓狂」時，湯瑪斯先是害怕，繼而瞧不起母親。他與父親和兄弟都對媽媽展現出一種冷淡的態度，既是抵抗，也是貶低，但他其實對於母親挑起的情緒騷動非常敏感。進入婚姻後，「放鬆發呆」原本是為了化解露西製造的緊張感，沒想到讓事態更緊張。

在露西的家庭裡，母親地位薄弱，說話沒人理睬，酗酒的父親在她七歲那年拋家棄子。露西變得極度負責任，幾乎是機械化地把一切打點周到，但內心充滿了生氣受傷及被遺棄的感覺。兩人初識時，湯瑪斯最先注意到露西能幹果斷的行事作風，不像他母親那樣蠻不講理，露西則喜歡湯瑪斯安定的性情，不像她那缺席的父親。但漸漸地，露西變成了那個過度情緒化的妻子兼母親，湯瑪斯變成了那個心不在焉的丈夫兼父親。

我們將婚姻難題的脈絡抽絲剝繭，湯瑪斯和露西漸漸能理解對方的反應。湯瑪斯意識到，露西覺得接觸不到他或無法向他求助是多麼孤單，因此非常害怕。露西看到湯瑪斯的首要之急是維持平靜，不被她情緒左右。一旦他們能互相感受到些許同情，就可以暫時停止彼此指責，有足夠長的空間把問題拉回湯瑪斯的習慣本身。

「抽大麻讓我不會整個人緊張兮兮，擔心各種小細節。」他說，「讓我可以看清事情的全貌。」

「全貌？」我問。

「例如看到世界的美好，而且懂得享受美好。我小時候一直覺得大家關注的焦點都好奇怪。沒把髒衣服放進洗衣籃，搞得跟發生三級火災一樣嚴重。我煩透了聽我媽凡事大呼小叫。」

「真不容易。你一定花很多力氣保持平靜，又沒人幫你。」

「每次露西煩躁起來，我對她就有同樣的反應，我只想逃。」湯瑪斯斟酌著字句，他的語氣可謂溫柔，神情變得傷心。

我們針對他使用大麻的情況談了多次，湯瑪斯漸漸接受是他自己出了問題。他開始思考解決大麻依賴這個艱鉅的任務。對問題有了理解之後，他試著想像如果不靠大麻管理情緒，生活會變得怎樣。他決定縮減用量，每週只用一次。兩個月後，他完全停用並參加戒大麻匿名聚會。

在湯瑪斯為復原努力建立支持系統的期間，我充當他的證人、教練、支持者和傳聲筒。我負責協助湯瑪斯和露西兩人在有壓力時，先別對關係過度要求，同時支持並鼓勵他們兩人之間的差異及個人的成長。伴侶很自然會以為一旦戒癮，問題就解決了，但湯瑪斯和露西不久會發現，最難的還在後頭。他們會進入成癮專家所謂的「過渡期」，即承諾戒癮之後的復原階段，這個艱辛的階段可能會戳破過度膨脹的希望，看清問題並非從此解決，反而還會揭露原本靠藥物遮掩的情感隱憂。我在這個時期發揮的重要功能，就是協助他們接受這個過程勢必**需要時間**。

成癮往往會滋生一種危機感。人在復原階段會面臨要做出長久改變的困難和挫折。想到往後將放下負擔的同時，也會驚覺到一股失落：為獨自負責任而感到孤單，甚至惋惜失去了吵架所帶來的虛假親密感。有時我唯一能做的，就是在這漫長辛苦的掙扎中陪伴他們，再三向他們保證這些內心混亂都是正常而且必要的歷程。

在整個過程中，除了戒除成癮藥物，還得和人格搏鬥。有些從原本就容易誘人使用物質的人格特質，與讓人在關係裡辛苦適應且得不到回報的人格特質是相同的。正如戒酒匿名會出版的文章所述：「與他人不完美的關係幾乎總帶給我們苦惱，也是促使我們擁抱酒精的直接原因。」湯瑪斯有情感表達困難、幼稚不滿足、歸咎責任、易怒、沒耐心等問題，他在自我膨脹和自我憎惡之間搖擺，容易把對親密感的不適應轉化成批評、傲慢和距離。至於露西，除了對湯瑪斯的癮頭殘留的厭惡，還要對抗焦慮，以及為別人的情緒負責的反射性習慣。她的反應敏感、害怕被遺棄，加上不擅為情緒設下界線，使得彼此的負面情緒循環更加惡化。她承認自己也必須改進，因此決定尋找互助團體的支持。

參加互助會、接受心理治療，加上從事運動，代表湯瑪斯和露西的時間心力都被自己的事務佔滿，這勢必會對親職形成考驗。我們討論過很多為孩子打造一個安心環境的方法，包括與孩子談論目前的情況，盡量回應他們的需求。合作教養子女對湯瑪斯和露西向來是一大挑戰，也始終是壓力來源。我們也討論了緊張情境下婚姻和家庭裡常會發生的情況，希望幫助湯瑪斯用積極面對取代消極退縮。露西要練習在連鎖反應中早點意識到自己的心情，並在抓狂之前把她的需求告訴湯瑪斯。日常生活提供了大量練習的機會。

「為什麼我只是請你填學校發的學習單，」露西某次諮商時說，「忽然又變成是**我**太擔心芝麻綠豆小事了？是學校要求要填學習單的，又不是我編出來沒事找你麻煩！」

「我知道，只是你問我的口氣很兇，好像我已經搞砸了一樣。」

我與他們合作找出一個能共同生活、妥善照顧孩子，又不會帶給對方壓力的方法。有時他們覺得分居或許更有益處，但財務狀況不允許這個選項。我們建立起一套共識，讓他們有段時間可以住在同個屋簷下，但生活多少分隔開來，這也代表他們得協商各自與孩子的角色，對於平衡親職責任頗有良效。湯瑪斯覺得比較能投入親職，露西也能留給他不被打擾的空間。家務責任也比照辦理，互不招惹對方，做好分內責任，有助於消解過去主導他們關係的那種互相糾纏、責怪的趨勢。我們把每個「誰來做」的難題當成一次機會，開誠布公討論何時該由另一方接手幫忙，何時應該拒絕幫對方的忙。

露西和湯瑪斯費盡千辛萬苦用了三年時間，才建立起一個安穩平和的家庭生活。湯瑪斯戒癮有成，孩子安心成長，夫妻倆也很少吵架了。兩人都達成更多自主性，他們的關係反而比較和諧。他們組成一個良好的教養團隊，也參加互助團體，並深以他們所實現的一切為榮。

不過他們還在努力分辨，作為一對夫妻，到底共同擁有什麼。隨著情感漸漸完滿，過去那套婚姻關係失能的老劇本對他們越來越失去吸引力。當初把他們湊在一起的推力和拉力，在他們為大麻爭吵的時候發揮了最大的效力，現在已失去原本惱人的魅力。過去他們的關係徹底圍繞著藥物打轉，這也表示一旦擺脫藥物，他們從來不認識另一半會是什麼樣子。

當雙方都全心投入復原，有些伴侶能因此產生一段經營全新關係的動力，他們的相通處夠多、情感互相包容，也真心喜歡彼此，願意共同化解先前的失望。但也有些伴侶經歷了個人的成長，逐漸看清彼此想要的東西並不相同，像湯瑪斯和露西的例子，他們越來越清楚兩人都想成為**別的樣子**，而不願再扮演在這段關係裡被分配（及分配給自己）的角色。

最重要的是，他們很慶幸可以不再把情感差異劃歸為一個戰場，不用宣稱「要是」其中一方「停止」或「開始」這樣或那樣做，他們的感情「就會」更好。如今他們可以更尊重、更開放、更誠實地交流，思考彼此個性適不適合、怎樣彌補差異等問題。他們為了孩子費心嘗試，雖然不想為了孩子勉強在一起，但孩子高度影響到離婚的代價與好處。為了孩子，兩人都投入了心力維持婚姻，直到無能為力為止。

他們最根本的困擾與親密感有關。在努力建立更穩固的自我意識之際，湯瑪斯開始不確定他希望在情感上有多親密。他說，「我覺得不要投入太深的感情，我會清醒得多。」反之，露西則渴望更親密的關係：「我是那種越親近越好的人，除非那讓我開始不舒服。我不知道這樣下去怎麼辦，但這的確是事實。」她希望有更多身體接觸和情感交流，她不確定為了追求這個目標而破壞了家庭值不值得。現在情況已經比過去好上太多，但渴望揮之不去，她得與壓抑渴望的代價苦苦搏鬥。

很多人相信理想婚姻應該親近而親密，或許絕大多數人都這麼認為，卻非每個人都有同等能力或意願那麼做。以我所認同的價值觀來說，我會想辦法引導並協助一名不情願的配偶看見擁有更多親密感的好處，但對方也可能抗拒，那麼我們就得接受最後的結果，包括伴侶一方可能覺得不再愛了，甚至選擇離開。

正如露西和湯瑪斯的例子，**想嘗試的動力**在婚姻裡既深刻也脆弱。無感與那種疏離的體悟很相像，你知道自己失去了想嘗試的動力，卻不知該怎麼找回來；內心有個聲音說「我受夠了！」但這令你承受不住。露西和湯瑪斯經過好幾個月的溝通，從各角度檢視他們的處境，終得無奈接受彼此心已不在的事實，而這份體認總以走兩步退一步的方式到來。但是當我們終於認清事實，他們兩人都打從身心感到如釋重負——他的血壓降低了，她的腸胃疼痛減緩了，他們也不再失眠了。至於我，我具體感覺到房裡多了空間，有更多空氣可以呼吸。

有時一想到走了這麼遠，卻無法一起走完最後一程，對他們而言幾乎是難以言喻的痛，但過去吃的苦頭已然教會他們，盡力說實話的好處是多麼顯著。他們看似「放棄」，實際上，相互同情和原諒之心反而在不知不覺間升起。「無條件接納另一個人，不代表非要超越所有環境限制、不計代價陪在他身邊。」嘉博・馬特寫道；「以成年人對成年人的關係來說，接納也可能單純是指認可對方就是這個樣子，不去妄加評判，不因對方與自己不同就任由憎惡腐蝕靈魂。」那些想盡辦法把對方扭轉成能滿足自己想望的人，如露西和湯瑪斯，應該會從這樣的觀點中獲得啟發，更充分接納彼此本來的樣子。

「真的好難。」有一天露西說，那時他們已經決定分開了。我們正在討論該怎麼告知孩子。「我已經不生氣也不傷心了，但我覺得難過。我看著你……」露西望著湯瑪斯，「還看得到當初那個我愛上的人，現在我不用再愛你，不知怎地卻輕鬆多了，但我還是很難過。」

「是啊，接受現實是一種很大的解脫，但也很痛。」湯瑪斯回望她的凝視。他們相視莞爾。前進的道途充滿險阻，但因為付出過的努力，他們得以友好地共同面對。

＊＊＊

彼得和貝絲初次步入我的診間，我的第一印象是男方是兩人中比較反常的那個。他們看起來都六十出頭，他的衣服皺巴巴，穿著一雙難以形容的厚底黑鞋，女方則像刻意搞對比似的，頂著一頭紅髮、戴著時髦眼鏡，打扮優雅近乎拘謹。她是一位成就卓越的學術工作者，乍看下更為得體而有魅力，而男方雖然一副鬆垮垮的模樣，卻帶給我一種安慰感。我發覺我得特別費力才有辦法看著她，她的沉穩自持裡有某種東西幾乎抵銷了本身的作用。

「那麼，我們該從哪裡開始呢？」彼得微笑看著貝絲。他打了個噴嚏，手伸進口袋裡掏了掏，沒找到想要的東西，於是起身橫越房間，從我的面紙盒抽出幾張面紙——雖然明明有個一模一樣的面紙盒就放在他身旁。我沒有不高興，反而覺得有趣，暗想是不是他這種過度放鬆的舉止，讓我在拘謹僵硬的女人面前隱約地鬆了一口氣。

「是彼得提議來的。他覺得我太沉浸於思緒裡了，缺乏生活樂趣。」

「妳怎麼想？」我回問。

「我覺得他這樣說不公平。」貝絲平視著我，深深思考之後說，「我的工作責任很重不是一天兩天的事。今年我當上系主任，有開不完的會，數不完的行政調度，有時我自己都受不了，但工作就是這樣，要做這份工作，就得投入時間。我真的很努力試著跟彼得一起多做點新鮮事，一週有三天我會煮晚餐，週末去看電影，不用進辦公室的話，我也提議出去玩。」

她看上去既沒生氣也不傷心，語氣配合且真誠，只是給人距離感。或者確切來說，生氣和傷心已經與她的個性融為一種氛圍，讓人無法觸及。我發現我在她的平靜面前感到莫名地有些絕望。

彼得外顯的熱情呼應了我的內心狀態。他焦慮地把身子靠向她，盯著她的眼睛。「我大部分時間都不清楚妳在想什麼。我不是不能自得其樂，我有很多事可做。沒錯，我們一起吃晚飯，沒錯，你會跟我討論辦公室的人事紛爭。但我始終覺得孤單。」我欣賞他直接表達情感訴求，願意傳達真實的傷痛。我也察覺我眼前所見的溝通早已上演多次，對他們來說老套得失去效果。他對她說話的同時，她牢牢盯著他，但身體微微瑟縮，雖然幾乎察覺不到。這小小的恐懼徵兆讓我第一次為她心疼。

取得教授職位、孩子有出息、婚姻也過得去，貝絲的人生不只順遂，簡直可謂稱心如意。她堅持奮鬥了一輩子，自律是最重要的事。工作狂的傾向在職場上充分發揮，她為家庭全心奉獻，只是與家人有點距離。孩子還小時，彼得才是家庭情感的北極星，這再自然不過，因為她總將工作放在第一位，一家人不得不配合她的工作需求調整作息。

他也覺得這個角色合乎常情，與他從小在原生家庭扮演的角色很像，所以無論多麼繁瑣的事務，他都快活地處理。我在想，他那草率打扮的疲憊外表，與她一絲不苟、應對有度的舉止相比，是不是尤其透露出他某方面受過太多訓練，習慣表現出迎合他人需求的熱切，把別人在乎的事情放在眼前。

他明顯喜歡照顧別人，溫暖風趣，擁有天真赤子心，孩子都崇拜他，他也盼著抱孫子。照顧貝絲令他收穫良多，他說剛相識時，她就像「一朵嬌弱的花朵」用鐵腕經營一家文藝雜誌社。他一向深以她的公眾成就為榮，私底下也為她對他的依賴感到滿足。

在孩子還是生活重心的那些年，操心孩子讓彼得始終有事可做，也帶給他滿滿的愛。現在，他樂天隨和的態度漸漸被反覆迫切的渴望所取代。「我再也受不了那種距離感。真是的，我一直以為邁入六十歲，我會老到沒感覺。」他說。「但人生就是人生，我現在要的跟我一直以來想要的都一樣，我希望與貝絲親近。」他們偶爾才有丁點肢體接觸，對彼得來說，兩人的身體關係疏離到近乎難耐。這個問題必須追溯到很早之前次子出生之後，貝絲勞累之餘又想保住終身職，導致夫妻一整年沒有燕好。近幾年來，一些舊疾復發加上性欲衰減，使彼得更重視親暱的肢體碰觸，貝絲雖然原則上同意「應該」向彼得傳達身體溫暖，但這樣並不夠。這也是結縭三十年以來，彼得第一次譴責貝絲喝酒，而且希望她別再喝了。

「幾乎每到晚上，貝絲從一開始只喝一杯古典雞尾酒，到後來要喝到兩杯甚至三杯。晚餐時刻，我們會聊聊今天發生的事，但她早已經茫了，我的話完全沒法進她耳裡。飯後她通常躲進書房，剩下我收拾餐桌。」

我望向貝絲，看她對這番告白的反應。「聽他這麼說，你很難接受嗎？」我問。

「還好，其實不會。」她說。「彼得是需要互動和對話才能放鬆的人，但我是需要時間獨處的人。喝一兩杯酒能幫助我放鬆，那是我一天中最享受的時刻。」

「彼得，你能不能多告訴她一點這件事給你的感覺？」

「我覺得我好像被當成店小二使喚，我不是故意這麼比喻，不過她總是老大，凡事她說了算，因為那些我需要從她身上獲得的東西，她並不需要從我身上獲得。這不公平。她可以關上耳朵，但我不能不說話。難道沒有辦法讓我們都能感到滿足嗎？」

「我有和你說話，經常說。」貝絲的聲音放輕了。「我們會聊孩子的生活，我們會聊工作，我會問你週末想做什麼。我有時覺得無法判斷你到底想要什麼，怎麼做才能滿足你。」

無論用什麼方法探問，我都明顯感覺到一股壓力，最好別觸及貝絲喝酒的話題，好像她正在保護一段極度敏感的關係。「酒在酗酒者眼中很特別，」復原專家史蒂芬妮·布朗寫道，「如同一名祕密情人。看在家庭成員眼中卻是個入侵者，因為每個人在家庭內外的關係都必須因此做出重大調整。」有鑑於貝絲為喝酒習慣築起難以接近的防護牆，我能明白為什麼彼得一直避免正面衝突。但忍受這麼多年，他和孩子為此要付出何等代價？伴侶通常會無意識地達成協議，避開會危害到彼此的事物。伴侶治療師柯曼（Warren Colman）寫道，婚姻可以被建構成用來「迴避伴侶雙方有意識或無意識的焦慮……這些焦慮通常會互相分享，如此雙方便有相同的既得利益，以迴避特定情境。」每段婚姻都既是一種發展也是一種防衛，某方面鼓勵成長，另一方面又限制成長。

成癮為這種局面增添了一層失能障礙。彼得長年來有共依存症（codepndency）的問題，使得他會自動適應貝絲的習慣所附帶的情感需求。年輕時，彼得像很多成癮者的伴侶一樣，覺得自己可能哪裡做錯了，貝絲才會酗酒，但隨著時間和經驗累積，這種自我看法漸漸失去效力。他知道自己善意的關心是畢生養成的反射習慣，也知道他在婚姻裡重演童年的情感動態，但現在重要的是，他希望改變，更改協議，變更未明言的約定。

上述的觀點，無論何時以何種型態發生，我都正面看待。約定不可能始終如一，因為人會改變。不過有時伴侶一方推動改變，另一方會視之為背叛。激烈抗議不是貝絲的作風，但她用一貫平淡的表情聲稱喝酒不是什麼問題，她會反駁彼得太誇張了。但彼得依然主張兩人應該更親近、她應該少喝點，而我也明確地支持他的想法。

我猜想，態度退縮閃躲的貝絲是不是有時會巧妙地人格解離。有時我覺得自己不知不覺和她一起陷入某種平靜舒緩、無可置疑的恍惚中，而不得不鬆懈下來。每個人都有放空的時候，但貝絲的疏離是她人格中的特質。為了找出新觀點，我重讀先前做的筆記，才驚覺初次面談時，我就已經聽說她父親在她十歲時車禍身亡。我怎麼會沒留意到？我竟然忽略如此重要的事件，真教我大吃一驚。創傷事件能引起人格解離。如此一來就說得通了，她對父親意外身亡的記憶，並沒有和她生活的其他部分充分形成有意識的連結。我猜這是否也影響了我記住此事的能力。

正當我思考要怎麼重提喪親的遺憾，貝絲出乎意料之外地率先提起她父親。她暗示我們沒有經歷過那種愛與悲傷交織的過去。她想起少女時期，她父親會傾聽她的想法，這種尊重的對待令她非常驕傲。她陶醉地說起往事：她和父親會趁母親上樓照顧弟妹時，窩在書房聊天。我在想，這位父親與眼神發亮的女兒高談知識話題的同時，會不會手裡正拿著一杯威士忌，內心充斥著逃避妻子的渴望。（「那場車禍與你之後開始喝酒有關嗎？」我問。「我不知道。」貝絲回答。）

關於父親的話題打開了貝絲內心滿溢的溫情，但我也注意到，每當她憶起往事，我就很難與她保持對話。我有種感覺，每當輕輕觸及往事，她就會走入一口悲傷的深井，往往不太有什麼能被拉上來。她的眼眶盈滿淚水，我們雖然觸碰到她的失落裡令她流淚的界線，但她的悲傷仍然牢牢地埋在心中。我越來越覺得她那樣喝酒基本上形同一種儀式，為的是紀念她和父親親密的交流，但把飲酒與跟父親的交流建立起關聯也同時強化了她的錯覺，使她覺得如果不喝酒，就會失去重要的連結。

我想幫助她釐清這個錯覺，去思索喝酒會不會反而妨礙了她與丈夫、孩子，乃至於與她自己的關係。有一天趁著我們「在井裡」，我對她說：「有部分的妳依然因為失去父親而絕望無助——那也是你喝酒時所獲得的安慰。但妳有沒有發現，妳向酒精尋求慰藉，就沒有機會轉向彼得了？妳害怕感受到渴望愛和給予愛的心情，因為那太可怕，太冒險了。你覺得酒永遠不會像人那樣令你失望。只要妳需要，酒永遠都在。」

那天貝絲終於聽進我的話，感到有人理解她，但即使我想盡辦法暗示她實際上是渴望愛和連結，仍覺得她抗拒著對我的話產生共鳴。她心中有個死角，與她的表情一樣空白。我知道她深深依賴彼得，也感激有他在身旁，甚至她會為結婚紀念這類日子傷感，但我就是無法觸動她的熱情開關，那些情感波段被堵住了。

多年來，讓我意外的是，彼得和貝絲很少談論她父親過世留下的影響，也很少談到她母親後來的反應，包括反覆無常的發怒，間或接近殘酷的心態。貝絲努力壓抑回憶，彼得也不願多加刺探，但考慮到她痛苦的童年經驗，以及她與情感創傷解離的方式，我認為貝絲喝酒除了是成癮行為，也是她治療自己未癒創傷的一種方法。

「一旦你能認知到創傷後反應是為了救你一命才形成的，」精神科醫師兼創傷專家范德寇（Bessel van der Kolk）寫道，「你就有望鼓起勇氣面對內心的聲音（或雜音），但這時還需要他人的幫助。你必須找到足以信賴的人陪伴你，某個能為你的心事保密、協助你傾聽情緒腦（emotional brain）發出痛苦訊息的人。」范德寇指的是接受治療，但一般人也渴望得到伴侶的支持，以治療過往的創傷。

不過，這麼一來可能會弄得很複雜，這在貝絲和彼得的情況中展現得很清楚。伴侶為彼此的幸福付出心力，從情緒治療的過程當中獲得好處，但也可能幾十年過去，雙方心照不宣地避談創傷，任憑內心傷痛日復一日發揮作用，引發情感疏離、情緒波動、性欲障礙或自我藥療的結果。

未經處理的創傷可能導致過度反應或情感麻木，兩者都不利於親密關係。經歷創傷的人對伴侶的需求與普通人一樣——理解、接納、敏銳的回應——只是他們需要得更多。這有時很困難，誠如伴侶治療師強森（Sue Johnson）所言：「創傷倖存者現時與伴侶的互動中，可能只要有一丁點線索，就會喚起過往負面的依附模式。」經歷創傷的伴侶對於另一半偶爾不理想的回應極其敏感，把這些回應認作「威脅」，而另一半則為此感到挫折，覺得對方小題大作、反應過度。

貝絲情感疏離的策略保護了她很長一段時間，但如今彼得不斷懇求拉近距離，我也在場強化她的安全感，我們試著談論借酒澆愁的心情，她慢慢摸索黑暗痛苦的內心角落。探索記憶，將自己暴露於外，又得抵抗退縮到抽象概念和自給自足的衝動，這種種嘗試都令她恐慌。我們發展出一套儀式，當他們兩人會面時，彼得會用雙手握住她，溫柔地問她問題，由她決定回答的步調。以平緩輕柔的語調安心地交談，有助於讓貝絲感受情緒，又不至被情緒淹沒。她漸漸放下心防，由衷感受到彼得的愛與支持。

所幸他們的伴侶羈絆夠強，因此能細膩地展開對話，從而拉近了彼此的距離。貝絲慢慢坦然面對自己，她報名瑜珈課，沒幾個月就懷著高度熱忱聲稱她「好了一百倍」。某天彼得隨口的笑話逗得她發笑，我幾乎脫口說出：「哇，我沒見過妳這樣的笑容。」她的笑容很美，努力了近一年，我終於看見了。

貝絲沒有停止喝酒，不過比以前少喝，而且這件事已經能放到檯面上來談。她清楚彼得的立場，但依然不認為這是問題。我建議彼得試著去探索這件事對他的影響，彼得決定參加酒精成癮者家庭聚會（Al-Anon meetings），以他這輩子都把主動權交給別人的作為來看，我想這是一次了不起的自主權展現。

與成癮者或有精神疾患的人結婚，或者應該說，與任何人結婚，都必須決定自己最終願意活在怎樣的關係裡。為了想把另一半變成可以共同生活的對象而奉獻心力，只會換來辛酸和憤恨。戒癮十二步驟的指導原理，就是沒有人能改變另一個人。「有外力的幫助、長相好、收入高、居家整潔，就能抑止阿茲海默症的發生嗎？」《酒精成癮者家庭手冊》如此質疑，「我們的同情和支持，或許能讓愛人較能忍受與疾病搏鬥，但治癒疾患並不在我們的能力範圍內。我們對別人酒精成癮無能為力，疾病不是我們造成的，我們控制不了，也不可能治好它。」我們只能做好心理和精神上的功課，決定什麼可以接受而什麼不行，以真誠和同情的態度與對方溝通我們的限制和需求。

「我願意愛她原來的樣子，」彼得說，「我們可以換個角度看這件事。我接受諮商，用愛善待貝絲，這是我對婚姻的原則看法。」我猜彼得意思是說，「我有什麼資格奪走她的樂趣？」他仰慕著貝絲，也能同理她，無意採取激烈行動或發布最後通牒強迫她改變，但他開始向孩子說明貝絲喝酒對家人產生的影響，也讓貝絲知道他這麼做。久而久之，彼得的轉變說不定會改變貝絲的行為和思考。

總結起來，彼得覺得他們擁有一段成功的婚姻，他們的女兒就要結婚了，他們希望盡快抱孫子。但無論身體或情感方面，彼得渴望的親密感依然未獲滿足。「說實在話，這段婚姻有三分之一或四分之一不很完美。」他和貝絲結束伴侶治療後，他在感謝函中這麼寫道。「這是美好穩固的婚姻，也是相愛的婚姻。我很感激我們擁有這麼一段充實的人生，但某方面我們始終疏離，這令我難過。我想那些方面會永遠存在。有時我在訃聞上讀到別人形容『美好的妻子——她是我的摯友、我的伴侶、我的愛人。』我和太太相處融洽，但我說不出這種話。」

＊＊＊

二〇一三年當季的《週六夜現場》（*Saturday Night Lives*）節目，最受歡迎的短劇是《受邀夏日同志婚禮，就吃贊安諾錠》（*Xanax for Summer Gay Weddings*）。劇情模仿典型黃金時段的藥品廣告，主角是一群平庸乏味的異性戀，鏡頭停格在他們望著布滿雨滴的窗外，或做菜的動作，這時抑揚頓挫的旁白問道：「你覺得焦慮難耐嗎？煩惱自己永遠不夠好、老是比不上別人嗎？」旁白宣稱這是因為「你今夏受邀出席了一場美麗的同志婚禮。」這短劇把兩個不相干的社會趨勢幽默地相提並論，一是文化漸漸接受同性伴侶婚姻，一是把社交焦慮定義為可服藥治療的問題。「我向來是婚禮上那個舞技最棒的人，」比爾・哈德（Bill Hader）一臉苦惱，「但在夏日同志婚禮上，每個人都會跳上一兩段碧昂絲的新舞步，新歌明明還沒發行啊。」旁白此時插嘴：「因為你的同志朋友早就參透了，你卻還沒。」

可能沒有哪類藥物比苯二氮平類（benzodiazepines）更適合對應當代文化引發的疾患，這類包括贊安諾、可那平錠、安定文的藥物又稱為「輕鎮靜劑」，用於緩解焦慮和壓力。「我們是全世界最焦慮的國家。」《時尚》雜誌引用精神科醫師之言，宣稱美國文化簡直是為了生產焦慮、生產壓力、生產情緒障礙，使少女和女人對自我形象充滿壓力而量身打造的（女性使用苯二氮平類藥物的機率是男性的兩倍）。阿德拉（Adderall）和其他興奮劑雖然使用的目的相反，但也在美國文化佔有重要地位。

如果說苯二氮平類藥物有助於舒緩情緒，使人在激昂、狂熱、多工的生活中得以放空，那麼興奮劑則可以幫助我們專心、熬夜，完成更多工作。孩子在念大學時靠著互相討用興奮劑來撐過大考和報告，考完再一邊追 Netflix 影集，一邊吞贊安諾配大麻放鬆。忙碌的家長奔波於婚姻、育兒、家務和工作，希冀靠一帖可那平錠忘卻疲憊，後來發現服藥讓上超市購物、料理晚餐（配點紅酒效果更好）或做愛也更放鬆。苦於焦慮或失落感的長者則有家庭醫師開給他們的利眠寧（Librium）。但是苯二氮平類藥物會成癮，還會提高骨折和認知能力下降的風險，所以只建議短期使用。

從一九九六年到二〇〇三年，苯二氮平類藥物的處方開立量增加了三倍。通常開立這類藥物是為了應付特定問題，如害怕搭飛機或新近失業，但不知不覺間這類藥物成為應付人生應接不暇的壓力所不可或缺的鎮靜解藥。它可以讓你減少對孩子發脾氣、沉著應付重要的商務會議，或是迎接另一半回家時表情多一點愉悅。那些認定藥物能提升生活品質的人，會想辦法在限制用量內維持用藥，不少人相信只要謹慎用藥，就能防範副作用。

然而，長期使用苯二氮平類藥物極具爭議，因為即使只服用三到四週就足以產生戒斷症狀。不像可待因和吩坦尼（Fentanyl）等這類鴉片類止痛藥的危險性幾乎天天見報，鎮靜藥物的危害大多不為人知，其實只要造訪 BenzoBuddies.org 網站，就能看見大量證據說明苯二氮平類藥物的危險。就算只是處方用量，服藥者都有可能產生依賴，而且戒斷症狀來得猛烈。許多服藥者表示醫生的確警告會發生副作用，包括耐藥性會提高之類的，只是這些警告不夠有力。網路上已經有「計畫減少用藥量」的論壇專門關注此類議題，因為貿然停藥可能導致焦慮、噁心、抽搐、幻覺及其他駭人的症狀。

苯二氮平類是一種「勉強可接受」的藥物，進入主流文化時扮演的角色介於必要之惡與迎合現代生活需求的有效手段之間。如同歷史學者東恩（Andrea Tone）所言，

「我們對迅速鎮靜的需求，與忙碌焦灼的競爭緊密生活相關，人人都希望盡可能又快又不費力地把事情做完，停頓時間越少越好（誰有空接受諮商或放假？）最好能一路跑抵終點。」但即便在少數節制的用藥者族群之間，也總有人的用藥習慣會逾越界線，令孩子遭殃，毀了工作或婚姻。

這就是席莉亞告訴我的故事。席莉亞對酒精（酗酒二十五年）和贊安諾（服用六年）雙重成癮。我認識她時，她年屆六十歲中段，戒癮兩年，是戒酒匿名會的一員。但贊安諾成癮的那段日子很悲慘。「孩子離家後，有一大部分的自我也跟著不見了。我從小被教導當個模範妻子、模範母親，外表看起來始終很理想——我工作能力強、社交手腕嫻熟，女兒乖巧可愛，但我其實不清楚自己是誰。我習慣默默喝酒，在深夜配著琴酒講電話。我不是會吵鬧失態的那種人。小女兒也離家後，我開始胃痛。醫生開善胃得（Zantac）為我治療胃痛，贊安諾則治療我的焦慮。那個年代，我們對醫生的話深信不疑——雖然我現在很想告他。我吃了藥之後，能力還是很強，但完全與現實脫節了。」

某年耶誕節，她走路東倒西歪，說話含糊、腳步磕絆，她丈夫和放假從大學返家的女兒見狀才驚覺有異。「他們問我還好嗎，我回答沒事，還表現出不耐煩的樣子。女兒從小看我喝酒，已經習慣假裝接受我的說辭。但有一次，從一場節日派對開車回家的路上，我在紅綠燈前打起瞌睡被警察攔了下來。我老公任由我被盤問，還大聲責罵我，好像這麼多年來他總是默默承受、壓抑心情的日子終於結束了。他就在我身邊，我無處可逃。家裡從來沒有人那樣對我發脾氣——從來沒有。」

「第二天早上，全家人與我對質。我老公說，如果我不尋求協助，他就離開我。他已經先和女兒談過了，她們都支持他。那一刻真的是我的轉捩點，至今我還不確定為什麼，不過我老公願意表露情感肯定是原因之一。那是天賜的一刻，我不是虔誠的信徒，不過我認為每個人心中都有神，有個更高的自我。那一天，某種力量讓我起死回生。我知道自己上癮，也知道必須做點什麼，老實說我不認為家人當初相信我做得到。」

「我去了勒戒中心，醫生告訴我，贊安諾的藥量得慢慢減少，以免癲癇發作。我當初還以為醫生在跟別人說話，甚至轉頭看身後是誰。我不明白事態有多嚴重。我的家人來懇親會面，他們一路都支持我。」席莉亞停了一下，眼泛淚光。「我老公是個了不起的人，他有那個肚量給我空間，讓我整理思緒。相信我，事情不一定會朝預料方向發展，你永遠不知道說了實話會發生什麼事。我努力多年，一面戒癮，一面思考我為什麼要誕生在這世上，而每走一步，他都陪伴在我身邊。他真是個好人，默默當我的靠山。算一算我們大概經歷了十八段不同的婚姻吧，但我想最好的一段才剛剛展開。」

席莉亞覺得丈夫除了忠誠之外，那年耶誕節的質問也讓她的戒癮人生走向另外兩個恩賜，那就是友誼和歸屬感。「我現在是戒酒社團的成員，裡面十二名女性都出自戒酒匿名會，我們每個月聚會一次。社團裡有來自四個世代的女性，我們這些人幾乎什麼事都遇過：喪偶、小孩有重大疾患、隔代扶養、婚姻不順、離婚、病痛，你能想到的都有。這個社團的宗旨是相互陪伴、有力出力、有話實說，誠實而有尊嚴地一起走過人生。願意敞開內心與外界保持溝通暢通，不把祕密藏在心裡——這些事難以言喻的可貴。」

「此外，這些年來我還持續資助一名女性，與她建立深厚的友誼。她年紀小我二十歲，但她同時既是我的母親，也是我的女兒和朋友。你有沒有聽過一句話說，親密感就是能『看透我』？我們之間所擁有的超越一切定義……人生至今沒有哪個東西能教我如此期待真誠與愛。」

＊＊＊

二〇一六年，納帕谷品酒列車（Napa Valley Wine Train）推出全新預約制獨享葡萄酒晚餐行程，在只有三十六個座位的獨家「復古新修普爾曼火車廂」內品嘗五道菜的美味佳餚，賓客還能與釀酒商交流，「在列車上討論酒品的搭配與風味」。發表會的主視覺是一名法國葡萄酒商風度翩翩的照片，他的眼裡隱約閃現風流倜儻的光芒，仿效丹尼爾．克雷格飾演的〇〇七龐德身穿晚禮服，無疑是為了迷倒在場的女士。葡萄酒在我身屬的世界別具地位，那是一種源自大地、有益健康的天然產品，我把飲酒視為健康的加州生活風尚。我一個住灣區的朋友說：「你有沒有發現，這一帶的人不把喝葡萄酒看成**喝酒**？」

品酒是門大生意，利用「放鬆」、「自然」的品酒體驗，把旅行、奢華、浪漫等休閒元素化為賺錢的商機。一個人付兩百九十九元美金預約獨享晚餐，就敲定了一場專屬個人的盛事，把品酒活動和酒精消費小題大作地搽脂抹粉，作為一種考究的「文化」體驗，端到客人眼前。整體而言，社會學家說旅行和休閒促進了一種名為「情感交融」（communitas）的情感形式，即「隸屬於同個團體的成員間，情感強烈融合的一種狀態」。同樣道理也適用於飲酒。從海濱社區到瑪格麗塔村度假勝地，飲酒者欣然迎接「啤酒時間」的到來，將之視為滿足渴望的機會，讓他們能打破藩籬、卸下自我武裝，融入一個廣納百川的人類有機體。

但我們多數人都會在某個時間點意識到，這一切不過是幻影，而成癮者要認清這點，代價尤其慘重。陶醉狀態雖然讓我們覺得彼此間有深厚的連結，但那不是真的；即便在一攤接一攤喝酒的過程中，我們稱兄道弟，感覺像親人一樣，但醒來後我就開始覺得你令人厭煩。到了復原階段，大家會重新學習共同體的真正意涵，我們在與人來往之間丟掉自命不凡和自認特別的有害心態，接著，共同體幫助我們用更充分的統整性和謙遜引導個人親密關係的發展。

俗話說，養育孩子須「傾全村之力」，夫妻生活也一樣。一名加入戒酒匿名會已逾三十年的男子說，純男性團體在成員調適與親密伴侶關係的過程中發揮了互相支持的關鍵作用。「能與其他男性討論，帶給我一種踏實感，至少讓我知道大家都會遇上相同的事。」他說，「我們的痛苦不單是個人問題，而是人類的天性使然。明白這點幫助很大，異常使人平靜。」

婚姻和人生一樣，很多時候關鍵都在於靜靜等待不適感過去，不急於求取速成而非長久之道的解方。有時這表示在你覺得圓滿之前，會先面臨困惑、失控，甚至感到破碎。這也表示，明白自己仍「有所不知」不代表失敗或無知，反而是一項好的能力。那些祈禱和冥想的人大抵都知曉這個道理，他們知道澄清未解的謎很需要時間。藝術家歐姬芙（Georgia O'Keeffe）有段名言：「沒人真正看清過一朵花，花這麼小，看仔細需要時間，可是我們沒有時間——觀察需要時間，如同交朋友也需要時間。」心靈修養有助於我們明白觀察需要時間；假如我們拒絕正視痛苦的事實，那麼就需要特別久的時間。

這一切都不容易，文化中的各種要求也讓難度不減反增。文化要求我們要隨時隨地調整情緒，把沒耐心視為一種美德，把自我確信與情感健全混為一談。成癮症透過遺傳基因、行為模式與這兩者的相互影響，在家族裡代代流傳。無論源頭何在，所有造就成癮行為的家庭都有個共通特徵，那就是缺乏健康的情緒管理，而且不分輕重地要求人必須忽視自身感受，才能換得接納和關愛。有些人可能得花一輩子才有辦法認清這點，從傷害中獲得療癒。但當一個人開始剝去外在的面具——不管是受到所愛之人質疑，或是發現傾訴祕密的力量；或是終於接受治療，或是跌到谷底後重新振作，他所找回的自覺都能救他 命。一名復原中的酗酒者告訴我：「一旦有了自覺，你就不會再走回頭路了。你不可能再假裝不知情，事情已經永遠改變了。」

顛簸中年的核心難題，就是發現我們慣用的對策（包括使用酒精和藥物）已經不再有效了。我們從成癮與復原的概念獲知要克服與藥物的不健康關係，基本原則和想與他人建立健康關係大抵一致：我們要盡力看見、接納、了解自己的情緒。我們要盡力看見全貌，明白我來自哪裡、身處何處、欲往何方，並盡力使行動與價值觀相符。對伴侶與朋友說實話，修正已經造成的傷害，在共同體裡支持別人，也接受別人的支持。放棄使用物質之後，我們必須面對自己，直到找出關係的其他可能。用能通往成長之路的方式探索自己的破壞模式，對抗心魔，與此同時，希望就在伴侶身上，當你轉身面向伴侶，說不定就獲得了一位朋友。

7 金錢——抽屜裡的那把刀

金錢肯定是顛簸中年最重大的煩惱來源，也是婚姻失能最露骨的展演場。金錢在婚姻中很容易變成一種隱藏的籌碼，用來向對方施加情緒與精神上的質疑：我值得嗎？我會不會被照顧？我有能力照顧自己嗎？我擁有的足夠嗎？而這又會引起兩種型態的混淆。第一，很多人會誤把情感需求混淆成金錢需求，把童年創傷和過往傷痛投射在婚姻的金錢糾紛之上。第二種混淆，是當用錢習慣出現差異，伴侶會誤把問題看作彼此根本不適合。金錢壓力會加深婚姻陰鬱的氛圍，而且效果十分顯著。

金錢牽扯到性，性牽扯到愛，愛牽扯到權力，權力牽扯到性別，性別牽扯到金錢，而金錢又牽扯性。一旦牽涉到金錢，人可以變得相當瘋狂，展露人性最原始的一面。金錢肯定是顛簸中年最重大的煩惱來源，也是婚姻失能最露骨的展演場。康乃狄克州費爾菲德郡（Fairfield County）一位理財規劃師米契爾（Karly Mitchell）表示：「有很高比例的人不懂理財，只知道每天花錢。他們不會規劃，不曉得什麼是理財，不知道該怎麼理財，沒人跟他們講過。夫妻也不知道要設定目標。所以常有人跟我說：『我都把錢交給另一半管。』但他們從來不曾坐下來討論，設定一個共同目標或方向：十年後我們想過怎樣的生活，二十年後呢？他們不曾預先設想，從來沒有。」

金錢在婚姻中很容易變成一種隱藏的籌碼，用來向對方施加情緒與精神上的質疑：我值得嗎？我會不會被照顧？我有能力照顧自己嗎？我擁有的足夠嗎？而這又會引起兩種型態的混淆。

第一，很多人會誤把情感需求混淆成金錢需求，把童年創傷和過往傷痛投射在婚姻的金錢糾紛之上。我們對金錢的態度，會反映出我們在童年觀察家庭經濟狀況所得到的訊息，這些拼湊而得的訊息，深植於我們的腦海之中。我曾和灣區一名「理財教練」聊過，她與客戶大半時間都花在探究這些訊息。她利用榮格心理原型進行分類（戰士、受害者、愚人），希望幫助人們辨認是什麼模式造成他們的困擾，再加以改善。

第二種混淆是當用錢習慣出現差異，伴侶會誤把問題看作是彼此根本不適合。金錢壓力會加深婚姻陰鬱的氛圍，而且效果十分顯著。金錢滲入意識之深，使得我們很難清楚辨明婚姻裡有哪些關係受到汙染。金錢煩惱能令其他的煩惱更形嚴重，也難怪負債越高的夫妻在房事或婆媳關係等其他婚姻問題上，容易經歷更大的衝突。

出乎意料地，**有錢**對於解決這些問題似乎沒有太大幫助。米契爾執業的郊區是個花草扶疏的高級地段，住在那裡的富裕專業人士和高淨值資產人士與一般人沒有兩樣，也會為財務糾紛和詐騙所苦。更極端的是，還有人偷偷用再融資抵押貸款來償還賭債、出於嫉妒而積存遺產，或是家族事業經營得一敗塗地。較常見的情況則是因為缺乏溝通，使家中負責「賺錢的人」與負責「花錢的人」之間產生隔閡，形成一道鴻溝，終至累積出「哇靠，這怎麼得了！」程度的卡債，打腫臉充胖子的昂貴租約，以及彼此間綽綽有餘的憎惡。

有些女人在其他方面能充分發揮女性主義意識，但一遇到現實冷酷的金錢現實，不是突然陷入不知所措的驚恐，就是露出不食人間煙火的仙女態度。有些男人自認開明，結果一提到錢，就變得在專橫控制和無助焦慮之間搖擺不定。

當婚姻中某方毅然決定中止現況——這麼做的通常是女人，財務混亂的嚴重程度就會明顯地浮出檯面。希望離婚的夫妻有四分之一把「財務規劃／用錢模式的差異」列為理由（這是男人離婚的前五大理由之一，但不在女人的理由之內）。然而，一對夫妻一旦決定把用錢習慣的差異列為離婚動機，又會面臨分居後兩個家庭雙倍的財務壓力。金錢糾紛會為想像中的火氣搧風點火，最後燃燒成一座訴訟煉獄，而後隨著雙方怨怒不斷攀升，伴隨而來的便是銀行戶頭日漸耗竭。「有的人天生沒那個腦袋，」一位離婚律師告訴我，「他們好像沒辦法理解財務現實，在心理上無法接受現實，不知道如果不早日達成協議，或找一份工作，或開始儲蓄，或投資，他們的錢遲早會用光。」

婚姻裡用錢習慣的差異能透過很多方法有效解決——如合資或分資、重新考慮賺錢者和沒賺錢者的勞務分工、制定用錢順序和儲蓄計畫等，但所有方法都有賴兩個人一**起打算**。一對伴侶要成功在金錢或任何方面合作，靠的是能一起看清全局，接著才可能討論、協商、整合想法，訂立共同目標。

Nerdwallet.com 一位專欄作者寫到，累積財富的最佳方法是遵守「一戶一對」（one house, one spouse）原則，這是個打趣的說法，但就經濟面來看，這說明了無論情感或財務，一個共同而一致的世界觀有益於伴侶擁有長遠的富足。要在婚姻裡實踐金環模式，可能沒有哪個方面比金錢方面更加棘手，因為匱乏感會引發強烈的恐懼，很難不惡化成蹺蹺板心態，逼得人人各謀己利。

金錢是兩人共同故事的嚴峻考驗。無法把短暫感受放進大局之下衡量的夫妻容易發生問題，他們衝動行事，而又希望有最好的結果。至於為了滿足當下的誘惑、用購物當成滋養情感的方法，可能更助長了這種經文化認可的狂熱。中產階級夫妻外表看來大概都很像——有房子，有孩子，有工作，但窺看他們的銀行帳戶，你會發現金錢可以嚴格衡量兩個人是真心合作，還是只是在合演一齣好戲而已。

＊＊＊

山姆痛恨他的工作，恨透了。他非常僥倖熬過了二〇〇八年金融風暴的裁員，真是謝天謝地，但得到的報償卻是整天瞪著電腦麻木恍惚，腦袋陣陣抽痛。他任職的財務顧問公司官網晾著一張充滿幹勁的形象照，一名男子盯著三部螢幕，簡直像哥倫布思考地球是不是圓的一樣認真。但整個辦公室的人都只覺得來公司只是在上班，只差沒尖叫而已。日常流露的殘忍暴力、危機感、動輒大發脾氣，都是工作過勞的徵兆。

太太薇拉不知道丈夫是怎麼撐過每一天。她一點也不清楚被擊潰、被羞辱是多麼尋常的感受。如果她能試著設身處地想像他的心情，山姆知道自己會好過一點。看著太太固執地抱持樂觀想法，想盡辦法把「將就點日子就能過下去」的心態強塞給他，還一副同仇敵愾的樣子，他知道妻子正暗暗抗拒著同情他。他日漸耗損成一個陌生、發育不良的自己，形容憔悴且憂鬱暴躁，但太太的反應卻是「如果還不嚴重，總是能有其他辦法撐下去」，這令他深感被瞧不起。她基本上認為，他心情不好是因為他情緒管理失當。

每天清晨五點半，薇拉從床上彈起，跑三十分鐘跑步機。她的行程滿到爆炸，一刻不得閒。一對雙胞胎子女令她欣慰，但雅各患有注意力不足過動症，露西亞則和她爸爸一樣陰晴不定（八歲了還會鬧脾氣）。儘管待辦事項百尺長，但薇拉還是盡力讓送他們上學的路程顯得有意義，她請雙胞胎辨認路邊花朵的名字，露西亞有時拒絕回答，但薇拉盡可能陪笑安撫。她努力讓周遭人的生活開朗起來，甚至連自己也沒意識到。少女時代的她一直是母親的啦啦隊，鼓勵母親在困頓之中往前走。薇拉的古靈精怪總是逗得父親發笑，伸手揉亂她一頭鬈髮，至少在他離家遠去之前。

不過，最近薇拉覺得累了，沒力氣再鼓勵別人。有陣子她以為自己能修補局勢讓情況好轉。她嫁給一個負責任的男人，給孩子當年她母親無力給予她的關注，但隨著山姆為工作焦慮，夜不成眠而且焦躁易怒，他的不開心在薇拉眼中漸漸顯得自私，甚至有些卑鄙。她的同理心絲毫發揮不了作用。如果她心情好，山姆似乎還因此責怪她，好像那剛好證明她無法感受他的痛苦。

有一天，她看他癱坐在椅子上，那張有著深橘色水滴形狀的醜陋椅子是他的最愛，他十分得意地從學生時代保留至今。她的目光落在他的皮鞋上，鞋跟都歪了，與鞋尖不在一直線。是時候了，她想，是時候整頓這個家的悲慘狀態了。改造開始。山姆和薇拉在雙胞胎出生後不久，就在他們經濟能力許可範圍內，在最富裕的郊區買了房。那是一棟建於一九六〇年代的簡樸平房，在那個年代的人一般既無需求，也沒錢把房子當作城堡照料。這個房子符合山姆的長遠之計和他對好地段的堅持，薇拉則夢想著好好展現她的藝術天分。兩人都同意這棟房子所在的社區很適合撫養孩子。

多年下來，薇拉對這棟房子越來越憂心，房內光線不足又年久失修，孩子現在還沒感覺，但等到他們開始有反應前，還能再撐多久？她的朋友都有個溫馨的家，而她的房子只令她覺得難為情。山姆的反應曖昧不明，他說她是家裡的「總裁」，家務事是她的主管範圍，那為什麼要求修理廚房水龍頭，他又嫌她要錢沒完沒了，一副又多了開銷的樣子？「有沒有聽到吸吮的聲音？」他曾酸溜溜地說，「那就是你把我榨乾的聲音。」既然山姆這麼消極，她決定靠自己盡可能發掘樂趣，她才不想因為害怕他的反應就壓抑自己的需求。況且誰知道？說不定環境弄舒服了也能振奮他的心情。無論如何，她知道必須做點什麼，讓多一點**光**照進來。

山姆佩服太太的效率。他很感激太太投注心力推動居家改造，甚至承認像這樣一塊珍貴的房地產，值得做些整建翻新。他雖然沒言明，但心裡悄悄覺得這麼耗費精力的事有薇拉來調度，讓他鬆了一口氣，要是他自己處理，一定會懶到不想動。但家裡翻修之後，金錢煩惱遠比過去更壓得他喘不過氣，而且把他牢牢栓在他所痛恨的工作上。

不出所料，翻修範圍不斷擴大，工期不斷延長，他們不得不暫時搬出家裡，在外面住了不吉利的十三個月。現在，裝潢總算完工，他們的存款也見底，薇拉卻突然談起庭園造景，好像非得搞定不可。這筆錢要從哪裡來？顯然得直接扒掉他一層皮，鞭策他工作得更久，也不管他是否得吃垃圾食品果腹、晚上會不會失眠，她只差沒堅持要他丟掉**他的椅子**。這證明了好心沒好報，他聽她的，反而讓薇拉相信房子現在是「她的」了，從今以後他就該說一做一，該用幾瓦燈泡、該怎麼洗衣服，連他可以在哪裡休息都得照她的意思來。

薇拉和山姆來到我的診間，對於該不該花錢接受諮商依然不同調。對山姆來說，諮商治療是在一長串清單後又增加了一筆昂貴的商品服務，還不都是薇拉為了生活感覺良好才需要的，但這些商品和服務都得以他的情緒和健康為代價，靠他所鄙視的工作買單。對薇拉來說，山姆不甘願為他們的關係努力，又找理由拒絕她，不顧婚姻裡的一體感有多重要。好不容易花了驚人的一大筆錢把家整頓得舒服，她不希望山姆還繼續過著黑暗黯淡的情感生活。她做這麼多，只是希望讓兩人都快樂。

了解山姆和薇拉的課題後，我知道我也有相同的資產階級意識形態。我們共享相同的觀念，關於房子、教育體系、社區安全、婚姻和親密感，層層疊疊有如俄羅斯娃娃——這套觀念促使他們花錢尋求協助，解決一開始花錢所暴露的問題。彷彿提醒我同樣隸屬於這個階層似的，某天我在梅西百貨排隊，發現薇拉就排在前面，和我只隔了幾個人。她雙手提滿商品，看提袋應該是買給雙胞胎的衣服。我去百貨公司是想退掉一些衝動購買的商品，我才剛發誓不要被折扣蠱惑，演算法產生的折價券就出現的正是時侯，把我給迷昏了頭，把持不住就買了。

我們除了同樣活在一個為消費所驅役的世界，也都已經做好準備踏入經濟結構。心理學發展史不到百年，還沒打幾個嗝，就已經囫圇吞下昔日由牧師和親族擔負的角色。要心理治療一段情感關係，一想到台面下其實靠著商業機制在支撐，總令人不太舒坦。這和婚姻有幾分相似性。用神學家布伯（Martin Buber）的話來說，婚姻是一段

「我與你」（I-Thou）的關係，我們在乎對方，把對方視為與我們一樣有個性的人，但是婚姻也是一種「交換經濟」，金錢、性、勞動都在交換之列。理想上，我們在想像中走進伴侶的經驗，行事顧及對方的感受和立場，透過金錢、性、勞動等物品和服務表達關心。但任何依賴關係多少包含某些形式的利用，婚姻也無法排除這點，而這種緊張並非總能順利解決。

金錢也許是婚姻裡最能清楚突顯「利用」的場域。金錢如此接近我們所謂的生存核心，我們為求自保，並且有以滿足自身需求為優先的衝動。金錢能引發卑鄙的惡意，因為金錢輕易牽動我們原始的求生衝動，不惜犧牲他人也要獨活。我同事稱金錢在婚姻裡是「抽屜裡的那把刀」，暗示它具有威脅性，能讓向來脆弱的平等關係變成支配與臣服、無力與控制等情境赤裸裸上演的場景。

誰消費？誰生產？由薇拉和山姆的婚姻來看，經濟問題居於最前線。如果接受心理治療代表為關係花錢，那真是無可避免的尷尬，因為他倆都十分抗拒為關係花錢的作法。實際探究山姆不願來諮商的原因，他坦承，如果我能保證最後提出一些有用的「方法」，他會比較不那麼介意這筆花費。薇拉則擔心花了這麼多錢，是否應該「早日見效」——意思像在說，我應該盡速加快對他們的理解一樣。

這麼說吧，如果我把自己看成一個純粹提供專門技術的品牌，或許真的會竭心盡力加快生產線。我並非不願給予建議，我向他們表明，他們可以從書上獲得很多訣竅和方法，而且便宜太多。我私底下覺得有趣的是，山姆和薇拉正表現出美國人兩種南轅北轍的金錢觀。山姆是那種萬事自己來、默默吃苦的人，很難分辨是清心寡欲還是甘受折磨，他的節儉有時看來更像是一種清教徒式的吝嗇。薇拉則與生俱來事在人為的樂觀精神，積極尋求自我提升，但有得必有失，熱忱抱負導致她的予取予求和恣意消費。不過，透過共有的實用主義精神，他們結為一體——但也正因這點，他們會在我尚未掌握情況時，就希望我提供對策，催促我把見解包裝起來，讓他們用划算的價格帶回家。

山姆和薇拉兩個人催我交貨的心態，好像就是當初令他們陷入煩惱的部分原因。山姆覺得不被理解且欠缺關愛，他批評薇拉一心要他「生產」，好讓她去購物滿足需求。薇拉則認為山姆把溫情、幽默、愛意全當成他所負擔不起的「奢侈品」。他們未假思索就把心理治療所包含的契機，變成一種花錢就可以滿意的習慣，雖然他們前來諮商明明是為了尋求方法從經濟圈套裡挽救婚姻。在我看來，他們急需培養的能力得往與目前視野相反的方向去尋找，難就難在如何協助他們探索庭園造景、年終獎金或一張新椅子所承載的情感意義，同時理解金錢和物質何以看來是他們目前表達情感的唯一貨幣。

「你還真是沒半句好話。」薇拉有天說，她和山姆正在爭執要不要花錢給庭院造景。「一副只要照你的話做，大家都會比較好過的樣子。但樓下廁所壞了一年不修，還說住起來沒影響的也是你。我是不是該接受你消極的觀點，承認都是我的錯？我拒絕。」

「我『消極的觀點』正是我們到現在能存下這些錢的原因。何況我們談的是庭院，不是廁所。」山姆說，「記得嗎，我們老早**同意**家裡重新裝潢後就不再安裝任何設備了。你每次都誇大其辭，怪我小氣，然後就能稱心如意。」

聽到他刺耳的批評，薇拉面紅耳赤，我看得出她稍微挪動坐姿的舉動下，內心正在捍衛立場與破口大罵之間苦苦掙扎。「什麼叫我稱心如意？」她很激動，「稱的是我們的心，合的是我們的意。家裡裝潢是你也同意的。是我們一起做這件事的。你每次一焦慮就把事情推到我身上，一副都是我發神經瞎搞。根本不公平。」

「那是因為每次交給妳主導，我就會發現妳的點子比當初我們同意的貴了五倍！現成例子就在眼前：庭園造景何時成了一個家的必需品了？妳到底從哪裡冒出這個想法？」山姆一臉不敢置信，他身子一沉，補上憤怒的挖苦，「沒關係，妳儘管把自己累倒吧，看要用妳的浴缸，還是妳的藤架，還是妳的運動場，還是天知道叫什麼的鬼玩意兒。總之我投降。」

「我知道事情很複雜，」我說，「但我想搞清楚一點，對於庭園造景的事，你們有一個彼此同意的預算嗎？」

「開什麼玩笑，」山姆破口大罵，「根本沒有預算給庭園造景啦！」

「才不是這樣，」薇拉反駁，「去年十二月的對話我還記得一清二楚，我們討論過用你的年終獎金來修繕庭院。你現在是要假裝沒這回事嗎？」

「啊，我要瘋了！」山姆氣急敗壞地說，「我們討論的不光只有庭院！我們還談到孩子的大學經費、妳的退休儲蓄，跟緊急備用的存款！我們還談到我大概何時可以辭掉這該死的工作！這麼多妳就只記得庭院的事嗎？我的天啊！」

對話至此，薇拉覺得山姆是個蠻橫的暴君，不願協商更不願傾聽，她無助地望向我尋求支持。**懂我意思了吧？**她的表情似乎這樣說。

「你們知道，」我開口說，「我明白一起考慮這件事有多難。你們就像已經分派好角色一樣，誰都不覺得有責任考量全局。薇拉，先從妳說起。看著這整件事，妳有沒有意識到在整件事中妳認為什麼最重要？各種事情的輕重緩急該怎麼調配，妳有沒有想法？」

她看著我，有點失望我沒出面解救她。她深吸了口氣，接著卻停下來沉思。「我是覺得……」她看來不大確定自己的想法，「我認為山姆有點唱衰。」

「我不是問妳對山姆的想法，我是問從妳的觀點，妳覺得哪些收支分配比較重要。」

「我的首要考量是給孩子一個美好童年，我希望他們住得開心。我小時候沒有這些。有個小巧的院子供他們玩耍是必要的，我想這是我的優先考慮。有個地方能跟朋友一起玩，對他們會有很大的好處。他們在交友方面不是很順利——雅各有時控制不了自己，露西亞喜怒無常，容易和朋友吵架。」薇拉真切地看著我。「如果這代表山姆必須繼續在這份工作做久一點，我認為是合理的代價。既然他大半天都得工作，為什麼不希望我和孩子喜歡我們住的地方？」

薇拉的心聲發自肺腑，不過還是迴避了關於財務分配的疑問。我進一步逼問：「就我目前所知，山姆覺得這樣的安排不完全公平。」

「但我們都**說好了**，很早就說好了。我們同意他賺的錢比較多，所以由我來照顧孩子，照顧孩子可不是開心玩樂的事，雖然他老愛裝作這件事很輕鬆。而現在呢，我只是在做我們一開始就同意的事，他卻責怪起我來了。我真心感謝他辛苦工作，感謝他撐住這個家。」兩行淚水溢出眼眶自她的臉頰潸然落下。她停頓了一下鼓起勇氣才開口：「但有時我希望他別這麼消極，只有非做不可的事才做。」她的聲音哽咽，「我朋友暑假會帶孩子去海邊度假，老公留在都市工作。你能想像山姆這麼做嗎？他會太想念孩子，我知道。但他難道不該多為孩子著想嗎？我只是覺得整個夏天待在這裡，沒地方玩耍，對孩子也**不好**。」

我發現自己還來不及察覺，心裡已經想著：這下可好，我們現在正式進入有錢人的煩惱範疇了。想像的情景躍入腦海，我看見有錢人世界開闊敞亮的居家環境、海灘景觀與後院庭園，以及具相同功能、滿足小孩子社交需求的公園就更不用說了。我思索著怎麼詢問薇拉才能讓她吐露更多想法，但山姆直接插話進來，或者應該說，他直接迎面還擊。

「這跟孩子才沒關係，只跟妳有關。妳只想要有個院子好向人炫耀。當然嘛，妳就愛利用罪惡感逼我掏錢，讓妳和孩子去哪裡度假，丟下我在家揮汗工作。妳就愛跟莉比和喬伊絲約會八卦，反正能擺脫老公最好。我就是這個意思！妳為什麼就不能老實說，妳的生活方式裡什麼對妳最重要？就這麼簡單。」

我必須承認，我同情山姆。薇拉似乎不知道她的話聽來多麼自以為是。但我也還記得，她兩週前才哀怨透露山姆不願和她行房。我能理解這如何讓她更抓狂，而且雖然他辯稱是工作令他筋疲力盡，但我感覺得出他一方面想保護自己，一方面也有意懲罰她。我從他們的言外之意聽出雙方各自為無法獲得對方的理解而感到絕望，他們都覺得對方沒興趣或不願面對他們眼中的現實，最後只能靠贏得辯論、為自己版本的真理建立優越地位而活下來。

我相信在內心深處，山姆和薇拉都知道自認為對的主張其實是很可議的。爭執最激烈的時候，大多數人都會不太誠實地渲染情境，設法蓋過對方觀點，認定自己的行為完全是受對方行為刺激才產生。我們把自己害怕、傷心、困惑的感受，轉為對現實強硬、武斷的主張。情緒激動的當下，這些扭曲看來不只真實，也對我們的生存至關緊要。

人在這種時刻，不光對自己版本的現實缺少誠實認知，對於能創造空間容納雙方真實情感的現實面貌也缺少認知。伴侶治療師費雪（James Fisher）說，要與另一個人產生親密感，必須能夠面對事實。他所謂的事實有兩個涵義：我們必須面對自己經驗到的現實，也必須面對另一方經驗到的現實，同時不丟失或否認自己的現實。用他的話來說，「結婚」是連續不斷的情感活動，一輩子在伴侶雙方之間進行，特點在於要持續努力辨認另一方的需求和感受，同時不斷去認識自己的需求和感受。

這是何其困難的事，至少對山姆和薇拉來說肯定很痛苦。處在顯而易見的情感威脅之下，他們更加激烈的反抗，爭辯誰的事實佔上風，導致兩方都說：「你想讓自己的事實被聽見，結果抵銷了我的事實。所以我當然必須喊得更大聲，才有辦法被聽見。」人在這種心理狀態下會合理化自我中心的行為，辯稱那是回應另一半自我中心行為才採取的手段，並因此漸漸搞不清楚哪些部分是為了捍衛自己，哪些是為了隔絕對方。人總是能很快找到另一半行為、感受、或觀點中的毛病，卻無法看見發生於自己**思考模式**的盲點。

與這麼多夫妻晤談過，我常看見一方才開始抱怨沒幾句話，另一方就拼命要他閉嘴，不想再聽更多。為什麼呢？為什麼伴侶的心情或想法對另一方來說這麼不堪入耳，這麼聽不下去或無法接受？我們有各式各樣的理由解釋：「這些話她說過幾百遍了」、「他只想管我」、「才不是他說的那樣！」但這些反應沒有一個回答到癥結。真正的問題是：為什麼**聆聽對方的觀點**這麼痛苦、絕望、令人不耐煩？我想最難以忍受的應該是感覺到對方的話裡不是否定我們的感受，就是拿他們的感受責怪我們。這是蹺蹺板模式婚姻的典型情況。

金錢恰好助長了這類爭執。兩個人心目中的「事實」可能天差地遠，因為開銷確實是個零和問題。我得到我想要的，你可能就得不到你想要的。我買一輛新車，跟你為自己買幾件衣服，就是談不攏。很多夫妻遇到開銷不能同時成立時，會用舉債的方式粉飾太平，不斷逃避財務——及情感——問題。或者，他們也可能共享一種世界觀，心照不宣地忽視財務現實。但有時我們談的是打從根本上不相容的**價值觀**，這時問題就不在於我買新的滑雪器材會與你的溫泉假期起衝突，而是與「你覺得應該修理屋頂嗎？」這類代表價值觀的事件有關。當一方覺得無法使另一半肯定自己的價值觀，尊重就會瓦解。

在金錢之外的婚姻場景，伴侶有時也會為了維護各自的事實而鬧得不歡而散，沒傷到荷包卻傷了和氣。例如太太跟先生說：「嘿，你打給小兒科診所時，能不能順便問問醫生，蘇西應該吃維他命嗎？」結果先生回答：「我不相信維他命有效，你想問就自己打電話。」丈夫很顯然沒有敞開心胸考慮太太所認知的現實，他把太太擔心孩子單純視為「她的問題」。這種行為如果未能約束，就會慢慢耗盡彼此的親密感、信任及尊重。

金錢衝突也具有反覆發生及腐蝕人心的潛在作用，但因資源有限，這些作用不會無限期延續下去。錢若不是流入銀行帳戶，那就是沒有；若不是存下來退休養老，那就是沒有；若不是有錢修屋頂，那就是沒有。你可以嘗試用「噢，我自個兒想辦法（工作、編預算、操心）」來解決問題，或者無視問題，但通常會有個極限，之後就不得不做出某個共同決議。

山姆和薇拉發現自己身處這樣的困境，彼此都不贊同也無法尊重對方用錢的態度，對方的盲點令他們憤恨而痛苦。但是庭園造景總歸得同意或否決，夏天渡假總歸得決定安不安排，為了行動，他們非找到不同的思考方式與彼此對話不可。金錢在顛簸中年是一個很自然而然會引發蹺蹺板心態的課題，但同時也迫切地能夠呼籲伴侶轉換到金環模式。很有希望的一種情況是，即便價值觀差異看似無法逾越，但正確的對話形式能把人導向相互尊重和溫暖的感受。即使對話**內容**針鋒相對，對話**過程**也能使人重拾尊重和溫情。

想像一下薇拉和山姆之間針對夏天渡假較有建設性的吵架版本。這個版本裡，山姆沒有指控薇拉自私，而是用比較柔和的語氣說：「妳講起來像是想自己跟孩子去度假，我聽了覺得很受傷，妳好像想遠離我。也許妳這麼做是因為覺得我是掃興鬼，是這樣嗎？」山姆容許自己體會並表達出恐懼和疑惑，換言之，就是面對他的現實，以之作為面對薇拉眼中現實的第一步。這創造出不同的氣氛，薇拉置身其中，得以回想自己和山姆的情感經驗。或許她確實覺得他是掃興鬼，或者她需要為自己辯白，又或許她曾經表現同情，卻換來他的批評。如果她的回答能傳達出這份自覺和對丈夫感受的好奇心，他們就能從假定其中一人有權決定「事實」，走向兩個人都抱持著好奇，希望探索另一半的看法。費雪指出，這項不可或缺的能力是「寬容另一方所經驗的事實，認可並接受對方經驗的意義，又不至失去自己經驗的意義，特別是當這些經驗不只有差異、甚至相互矛盾的時候。」夫妻若能做到這點，就是心理成長的重大成就了。

＊＊＊

山姆和薇拉雖然是在居家裝潢這個看似資源充足的領域，表現出婚姻在蹺蹺板和金環模式間的緊張拉鋸，但綜觀社會各階層，金錢課題都會觸發相同的緊張態勢。我們知道，金錢議題和「我有就好」的心態（如自戀、自命不凡、傲慢自負等）傾向於在高社經階層中出現，但也可能出現於低社經階層。

我遇見琳達時，她表示「活成這樣」令她覺得很累，她的意思是，她與丈夫的金錢觀始終不和。她有三個孩子，她在城郊的學校當輔導老師，每天開車通勤，路程漫長而煎熬。她丈夫雖然有份工會工作，但一家人仍掙扎在貧窮線邊緣。她自己種菜、養雞，簡單湊合做飯，不用烘衣機，沒有電話或手機，做牛做馬維持收支平衡。但她說，她老公常到昂貴的便利商店買零嘴，逛網拍買些不實用的東西，還邊花她跟父母借來的錢，邊跟她說「苦日子會過去的」。如果逼他去感受她的絕望，他會說她應該更努力工作，或乾脆換個工作。他靠喝酒紓壓，她靠吃零食紓壓，她質疑他喝酒的行為（他喝了酒花錢更「隨興」），他則批評她的體重。

聽了琳達的敘述，我能想像她先生如何躲進自私的消遣中，讓太太一肩扛下重擔。他的行為深深侵蝕彼此的互信和尊重，但我也發現，我聽不出琳達在這種互動中發揮了何種作用。她沒有辦法有效質疑丈夫，明顯是一大問題。財務困境令琳達備感壓力，但令她壓力更大的，是兩個人無法一起合作。

金錢既是婚姻裡的課題，也是影響與誰結婚、結婚多久的重大變因。失業、工作不穩定、教育程度低落，皆導致結婚率下降、離婚率升高。過去四十年來，美國的貧富差距飆升，眾所周知經濟壓力會削弱婚姻的穩定與品質，其他諸如上大夜班、身兼數職、缺乏福利就更不用說了。經濟壓力會壓縮家人與夫婦間的相處時間，可調度的彈性少、情緒壓力大，對關係都是強烈的損耗。

反過來說，有最多受益條件且與對方命運相繫後，在教育、健康和機會受益最大的人，最可能結婚並長久維持婚姻。在今天，比起教育程度適中和最低的美國人，教育程度最高的族群結婚者較多，而且離婚率較低。他們的優勢既源於過去所謂「中產階級價值觀」，包括認真工作、延遲享受與追求教育，也受到這些價值觀的強化。

統計顯示，窗明几淨、美滿和樂的婚姻大夢距離大多數人越來越遙遠。但來自不同財力、族裔、年齡區塊的美國人，依然對婚姻傳統抱有高度評價，將之視為「極度重要」，希望步入婚姻（約九成美國人至少結過一次婚）。他們深盼為婚姻投資心力，哪怕大環境讓這件事越來越困難。

在結婚率最低的窮人之間，個人極可能因配偶不事生產、依賴扶養而進一步受累，保有伴侶分工的彈性是避免困境的辦法，或者，個人也可以經由與償付能力較佳的伴侶結盟，改善經濟地位。不同社會階級的人都盼望能維持婚姻，卻受到社會和經濟現實的阻撓，這顯然值得整個國家集思廣益，投入遠多於現時能給予的資源和關注。

可能從某方面來看，光要思考我在書裡提倡的細膩情感溝通，對許多人都已經是無力負擔的奢侈，然而在婚姻互動中，對於經濟如何左右情感上的滿足，我們的主觀感受既沒那麼單純，也無法不證自明。一方面，客觀的經濟困境有時造成的主要是情感衝擊。舉例而言，離婚率會因配偶失業攀升，卻不會因配偶殘疾而攀升。解雇和殘疾都會造成財務不穩，但配偶被解雇失業會引發對當事人個性或人格上的疑慮，催化自己與配偶是否「合適」的質疑。這些情緒反應使得婚姻更形脆弱。

另一方面，就算夫妻握有經濟資源，情感匱乏也可能存在。研究說明在當今這個年代，對婚姻的不滿源自於理想上一段有益於情感的婚姻所需投入的時間心力，與一般人實際投入的時間心力，存在著相當的落差。這股趨勢不只針對經濟弱勢族群，也普遍存在於各個社經階層。這種現象有其文化肇因，也有情感與心理上的根源。人心複雜，就算經濟不安時也一樣，人不會永遠依照自己的最佳利益行事，也無法隨時都能洞見全局，何況還有適應不良的關係模式橫亙其中。無論富人或窮人，培養一段親密互信的婚姻關係都需要充分的時間，容許我們有機會克服恐懼、傷痛、壞習慣和舊公式。**慢慢來**是加深情感的必要條件，但基於現實與情感理由，給薪工作很可能會妨礙我們花時間慢慢經營婚姻。我想各社會階級的人都同意，他們最耗竭的資源就是時間。

婚姻的情感「經濟」無非如此，人投注時間、精力與資源，期待投資獲得回報。我們佯裝不知有這種潛在的互動，因為其中的含義實在太不浪漫，但在道德上，這其實是公平正義的課題。步入顛簸中年，一旦發覺自己的投資未獲回報，或者交易不公，那麼對誰來說都是痛苦的一刻。

社會交換理論學者把「替代性選擇的比較基準」（comparison level for alternatives）

概念套用於婚姻。在這個概念框架下，對關係的承諾是經過計算的，是將在現行關係中所獲得的報償，與在另一段（想像或現實的）關係可能獲得的報償，互相比較之後得到的結果。比較結果越不利，對關係的承諾越低。當然，誰要敢公然用這種方式談論婚姻，一定會被視為短視近利又無情的混蛋，但我們**的確**需要感覺自己在關係裡的投資與回報基本上是公平的。如果雙方都盡了力，彼此也會覺得比較親近、比較幸運。

有許多方法可以維持這種公平性，照顧也有許多有效的形式。適用於一對夫妻的方法不見得適用於其他人，畢竟怎樣才算公平是因人而異的評價。但若伴侶一方覺得付出的多而獲得的少，時間久了可能會發現愛意逐漸消退。他們可能開始意識到留在婚姻裡是出於責任而非成就感，而且即便如此，他們可能開始懷疑，對一個似乎不會為我負責的伴侶，自己到底還擔負著什麼責任。

考慮離婚時，投資報酬率也是衡量婚姻得失的重點。當我們答應婚姻合約，等同許諾與對方一起分享未來，原則上同意了今後將平均分配對關係的個別投資。直到婚姻來到不同時間點，伴侶雙方也會有不同的談判立場，但只要長久下來都相處在一起，哪一方都不會因為剛好處於「上風」而不公平地獲利，或剛好落於「下風」而不公平地損失。但這樣的協議有可能因多種因素而瓦解。首先，伴侶一方在婚姻裡可能利用較強勢的談判立場來**剝削**對方。

舉例來說，一個在家帶小孩的女人可能因經濟上依賴丈夫而自覺沒有談判條件，因此無論現行婚姻有什麼問題，留在婚姻裡的好處還是多過壞處。這時，丈夫可能就會利用妻子的弱勢，違背共同分擔家務的約定，與朋友在外待到深夜，擴張他的個人權利。第二，伴侶一方可以藉由離婚**侵佔**另一半對婚姻的投資。例如在對方花了三年光陰資助你求學之後，你斷然地離開對方。或者，妻子帶著年幼兒女申請離婚後，利用監護權對母親有利的安排來侵佔丈夫與孩子相處的時間，或透過要求贍養費和扶養費，侵佔丈夫的勞動報酬。

傳統婚姻與離婚情節中，多半是男人負心離開女人。他們受惠於女人早年投資心力撫養孩子，如今把這些投資打包帶走，邁向更好的經濟地位和更有利的婚姻。然而，這類故事現在已經改寫，一是現代性別角色與分工模式有所改變。二是現代離婚案件約有三分之二是由女性提出申請。研究推測，女性如果在婚姻早期、孩子幼時察覺她們的付出不對等，或丈夫對她們的需求冷漠以待，因而喪失信任感，就會對收割婚姻未來的好處失去興趣。也可能是隨著年紀漸長，女性對於受惠於婚姻的興趣沒有男性來得高，因為在社交生活、社群網絡和家事結構上，女性對男性的依賴程度可能沒有男性依賴女性來得多。

今日最常見與金錢有關的離婚原因是什麼？屢屢被提及的有幾個，一是女人有了更大的經濟自主能力，擁有離開婚姻的自由；二是家庭資源有限造成的壓力。不過，預測離婚最有力的財務因素，看來是丈夫沒有全職工作。

承前所述，伴侶任一方失業都可能導致離婚，但如果說，丈夫失業與離婚的關聯**最大**，那麼很難不教人猜想傳統的性別規範依然健在，而且作用顯著，至少論及男人養家糊口的角色是如此。這反映了我們在性平方面的推展仍未盡理想，也說明了丈夫薪水微薄或根本沒有工作時，男人所承受的劇烈煎熬和女人承受的焦慮沮喪。遇到丈夫失業，即便不公平或缺少同情心，妻子還是可能覺得不滿，而丈夫則背負著無能感或內疚感。因此，儘管權力移轉，但不管男人女人，都不太可能為這種事開心。令人難過的是，男人失業也與婚姻裡的性功能障礙有關，甚至引發肢體暴力。

如果男人失業後仍一再放棄有報酬的工作，挑三揀四，堅持只有某些工作符合自己意願，無疑會使女人的心情雪上加霜。在我諮商的案例中，我多次眼見丈夫漠不關心的態度無可轉圜，這時跟太太的談話就難免令人心痛。許多妻子發覺自己從小到大都肩負著不公平的責任，連婚姻也緊緊依循著過往歷史，但一想到放棄丈夫獨自扶養孩子、支撐家計的黯淡情景（丈夫還能省下撫養子女的錢，回頭找年輕嫩妹），就令她充滿恐懼。

反之，有些女人也沒能捨棄一種令人惱火的觀念，自認對丈夫賺的錢掌有大權。有時這源自於對金錢的天真信念，不過都成年了卻依然天真，倒也是一種逃避。較麻煩的情況是，丈夫為失業所苦，家中必須撙節開銷，而太太卻不以為然，時而出言責怪。每個單方面決定辭職改當獨立電影導演的丈夫，他身旁總有個妻子對他說：「孩子上大學的學費怎麼辦，那是你的問題，不是我的問題。」但文化比較包容女性推託這方面的責任，反而是男性必須更直接面對未盡到「男子漢」義務所招致的羞辱。

這類自私的心態常在極端的婚姻金錢場景接二連三表現出來，例如一名家庭成員的購物衝動累及全家，或看似自立的中年人實際上仍受父母的資助生活，從「綠臍帶」獲取養分。令人反感的階級動力也會左右我們的財務安排。我一個朋友就說，「大家都知道，很多人是跟學經歷、房子和古董家具結婚的。」我們一般人多少會在乎婚是「往上結」還是「往下結」，是攀龍附鳳還是紆尊降貴，我們對身家背景有強烈認同，並為之感到驕傲或羞愧。

許多人用家族財富互相折磨，區分你家有錢、我家沒錢，搞到關係破裂，這種事向來多所耳聞。出身中下階層家庭的丈夫辛苦工作，坐享家族財富的太太卻嘀咕先生「老是不在家」、「沒有情調」。身兼數職的太太靠勞力賺錢，而大麻成癮的丈夫卻呆坐家中，一輩子幻想中樂透發大財（結果從來沒中過）。人生建立在很多從未清楚言明的設想上，金錢更是許多人開不了口的話題。

其實多數人的中年生活並沒有那麼戲劇化，金錢在顛簸中年所引發長年爭吵，很大部分與孩子有關。養育孩子代價昂貴，花費也高，手機帳單、車貸、房稅是一回事，但如果參加足球隊出遊要七萬元、音樂班一年學費或暑期科學營……這些費用光靠不喝星巴克或不外食也存不到。

社會學者拉赫（Annett Lareau）提出「協力培養」（concerted cultivation）一詞，描述中產階級和上層中產階級養兒育女的態度。父母為孩子報名參加一連串的體育文化活動，實踐「有利於孩子個體發展的育兒策略」，有時不惜犧牲家庭時間和相處需求，造就一種時程緊湊的家庭生活，也就是社會學者所謂的「時間荒」（time famine）；同時，這連帶使我們將金錢和價值綁在一起：如果不協力培養，父母擔心孩子條件不利，也與大眾育兒文化脫節。如果選擇協力培養，又要冒著壓力大且時間被綁死的風險。據研究，金錢和時間壓力會滋養對婚姻不滿的感受。因此，除了鋼琴獨奏會和少棒聯盟冠軍這些光榮時刻，各種協力培養很可能將以情感作為最大的代價。

金錢為父母帶來壓力，因為有錢才能滿足他們盼望的目標，讓孩子不輸在起跑點。為錢爭吵也會點燃他們自身童年的傷痛，激起對群體歸屬感的焦慮。為人父母，用錢意見不合可能挑起極具侵蝕性的裂痕。如果賺錢養家的丈夫支配過度，任何開銷都要過目審查，妻子會認為他行為專橫，帶來負面情感氛圍。父母中奢侈的一方把功利的價值觀灌輸給孩子，而節儉的一方則對無力脫離泥沼感到絕望，逐漸疏離伴侶，同時擔心孩子的人格養成。

例如，一對中產階級夫妻想給孩子很多東西，但苦於財務限制與期望落差太大，終於陷入爭吵不休的處境，並走向代價高昂的離婚一途。又例如，一名父親希望孩子也能擁有他從小擁有的陪伴，因此反對老婆成天嚷著想工作；太太則認為丈夫小看了她在家無償勞動的價值。孩子為婚姻帶來壓力，因為育兒之道揭露了父母之間深刻的用錢差異，而伴侶雙方可能從來不知道有這樣的差異。

在理想世界中，我們的社會安排應當要能支持工作與家庭平衡，減輕夫妻育兒的金錢和時間壓力。作為長壽研究領域的明燈，卡斯滕森（Laura Carstensen）大力宣揚把工作與其他義務平均分散至人生「第二幕」和「第三幕」的好處。她建議「創造一種就業的『弧線』，讓受雇者在青年時期能和緩漸進加入勞動力當中，讓他們在撫育孩子的年紀，工時不必那麼長，有機會完成學業，摸索適當的職業。」「一個放慢、拉長的工作階段，」她寫道，「將能減輕中年人的時間壓力，也讓各年齡層的人有更多選項，決定如何使用時間。」卡斯滕森的理想就算只是部分實踐，也能大幅減低中年夫妻及父母所面臨的「正常」程度的生活（和金錢）壓力。

然而，社會規範的改變步調一向緩慢，部分是因為我們會受到所屬社群習慣的濡染，即使不樂意承認，我們的身分認同仍舊維繫於經濟形象和消費模式之中。這種觀念很難於一夕之間改頭換面，期待職場文化的中樞結構有朝一日能夠扭轉，恐怕得等上很長時間。

要反制主流文化，參考錢鬍子先生（Mr. Money Mustache）的部落格貼文是一個近在眼前的方法。這位作家結合斯多噶哲學、佛教和「狂人」的真諦，倡行一種極端的儉約。我和許多熱心的訂閱者一樣，在夏天花了整整一星期把他從二〇一一年起所有文章瘋狂讀了一遍，隨即迷上他那獨具一格的幽默、針砭和靈感。他的使命是「喚起全球富裕國家人民，把**幸福人生**的概念，與**買昂貴垃圾來寵愛自己**的概念區分開來……這不單是經濟或科技或政治問題，也是人類心理的問題。」

他的方法顛覆了社會科學家所謂的「時間折現」（time discounting）。「當下的力量」對很多人來說，代表他們會選擇在此刻享受某樣東西，而非推遲滿足。錢鬍子先生（本名彼得．阿德尼〔Peter Adeney〕）則相信，可運用於個人理財最有效的觀念是一種綜觀全局的想法，他稱之為「對過去、現在、未來自我的認識」。他寫道：

你今天做的每一筆金錢交易，與其說是跟貸款公司、汽車經銷商或百貨公司交易，不如說是與未來的自己交易。畢竟，當二十歲的你貸款三萬兩千美元買下那輛原廠全配的Honda Accord新車，最後要還這筆錢的是誰？過去的自己獲得新車而且不用擔負責任，現在他的後繼者就得接受結果：餘債未清，車子現在只值原價的一丁點兒。過去的你虧待了現在的你。

把過去、現在、未來的自己整合進理財觀點，阿德尼這番論點與我們討論過的金環道理一致，在金環中，個人需求和伴侶需求都能整合進一種全方位的考量中。但是，要像阿德尼所建議的當個「理財狂人」，考慮過去、現在、未來的自己，幾乎保證會讓你與主流消費文化格格不入。他不認同通勤、新車、昂貴的休閒活動、負債、外出用餐，以及其他美國中產生活常見活動。他最鄙視的是富有的美國人為了財務困境哀哀叫，他很樂意當頭澆桶冷水讓我們清醒：

每則財務困境的故事中，元兇幾乎都是受害者**過去的自己**……新聞報導的醫療破產案，事實上可能是這名破產「受害者」去加勒比海度假，好巧不巧就這麼倒楣在快沒錢時生病了。因經濟衰退害人喪失抵押品贖回權，很可能更該歸因於這十年來，他每天開雪佛蘭 GMC Tahoe 通勤二十五英里上班。事實上，假如你曾經沒必要地浪費一塊錢，多年後遭遇困境，發現自己就少那麼一塊錢，那麼害你破產的不是困境，而是很久以前你浪費的那一塊錢。

＊＊＊

某個週四晚間，山姆和薇拉為「夏天該不該出遊」爆發口角。他們在隔天星期五要求額外加時諮商。整個面談過程薇拉一直在哭，一想到他們正走向離婚，她的啜泣轉為抽噎。山姆很安靜，難過和歉疚混雜而成的痛苦哽住喉頭，使他說不出話來。

「他把我看成自私鬼，」薇拉說，「我要怎麼跟一個這樣看我的人做夫妻？我要怎麼跟一個從來不看好處只看壞處的人做夫妻？」

「我沒有只看壞處，我也會看好處。」山姆淒涼地說，「我在努力了。」

薇拉啜泣得更大聲。「我為這個家做的努力你都看成**自私**，我做的事沒一件讓你開心，但我一**直**想辦法讓你開心。」她的肩膀顫抖，哭聲漸緩。沉默的一分鐘過去。「我厭倦婚姻了，我不想再努力了！」

山姆有一瞬間設法擺出懷疑的表情，但不安隨即湧現。「我知道你一直努力嘗試，我真的知道。」他看起來很洩氣，好像隨時可能哭出來。「只是……我也快滅頂了。」

我們在沉默中坐了半晌。有好一會兒我覺得用任何方法解決問題都荒謬而不足取，他們的憤怒消退，只留下歉疚和傷心。我和他們一樣心情黯淡，但從他們轉變的語氣中，我看到了一絲希望。那彷彿打開了一扇門，讓他們回想整起爭端，也許能教導他們認識自己舊日的創傷。

接下來幾個星期，也許是害怕走上臨界點，他們表現出更多的耐性，深入探討內心。山姆描述的家庭背景始終接近樣板公式，明顯是很久以前他那愛說教的父親灌輸給他的，至今從未改寫。山姆的父親是個「勤奮的員工」，在中西部一間模具公司工作到退休，「一輩子沒有缺席過」。山姆的母親向來「花錢如流水」，在山姆十一歲那年跟教會唱詩班的指揮（所有人中偏偏是他）跑了。聽他的描述，他母親愛慕虛榮，父親清心寡欲，但撇開表面印象，我覺得他父親有些陰沉，甚至抑鬱。山姆的媽媽離開以後，家裡的一道光消失了。山姆認為他有責任與父親聯手扮演負責的男人，對任性的女人大加撻伐，但即便如此，他仍然渴望母親。

在山姆和薇拉最近一次爭執後的冷戰中，山姆有點消沉，但變得比較願意檢視自己。我和他聊起被迫在父母親之間選邊站，對他造成多大的壓力。在他們那極度兩極化的世界，只有一個方向是對的。他察覺父親需要同一陣線的夥伴，傾訴對妻子的悲憤，況且再怎麼說，是母親離家在先。山姆父親的心情使他對兒子需要母親的需求視而不見。對山姆而言，敬愛父親代表要淡化對母親的需要，而需要母親會傷害到父親，所以他只能選邊站。

與薇拉的衝突讓山姆長大以來第一次重溫內在的場景，抗拒並批判他母親所代表的柔軟而縱容的特質。在他心目中，母親溫柔慈愛，但那不可靠的孩子氣形象也融入了他對薇拉的看法，他後來才理解，這既使得薇拉對他深具吸引力，同時又令他稍稍瞧不起。

我認為，現在山姆最重要的是注意到內心來自過去的聲音，扭轉心境，不再讓過去的聲音強力介入並定位當下的觀點。有些時候，他甚至無法把成年的自己跟父親的教誨區分開來。他意識到若要抒解對薇拉的看法，就得正面背叛父親的感受。山姆對薇拉的傲慢批評是他童年煎熬的重現，「我想我爸其實也怕寂寞，」山姆說，「可以說，他無法忍受把我看成一個跟他不同的人。」

要山姆承認他把一切混亂加諸在薇拉身上並不容易，但他終於逐漸掌握自己成年後的觀點，這份自由令他如釋重負。薇拉雖然委屈，但長久來被他安在一個框框裡，現在終於放了出來，她同樣鬆了口氣。薇拉開始思考為什麼山姆對她的投射讓她覺得很正常，甚至理所當然。她回想父母在她六歲時離異，她是家裡的小女兒，被大家喚作「小可愛」。爸媽都依賴她扮演開心果，她就像個小大人，擁有察言觀色的能力。她一頭波浪金髮，滿臉笑容，的確是他們的「陽光」。她知道自己受寵有部分是因為比起她兩個比較陰鬱的姊姊，她不太給父母添麻煩。成長過程中，薇拉越來越習慣滿足父母的期待，也因此在家族中相對受重視。但是，比姊姊可愛，既是獲取特別待遇的通行證，也成了罪惡感的來源。父母為她添購較多東西，加上她在打扮的天分，她總是看起來光鮮亮麗。雖然與姊姊共用臥房，但屬於她的東西從角落不斷擴張。她開朗的個性和聰慧的頭腦令周圍人印象深刻，但她對培養、安全感、父母保護的需求，經常莫名地面臨中斷，她迷人的魅力反而隱約成了缺點。

二十歲那些年，她透過照顧酒精成癮的男友間接表達了自己的情感需求。在交往七年分手後，她為自己感到驕傲，那男人各方面都像她爸爸年輕的模樣，淺棕色頭髮，愛喝蘭姆酒。認識山姆時，他看起來是個相對成熟的選擇，一個有能力養家又不找藉口的男人。她欣賞他的工作態度，自然而然想確保他在閒暇時開心又放鬆。跟他在一起，她對角色分配多了清楚的認知，不再有一堆混雜的訊息和曖昧不明的依賴。真是萬幸啊，她心想，能真心誠意展開成年生活真是鬆了一口氣。

兩個人都沒料到，孩子出生竟會耗盡他們的心力。照顧雙胞胎肯定辛苦，肩負著父親的身分把山姆養家的焦慮逼向極限，薇拉也需要幫手，但山姆已經精力耗竭，叫也叫不應。即使到了週末也無暇讓兩人恢復。筋疲力竭的他們互相埋怨，越來越沒有同理心，各自退回顧全自己的立場。對山姆來說，這代表埋頭苦幹、悶悶不樂地熬過工作天。要他向薇拉表現溫情實在太難，因為她光會抱怨他沒做好的事，而不感謝他所做的。薇拉則漸漸覺得山姆用賺錢責任當作擋箭牌，找藉口不跟家人互動，也不再向她表達愛意。既然他不打算參與，那她不如努力讓自己和雙胞胎生活過得舒適，而這在她的世界就代表花錢——這個具有麻醉效果的消遣可以平衡她腦袋裡的天平，彌補她的被剝奪感，收買她的不快樂。

不被理解的憤恨和沮喪持續累積，使得抗議和逃避的心態交錯發生。抗議的心態在吵架時表露無遺，雙方都想被對方聽見，爭吵益發激烈；而逃避的心態則以為自己找理由、拒絕面對的形式表現出來。山姆或薇拉從未見識哪對夫妻能在追尋自我和在乎對方之間，有建設性地去平衡緊張關係。當然，他們的父母也從未想過山姆或薇拉需要什麼，只想到自己的需求，結果導致山姆和薇拉都相信，在他們需要的時刻，對方應該自動想到自己，進而同情、安慰或提供幫助。山姆和薇拉在情感匱乏的狀態下——為人父母只是增強了匱乏感——他們都覺得照顧好自己，基本上就謝天謝地了。

金錢成了代替關心的貨幣。薇拉覺得有權花錢，因為在這段剝奪人的婚姻裡總得找到一些慰藉。她的花費讓山姆覺得被「榨乾」、被利用，使他更疲憊也更不願付出，而他的疏離又強化了她的需求，轉而使她追求更多物質安慰。他一旦發出質疑，她就把被剝奪感怪在他頭上。山姆因此做出結論，認為她花他的錢，自私追求她想要的東西，卻不曾考慮過他的感受。

有些婚姻在理財方面隱含著幾許任性。如同所謂的「創造性會計」（creative accounting），人會給自己留餘地，允許自己抱持著矛盾的想法。一位專辦離婚的律師告訴我，婚姻牽涉的難題從來莫非金錢，只是這點常常到了離婚之際才徹底地顯現出來。一對夫妻可能看似為愛結婚，但愛與交往之初的極盡寵溺和殷勤追求往往難以區分。以美貌交換財富，以青春交換如家長般的支持（有的女人會喚老公「爸爸」），娶個美嬌娘並資助她昂貴的嗜好——這類姻緣的核心重點，就是往往沒把這些盤算明白說出口，而且也很少意識到這裡面隱含著條件交換，更別說雙方會為此溝通了。此外還有對婚配的原始觀點，多半不脫將性別貨幣化：男性的價值取決於他有沒有「男人」賺錢的本事，女性則要衣著打扮、美容化妝展現女性氣質，以「換取報酬」。

房子是家庭生活的典型象徵，也是不可或缺的資產，向來是婚姻中上演非理性理財的關鍵場所。有的人思慮不周，買下對夫妻而言都太貴的房子，原因是那間房可以滿足伴侶一方「欠」對方的，或滿足兩夫妻「欠」自己的，或為了未來有了小孩著想，或符合他們「真正需要」的房子條件。等到財務狀況終於崩盤，他們才開始指責對方當初「鬼迷心竅」或「沖昏了頭」，但從沒有哪一方真正去**探討真相**。對於那些鐵了心在財務上自我蒙蔽的夫妻，市場循環通常有辦法提供機會讓他們賒借太多錢，進入過度超支、不自量力、打腫臉充胖子的文化迷陣。

有對夫妻靠房地產市場蓬勃發展來牟利，房子一間換過一間，買了新的就賣掉舊的，據稱是為了賺取支持丈夫生意所需的資產。後來太太把丈夫帶來接受諮商，抱怨不停搬家多麼累，她再也受不了。我花了幾個星期詢問，總算找到癥結，原來這些混亂的主因出在他們企求的生活方式，而且是妻子堅持要過這種生活。要支撐這樣的生活，只能靠不斷賣房子賺得的差價來周轉，而他們卻絲毫無法把生活的變動不安與自己的開銷方式想在一塊兒，實在令人驚訝。

山姆和薇拉至少努力想解開迷惘，找到一種較友好而合作的相處方式。雖然他們很多時候都無法理解對方立場，但在適當情境下仍渴盼有片刻的交集。每次感受到他們對彼此的同理心，就能強化我心中認為情況終將好轉的希望。

山姆察覺到他為了認同父親，用自憐的憤怒在內心築起一道堅實的牆，現在他漸漸允許自己深切體會薇拉努力為家帶來的溫暖與美好。如同前文討論過「成熟」的概念，山姆開始回應自身較為柔軟的情感，這麼做的同時，也找到更多回應妻子情感的動力。看見丈夫欣賞並推崇她對美的追求，薇拉漸漸擺脫內心「佔他便宜」的愧疚，現在她可以大方聲稱審美觀和熱情是她成年性格裡的強項，並且積極發揮兩者的價值，為兩人打造一個家的感覺。

接受數個月治療，他們的互動令我精神一振。上星期薇拉為了出席學校募款餐會，大費周章精心打扮，她買了新禮服還挑染了頭髮。來到診間時，她抱怨山姆根本沒發現她的變化，更別說對她的外表有什麼讚美或恭維了。我當下想到，這恰恰是使同理心產生裂痕的事件。薇拉小時候，打扮漂亮是她少數能打破家人漠不關心的隔閡、引人關注的方法。父母親的驚嘆讚美，往往是相當低門檻（對父母）、高報酬（對她）的一種關心形式。由於她強烈希望取悅山姆，她以為花錢打扮外表，在他看來也會跟在自己眼中一樣，這種想法未免有些孩子氣。她似乎沒意識到，山姆對她花錢的第一反應更可能是焦慮，擔心彼此用錢的看法差異，煩惱下期的信用卡帳單。他的心思可能飄到兒時母親在家門口興高采烈簽收郵購商品，而絲毫不在乎那對家中財務造成的負擔。

幸好，他們都能及時打住，各退一步，注意到彼此間發生的事。餐會當晚，山姆的念頭依然包含了所有直言不諱的批評，但不同以往，他把念頭按捺下來。諮商時，他說他當下第一個衝動的確是譴責妻子的花費，抱怨他們金錢觀缺乏共識，但他忍住了，等待產生較寬厚的想法之後才說。他最後說出口的是：他知道她想討他歡心，他應該當下就讚美她的，但他也希望兩個人晚點能談談這件事。她則回應，她明白他為何有那樣的感覺，也明白心情複雜讓他很難開口讚美。諮商過程中，他們同意彼此應該為自由裁量支出訂定更清楚的協議，也同意她該找份工作。

＊＊＊

如果一開始薇拉和山姆的金錢觀就差不多，事情會簡單得多。但他們並不特別，許多夫妻都這樣，交往時幾乎沒花時間思考彼此的不同，遑論闡述個人看法，畢竟一派冷靜談錢與新戀情自然不搭調。在理想化的光圈下，有的人甚至可能欣然接受一種新鮮的花錢方式（「他解放我的壓抑」、「她讓我學會負責任」），覺得對方反而修正了自己的花錢方式。交往是段漫長（也很花錢）的時光，就算是最堅決的鐵公雞，也可能單純出於新鮮感或為了表示愛意而放寬標準，直到結算的時刻不可避免地降臨——要規劃婚禮了，或要編定一筆預算，或決定買房了，這時權衡利益和資源限制就可能撕破浪漫熱情與天作之合的假象。

我記得一次與朋友在芝加哥的餐廳，不巧聽到鄰桌的對話。年輕女子向同桌男友宣布，她要辭掉工作專心籌備兩人的婚禮。一陣尷尬的沉默緊接而來。我裝作若無其事，繼續給麵包塗奶油，眼角忍不住留意這段感情在這個關鍵時刻的開展。這一刻，空氣彷彿充滿了這對情侶未來的種種誤解和未言明的失望。有些不中聽的話必須在這一刻說出來，我暗暗支持那男人說出口：**你怎麼沒先和我商量？這不是應該兩個人一起決定**

的事嗎？我不敢保證這是最明智的選擇，我們需要一起想辦法。但他依舊沉默，氣氛緊繃，我瞥見他聽見消息時換了個姿勢，猶如在重整內心情感的擺設。他的難以開口透露出悲傷和失望，似乎正在做出命運的抉擇，決定退讓而非戰鬥，哪怕他們的共同人生才剛要展開。而從女方的簡短聲明聽來，她犯了兩個錯誤，使這段婚姻注定為錢煩惱。第一，她逃避思考金錢是有限的。第二，她把這個決定視為既成事實，不和男方討論還可以有什麼選項。

金錢之所以給人壓力，部分原因是，要去面對資源有限，而我們活在有限之中，是件令人沮喪的事，這需要意志力、眼光長遠、適時放手，換言之，我們得在不同目標間做出抉擇。夫妻之間做金錢決定，應該考慮另一方的想法、願望和習慣，即使那些違背了自己的意願。許多理應被視為個人與現實侷限發生衝突的事件，總是有被我們轉化為與伴侶起爭執的機會。

薇拉不會拿捏預算，又無法節制購物，當山姆說出他們花了太多錢這樣的看法，她卻一心回嗆他是「掃興鬼」。如此誇大對方的立場，就可以輕易地**對抗這個立場**，而不必捫心自問「**我**認為我們負擔得起什麼」這個難題。把某些特質加諸在對方身上，比方說，把理性思考想成他對錢的消極態度，同時主張自己擁有相反的特質，例如面對另一半的控制欲，我花錢是為了挺我自己；或相對於他的保守，我花錢是為了表達願意冒險的新鮮感。

把心理投射在伴侶身上，並不能因此發展出一個整合的觀點。每個人對錢一定會有不同的看法，但溝通之際，應該願意在內心奮力做出困難的權衡和折衷。只有當努力調和自己的欲望與資源之有限，才可能取得誠實的觀點。姑且不以「妄想」來形容，我們會把現實的痛苦歸咎於伴侶的失敗上，這簡直是人之常情，因為思考現實太難了。我們想要的那塊蛋糕，現實中鮮少拿得到，也鮮少吃得到。所謂的蛋糕不只是駭人的危機和損失，包括小孩、金錢、工作、房子等日常生活問題，同樣難以開口商量，談了令人沮喪，而且往往很難解決。要維持相當的自覺和自制持續思考問題，很費力氣，而抗拒著把伴侶視為阻礙的誘惑，反過來直面人生帶來的阻礙，也很花力氣。然而，不斷與另一半展開對話，有時是我們面對阻礙的最大希望。

金錢可能在顛簸中年成為妨礙發展的黑洞，薇拉和山姆示範的情況並不比許多其他夫妻來得誇張。中年夫妻會遭遇種種現實的經濟挑戰，面臨數不盡的焦慮，焦急想讓孩子贏在起跑線上、煩惱事業成功與經濟穩定、盼望融入社群團體。這時是陷入僵局，還是同心協力，差別完全取決於人怎麼管理這些焦慮情緒，以及能不能積極面對焦慮。

我與山姆和薇拉的諮商持續了數個月。我們一點一滴減少責怪和批評，創造出安心探索內在的氛圍。這種安心氛圍有助於他們承認矛盾的感受，抵抗著把衝突歸咎於對方的傾向。如今薇拉承認，她把山姆刻劃成無可救藥的老頑固，動機是為了替自己找藉口逃避責任，不去思考他們實際上能負擔起什麼。她已經能體會山姆工作的悲慘，而山姆也因此不再充滿戒心，明白自己習慣扮演憤怒的受害者，其實是在重複原生家庭的相處模式，同時把薇拉關進了一個她無法逃離的角色。

我很欽佩他們努力理解自己在這個循環中扮演的角色，他們的自覺最終讓他們得以攜手合作，結合不同的財務觀念，找到一條出路。他們離開之後，我慶幸他們沒有走向另一起裝潢新居不久隨即離婚的案例，那個案例中，新居剛整修好旋即賣掉，孩子們帶著困惑搬進市郊公寓繼續他們的童年，而家裡只有幾件零星家具、冷凍食品，以及剛恢復單身的父母。山姆和薇拉逐漸看見並欣賞他們本來的面貌，而他們最珍視的自我特質，也能被對方看見並欣賞。

8

暗戀——化相思與渴望為助益

中年人生潛伏著一個重大疑問：有沒有可能一面追求刺激，一面維持穩定的關係？要將擾動內心的熱情與至今打造的生活結構結合起來是困難的。敞開自己接受刺激與挑戰，新鮮感自然會帶來風險，而向外探索、邁向更廣的人際圈與更深厚的連結，也可能讓人周旋於愛情和友誼的模糊界線。我們應該思考如何把沉浸於遐想的誘惑與健康的渴望分離開來，或許當你想點燃舊日火花，先自問還有沒有別的方法把熱情重新導向更有創造性的事或興趣。同時記住，人生中很多美好的事都源自持續不斷的保存，以及守護我們既已擁有之物。

闊別十六年，克莉絲汀娜頭一次回到我的診間，看上去跟從前差別不大，依然個頭嬌小、表情豐富，給人一種纖細緊張的印象。她還是研究生時找過我做心理治療，那時她自言事情做得太少、酒喝得太多，而且跟太多男人睡覺。最近她打電話告訴我，那之後她的生活漸漸步上正軌。她很喜歡在地方實驗室的研究工作，與丈夫婚後過了十多年幸福生活，兩個孩子也「適應良好」。禮貌寒暄一番之後，她說，「我最近遇到一些問題。」哭腔漸漸濃重起來，「但我想當面說明。」

她走進來時，我覺得好高興再見到她。她坐下來勻了勻呼吸，彷彿在想該怎麼把故事說得真實而完整。她是個科學家，雖然曾經年少輕狂，但她很重視精準。「我覺得最好先描述一下當天的情況，因為我其實也不是很明白發生什麼事。」她告訴我，兩個月前，她丈夫帶女兒跨州回鄉探望爺爺奶奶，她五歲的兒子伊森有一天早上醒來高燒不退，神智恍惚。她心急如焚，打電話給診所，對方要她立刻送兒子過去。

「我開車從我們家駛下山坡，整個人心不在焉，結果撞上一個垃圾桶蓋，蓋子彈飛到路上。我嚇得半死只想假裝沒事繼續開車，但最後還是把車停下來。只見我鄰居麥可從他家車庫走出來撿起蓋子，向我露出一個大方溫暖的微笑。我嚇了一跳，他的笑容在我眼中突然這麼的美，那瞬間「曙光」這個詞從我腦中閃過。望著他的眼睛，望著那道光，我感覺非常奇怪，好像那一刻超脫人世。」

兩天下來經過抽血檢查、尿液檢驗，以及她和丈夫班尼與家庭醫生的會診，伊森的健康狀況逐日明朗，康復有望。她悄悄回味起那「超脫人世」的一刻，藉此慢慢平復心情。兒子臥病在床那漫長寂靜的幾天，她在家中走來走去無法專注，腦中一再想起麥可與他的笑容。

「我起初覺得就當給腦袋放個假，無傷大雅。我會一邊想著麥可，一邊感到既安慰又興奮，整天在家照顧伊森彷彿我自己也在慢慢康復。但後來伊森病好了回學校上課，我的感覺卻揮之不去。上上星期我在超市巧遇麥可，居然開始**發抖**。那一天差不多都泡湯了，我都快瘋了。」克莉絲汀娜哭了出來。她的眼淚令我意外，我問她會不會覺得憂鬱，她年輕時與憂鬱症纏鬥過。

「我常哭，但我不覺得憂鬱。」她說，「我看到麥可會焦慮，但不至於焦慮到整天走來走去。我的問題是我**太敏感了**，我覺得那種感受強烈到好像要把身體內外翻轉過來，好像有另一個我想從我裡面爬出來。我再不**做**點什麼不行！我來找你就是因為需要把這件事說出來。」

我們同意當週再約一天會面。

與她見面後的那幾天，我讓她那些**生澀**的感受在我腦中發酵，看看在我設法加以解釋之前會出現什麼東西。我不明白，為什麼是現在？為什麼她感受這麼強烈？我一再回想起麥可對她微笑那鮮明的一刻，腦海中閃過一個畫面，那就是小鵝從蛋裡孵化後會本能地黏著第一個牠看到會動的東西。這使我聯想起克莉絲汀娜，她在脆弱無助的狀態下，抓住她看到的第一個人臉上的美麗與良善，就好像在那一瞬間重新回到了保護隔閡尚未形成的時候。

第二次見面，克莉絲汀娜的心情振作了點，樣子比較像個陷於暗戀的人。「說不定問題不在於你為他著迷。」看她心情開朗許多，我試探地說，「問題在於你附加在這件事上的危機感。不妨試著放輕鬆，見到他時開開玩笑，享受一點無傷大雅的對話。」

她清楚地讓我知道，我最不該說的就是這種話。「我覺得情感和身體都快墜入谷底了，那不是開玩笑的感覺。」她露出疲憊神情，告訴我這幾天是怎麼過的。每天早上她都計畫要有效率的上班，但每每心神不寧，只差沒掉淚。萬一到學校接送孩子遇到麥可，她得花好幾個小時平復心情。校內與家長相關的例行事務也會引發高度焦慮，因為她想到要與麥可和他太太蕭娜閒話家常，事後還要收拾個人的情感餘波。

我問她來找我之前那幾週是怎麼熬過來的。她說，她知道自己處於一種扭曲的心理狀態，並鉅細靡遺說明如何用盡方法想擺脫這種狀態。首先，她讀了關於從荷爾蒙和大腦活動角度解釋複雜情緒的書籍，得知「大自然在人體內種下了調情的基因」，而她強烈的性趣可能源於「高量睪固酮」。她腦部的多巴胺酬償系統顯然受到活化，人對愛和古柯鹼的強烈渴望都是透過酬償系統發揮作用。從社會生物學角度，她得知人類在演化過程中就已經被設定好，每隔四年就會再度戀愛，而她對別的男人產生興趣，可能就源自於這古老的演化法則，讓男性不確定自己是否為父親，藉以獲取資源。

她心想，這些籠統事實或許都是真的，但又能解釋什麼？沒錯，所有情感狀態都有生物學為基礎，但無從說明這些情感對**她個人**有何心理意義。這些作者對於人的微妙複雜度擺明了興趣缺缺，讓她越讀越消沉。但是有天她坦言：「我希望我能被這些書說服，這樣至少我還有一套解釋。」她覺得這些簡化的理論雖然淺薄，卻奇怪地令人寬心，彷彿向人保證還有另外一個世界存在，在那裡，屬於她的個人意義可以看成不重要的小點，在無法抵擋且永恆的演化動力跟前顯得微不足道。克莉絲汀娜覺得她和麥可的互動充斥著過多似乎有意義的感覺，實際上根本沒有半點意義，她非常希望擺脫這種感覺。

她也讀了解析愛情成癮症的自我治療書籍，希望從中看出自己的問題。克莉絲汀娜對心裡的渴望無能為力，書中的成癮範例或許能解釋原因。她早年曾與酒精的誘人魔力搏鬥過，她完全能想像思念麥可的念頭為她帶來一種自我毀滅式的逃避，跟酗酒很像。但是她再度失望了。「愛情成癮者」會一心執迷於無法回報愛情的對象，克莉絲汀娜沒有出現這種模式，她並未一再被冷漠壓抑、「逃避愛」的男人所吸引，也沒有習慣把愛情當作用逃避問題、模糊人際界線的暫時藥物，或者迴避成年的責任或空虛感。她找不到理由把自己擺進任何一種愛情成癮的模式之中。

她在說明過程中不經意告訴我：「我會想像麥可對我傾訴婚姻的煩惱，那種畫面揮之不去。」我當即看到她的念頭如何具有令人不安的侵入性，闖入她日常思緒，而她的意識又是花了多大力氣在對抗。她哀傷地說：「我會想像我們坐在公園長椅互相傾訴彼此的經歷，我們相互理解，感覺好親近。」雖然她由衷希望這種想像毫無道理，但卻清楚揭示了愛情三角關係磨人的邏輯。我在想，暗戀的渴慕幾乎兼具了愛**和**排斥，這些突來的愛情劫難吵著將他人排除在外。

尋求知識上的理解令人洩氣，克莉絲汀娜發揮更大的自制力，改而跳入談意志力的書堆裡，這類型的書更多了。書中說睡眠充足、三餐定時，有助於對抗「自我損耗」（書中強調一般人漸漸失去了這種調節思考、感受、行動的能力。）但她發現就算是意志力專家，也不保證人可以靠意志力改變情感。某本書上解釋，「情感調節靠的不是意志力。人不可能單純用意志力讓自己戀愛或感受到強烈喜悅，或者放下罪惡感。控制情緒靠的通常是各種細微的技巧，例如改變對問題的想法，或是轉移注意力。」如果施展一些「技巧」可以轉移注意力，克莉絲汀娜肯定願意，但改變想法不能只憑技巧，而且實踐起來超乎想像的困難。她練習用正念冥想來深度控制情感，雖然每個呼吸之間她很難不沉陷於頑固的念頭，但努力集中心思，多少讓她感覺平靜。

務實的個性使然，她也嘗試積極與自己對話，以免暴露心思或突然發作。她寫便利貼，每天唸給自己聽：「把接觸減到最少。留意並確認回答。練習自律。」「我不批判自己，我真心想幫助自己，不因迷惘而批評自己。」「重點永遠是我如何管理自己的感受，這是首要目標。」

克莉絲汀娜設法有條有理解析問題，但她所用的方法最後總像是一堆枯葉空空蕩蕩，欠缺意義或關聯。我們說好這陣子每週會面兩次，我一邊聽她敘述，腦中冒出疑問。她是否重溫了早年的情感創傷，想修補童年不圓滿的愛？或者四十四歲的她正為起伏不定的內分泌失調所苦？還是說，步入中年讓她想找回年輕的自己，證明未來還有新戀情在等待？克莉絲汀娜告訴我，她最近開車都習慣播放少女時代聽的音樂，她發現自己耽溺於懷舊的遐想，憶起多年來不曾想起的點點滴滴——與父親交心的談話、高中第一次心碎失戀。

「我不知道我為什麼這麼**沉溺**。」有一天她說，「我心中有一塊沉甸甸的哀傷，內心空間彷彿都被這塊磚頭給填滿。小孩跟我說話就像隔著一根長長的管子，我在末端傾聽，聽到的都是回音，遙遠又模糊。這是他們的童年，我卻覺得我不在場。我對班尼更抱歉，他顯然知道有什麼不對勁，但我能說什麼？說我愛上別的男人？這話怎麼能說呢？況且不全然是真的。有時想到必須『放棄』麥可會讓我感到心碎，但我轉念又想，我放棄的又不是真人，也不是一段真感情。」

我深切感覺到克莉絲汀娜努力平抑感受，費盡力氣在與丈夫的關係裡克制感受。這好像是婚姻裡真正的極限狀態，面對突如其來、難以解釋的情感，與伴侶雖然方向一致，卻漸行漸遠。我也懷著一種心疼的擔憂，想像班尼一定飽受不確定感的煎熬。

我不禁想，「放棄」麥可對克莉絲汀娜來說代表什麼？她放棄的是**什麼東西**？一份感情？一段幻想？一個點子？我試著從書裡找答案，希望找到與克莉絲汀娜的處境更相近的題材。我驚訝地發現，以暗戀為主題的書籍竟然這麼少。明明作為一種西方文化現象，暗戀故事俯拾即是。小說和電影公允地對三角關係、偷情和矛盾的渴望充滿精彩的描繪，但同樣的題材卻鮮少在學術著作或臨床分析案例出現。

文學史上，從希臘神話到莎士比亞的《仲夏夜之夢》，都將愛情非理性的元素刻畫成一種既令人渴望又使人恐懼的經驗，經愛神阿芙洛黛特的指尖一觸，或一口飲下帕克的愛情靈藥，即使無益於你，你仍會愛上一睜眼看到的那個人。這樣的非理性說來就來，既不能召喚也無法消除，我們只得承受、應對、引導。這種非理性為人類打開創造的契機，但也引領人類走向毀滅。

一九六〇年代，存在主義心理學家梅（Rollo May）在《愛與意志》（*Love and Will*）一書中寫到愛有著「魔鬼般的力量」，而德侯吉蒙（Denis de Rougemont）一九四〇年的經典之作《西方世界的愛》（*Love in the Western World*），則描寫浪漫熱情的危險誘惑，堪稱思想深厚的專著。但在現今這個心理治療的年代，渴望和暗戀的狀態看來大半都只被以成癮的概念重新定義。

正當我為此缺口哀嘆之際，我忽然想到有個寶貴的素材擺在眼前：精神分析學理能奠定基礎就在於發現了**移情作用**。佛洛伊德觀察一名女患者，他發現有一種情況「經常發生而且意義重大」，這名女病患「經由明白暗示或公開宣稱表現出她戀愛了，與任何可能陷入情網的女人一樣，她愛上了分析她的醫生。」乍聽下這種行為似乎不太妥當而且有危害之虞，對於進行中的分析工作是個阻礙，但佛洛伊德理解到，移情作用本身也可以是一項治療工具。他寫道，如果診療關係中出現的愛意具有「真愛」的特質，而且情感強烈、盲目、不計後果，看似「不太正常」，那是因為「脫離常理規範正是愛情的本質」。人把愛情生活裡痛苦的非理性成分——也就是所謂的相思「病」——帶來治療，為他們開拓了一個機會，重新修改過去至今帶給他們煩惱的情感腳本。

愛上對方是移情作用的常見特徵，而移情作用也是愛上某人的關鍵成分。無論是移情作用或愛上某人，背後都存在強烈的認同感，而那幾乎是每段有意義的感情之初點燃關係的火苗。認同感把人網羅進來、架好舞臺，等待新鮮而真實的劇碼上演。

回想我們在前文提到的，戀愛關係具有療癒的力量，因為我們的童年情感經驗與有意識的自我故事之間，相通的渠道被重新開啟了。愛催化了一種情感接納的主觀意識，放鬆了我們為塑造個性所做的心理妥協對我們自身的掌控。情感生活有一條真理，就是想學會在感情裡依照不一樣的方法行事，唯有實際在感情裡這麼做，實際依照不同方法在想像當中重整，才能辦到。愛情關係使得過去與現在、有意識與無意識，以及具體的情感記憶與連貫的自我故事之間，產生一種流動的相互作用，讓人得以虛擬地重整自我與自己的故事。我們經由這個過程重新創造自己，獲得心理圓滿的感受，從而覺得人生有意義。

這一切如何幫助我們理解暗戀？我們在前文討論過，人到成年後仍會繼續愛上許多人事物，這些經驗必須找地方安置。婚姻沒辦法也不該防止人產生「火花」。我們當然不希望那些令外遇顯得刺激的情感暗流主導我們「與世界的愛戀」，但我們也不希望這些暗流完全被阻絕。對外在人事物保持開放，在許多時刻都能為人帶來活著的純然喜悅，也使人能以嶄新和驚喜的方式與自我連結。

突來的魅力、渴慕、相互碰觸的火花，不管從人性情感面或從靈魂面來看都再真實不過，任何主觀感受到的愛都是真的，無論多麼令人費解，只要那份感受使人深刻覺得自己的欲望融入了這個世界，那就是真的。對於身處承諾關係裡的人來說，問題不是「這種事怎麼會發生？」——這種事當然有可能發生。我們要問的是，「該怎麼理解**發生的事？**」

答案取決於我們的故事基本上是否有效運作。婚姻幸福的人遇到配偶以外的人展現出吸引力，他們通常注意到了也只是單純欣賞，不會特別關注或追求。他們或許允許愛意一點一滴滋潤日常生活，但會克制著不要一口氣打開水龍頭。他們不會把一時半刻編成完整的情節，因為沒這個必要。他們所察覺到的真實情感能夠融入一個整體連貫且令人滿意的自我故事和婚姻故事之中。

但如我們所見，不是每個人的故事在顛簸中年都能有效運作。發覺自己的情感與故事不同調，可能正是顛簸中年的定義特徵和核心意義。有些人會利用「墜入情網」的經驗重新建構故事情節，允許另一個人喚起深刻的意義，打破至今建構的個人與職業人格。他們可能覺得一切事物漸漸合理，因果逐漸浮現，那可能還是他們第一次覺得獲得解放，擺脫愧疚感——或根源於罪惡感——限制他們做出選擇的情感契約。

對他們而言，編寫一則新故事如同讓人進步的成長。理想上，就算不為別的，為了孩子他們也會向內心探索：是什麼不管用了？婚姻的相處模式？個人自我未盡之業？應該如何調和？一個成熟的作法是接受混亂，嘗試找到平衡的路，做出合乎道德之舉。

但也有像克莉絲汀娜這樣的例子。克莉絲汀娜十分苦惱，她來找我正因為她墜入情網，可是她認為此刻愛上別人沒有意義。她不光認為這種事輕率又愚蠢，還覺得瘋狂——不請自來、不明究理，嚴重干擾了她。她沒有召喚這些感覺，是感覺找上她的。她知道她對麥可的感覺是移情作用，她說過就算放棄麥可，那也「不是真人，不是真的感情」。她清楚對麥可的遐想並未改變她基本的價值信念，與班尼一起生活的快樂也未曾稍減。但即使她能理解似乎也沒有幫助，反而讓她心情更加惡劣。

思索著克莉絲汀娜的渴慕中這種強烈而自毀的特色，我不經意讀到法裔加拿大精神分析師弗隆（Allannah Furlong）的論文，她以香港導演王家衛的電影《花樣年華》和《2046》為例，探討「部分暗戀中人的強迫性困境」。她在引言裡寫道：

許多病人找上我，最多曾經同時有五個人，迫使我認知到伴隨壓抑情感而來的無力感……對這些病人來說，戀愛是種創傷，使人暴露在無法控制又遭到否認的激情浪潮之中……每個案例裡，情感爆發總在長年憂鬱的背景下發生，先引起短暫陣發的喜悅，隨後是存在感的瓦解。雖然其他方面依然保有高功能，但這些受暗戀之苦的人病況嚴重，他們困於抵擋不了的渴望與無法緩解的抑制之間，絕望甚至瀕於自殺邊緣。情為何物，能引起這麼大的激情與毀滅？

弗隆的解釋在兩方面引起我的注意：一是把戀愛比作創傷的概念，二是暗戀與憂鬱的關聯。先談第一個概念，暗戀的「創傷」是強迫自己「壓抑」熱情，面對強烈性欲卻必須**不行動**所造成的嗎？還是說，性愛**本身**就內含某種創傷？性欲的感覺充滿一種過度的感受，以精神分析師學家史坦（Ruth Stein）的話來說，那包括「超出日常制約的身體感覺過度，超出合理判斷的欲望過度，超出象徵的意義過度，他人不可理解的過度超越了自己」。整個過度的體驗近於「節制不了的衝動滿溢而出，令人覺得容納不下。」

婚姻路上，我們極重視這種狀態令人遺憾的衰退，但至少值得認同的是性欲強度這個難題，以及為何性欲強度減弱會讓人鬆了一小口氣。更何況，「日常」的性欲經驗也有「過度滿溢」的特性；過度是性固有的特質。性欲的獨特力量部分源於想「填滿空缺」的衝動，乃至於想「掌握性欲對象幽晦微妙、難以言喻的特質」。人在童年之初就已展開這種追尋，當母親第一次經由感官溫柔地照料我們，除了帶來安慰，也令我們興奮。她無可避免地向我們發出無意識的訊息，既魅惑也滋養，我們就在「轉譯」這些不完全可譯的訊息之間逐步建立起性欲。觸及那個神祕他者的渴望，永久在我們的性生活裡留下印記。

性欲感可以傳達許多身體經驗與情感，而且不僅限於愉悅。任何形式的刺激若是過度滿溢，哪怕是創傷的或痛苦的，也可能在性興奮中尋求解放。這些感覺可能氾濫、漫流，有時還令人感到羞恥。但就算是「正常」的性欲，也因為其固有的過度、不受控制、暴露的特性，而包含了相當程度的羞恥感。愛情之所以有助於減少性羞恥，原因之一就是因為與愛人在一起，我們會肯定彼此的性興奮，並且一起逾越禁制。

克莉絲汀娜感受到這樣過度的性欲，動搖了她對自己與關係的感知。她自認是個婚姻幸福、性事美滿的女人，沒有對鄰居或朋友情不自禁產生性欲的習慣。這種帶有陌生感的性質與成年自我經驗的隔閡，道出了那股模糊卻洶湧的力量，那是童年性興奮在我們平時井然有序的存在之上施加的暗流。難以駕馭的性愛核心，在象徵性思考與語言亦無法企及之處驅動著我們，讓我們非得實踐、承受、與之合作不可，卻不能以道理充分解釋，也無法經由解釋來消除。

另一個事實是，整體而言生理刺激可以滋養許多不同的主體情感，如何解讀端看情境脈絡。有一次我在黃石國家公園露營，園內有熊出沒，外加夜半郊狼令人毛骨悚然的合唱，瀕於恐懼的感覺反而讓我對這段經驗留下鮮明的**好印象**。我們不見得總有辦法辨認自己所受到的生理刺激是否與特定情感有關，而情感強烈的事件也會留下較鮮明的記憶。情感刺激不只促使人在事發後立即預演壓力情境，還會使人在往後幾個小時乃至幾天之內，一再回到記憶的片段中。

克莉絲汀娜當時一瞬間感受到強烈的恐懼，觸發了她對麥可的迷戀。她一個人帶著兒子，丈夫遠在天邊，而她又驚恐萬分。脆弱無助的她感受到急迫的苦惱、毫無防備、無處躲藏。她雖然設法像個大人一樣務實地處理問題——她帶伊森坐上車，準備開車去看醫生，但情感上，她正常的對應方法減弱了，她像個驚嚇的孩子般迫切需要安全感。要是她先生在場，整個情境的強烈刺激可能會因為向他求取安慰而獲得紓解，但相反地，她單獨坐在空蕩的車內遇上了麥可，他的笑容貫穿了她，傳來無語而原始的安全感，很有可能連結到強烈鮮明的身體記憶，令她想起小時候母親那比一切都寶貴的微笑，讓人既心安又興奮，讓人看到世界上一切完好。

果真如此，那麼等到伊森病好了，班尼和女兒回到家，生活回歸常軌以後，克莉絲汀娜對麥可的迷戀可能就煙消雲散。但事實是，克莉絲汀娜一時被強烈的恐懼沖昏頭，外加性欲刺激過度，以及因麥可的臉龐和笑容而得救的浪漫幻想，這整段短暫的經驗雖然過去了，但煩惱並未因此結束，反而控制不了地持續跳針。她經驗裡的這項特點令人想起弗隆觀察到的暗戀與憂鬱之間的關聯。憂鬱和暗戀都使為之所苦的人無法為自己做最好的打算，並引發一種但求自保的萎靡精神。說不定有一天我們會發現，暗戀和憂鬱有一種潛在的生理情感狀態是相通的，或者也可能，相思的渴望正好為原已存在的憂鬱感提供了明確的想像素材。但就算一段相思之情並非來自憂鬱，不斷反覆的渴望之中肯定也有什麼致鬱因素，是相思中的人所不得不忍受的。

克莉絲汀娜說她並不覺得憂鬱，但的確有種惆悵的懷念和失落感。「有時候，那似乎是我畢生最真實的感受。」她說，「但也有一種做夢的感覺。」我們探索她那種如夢般飽滿鮮明的狀態，她發現自己的傷感與「我再也沒機會跟他說話」這個想法有關。「要是能用某種方式，」她說，「與麥可確認我們當時一起『經歷』的事，該是多大的解脫。不過光聽我自己這樣說，我就知道這很荒謬。」

她做夢般的感受，與弗隆那些害了相思病的患者故事裡特別突出的惆悵幻想很相像。每個患者都有父母一方以某種形式追緬著逝去的愛——可能是遺棄自己的父母、遠在他方的手足，或是失去的家園。於是患者從小就經歷過父母一方長年的憂傷，眼神永遠望向某處。弗隆認為，看到父母始終憔悴而無可化解，會帶給孩子一種無助感和自己不夠好的痛苦感受，這會緩緩灌輸孩子一種持續飢渴的渴望，揮之不去和優柔寡斷是意義重大的特徵。因此，孩子會像父母一樣，不斷尋找他從未找到的某樣東西。

克莉絲汀娜最早來找我諮商，是在她快要三十歲時，她的問題主要關於男人，不過一場家庭危機讓問題更顯得複雜。那陣子她意外得知，她爸爸多年前曾有過外遇。她向來納悶小時候家裡發生了什麼事，如今知道以後，她默默同情起想像中父親對更多愛的渴望。那時候的晤談讓我得知在她還是青少女時，雙親曾分居一年。現在再度見到她，我意識到她爸爸外遇出軌恰好正是她目前這個年紀。

她鍾愛的爸爸很可能不自覺發出心嚮往著他方的訊息，但克莉絲汀娜與母親的關係同樣令她容易受到渴望的影響。以性情來講，她爸爸是溫暖的那個，而她母親是藝術家，比較冷淡。克莉絲汀娜欣賞並承襲了母親的認真和精確，但也覺得母親對於孩子的需求有點挑剔嚴苛。她母親雖然生了四個孩子，卻很珍視自己的獨處空間，她用沉默寡言和失望的目光塑造出孩子們早熟的性格。

克莉絲汀娜內心有部分很寂寞，因為她從未喚起母親的關心和照顧，有時克莉絲汀娜會浪費很多時間計畫著要怎麼獲得母親的肯定來作為補償。她通常謹慎地收斂情感，害怕被別人認為「幼稚」，就連在丈夫眼裡也是。她長年對自己的期盼和飢渴的感到矛盾，如今發現受到這些情緒宰制，令她訝異而苦惱。

多數人的人生都充滿失落，我們自然會推論，許多苦於暗戀相思的人，他們的父母大概都有化解不了的失落。我在臨床諮商中有機會看到某些事件與情感的組合容易使人害上相思病，即使他們認為自己的婚姻融洽，最後事態仍會往反方向運行。關鍵在於最近是否經歷了失落，或遭受失落的威脅。

這種因為失落而行差踏錯、落入愛情或性愛羅網的例子，包括了一名六十二歲男子，妻子罹患癌症，他花大量時間從某段友誼中取暖，到了最後這段友誼演變成折磨他的情感外遇。一名四十歲的丈夫是三個孩子的爸，一連好幾個月長途往返母親家裡，探望因為病痛正慢慢走向生命終點的母親。這期間他漸漸迷戀上一間夜總會裡的脫衣舞孃。一名四十三歲女子多年不孕，在領養了一個孩子後，全副心思被往事佔據，深切地懷念起大學時代的男友。這些人沒有一個希望或有意結束婚姻，婚姻仍是他們的首要關係。

跟克莉絲汀娜一樣，他們平靜的心湖受到擾動，好不容易取得的情感平衡岌岌可危。說不定我們每天日常的心理狀態都比自以為的還要困苦無助，隨時可能被這些失落所撼動而瓦解。我們有時隱約有種「被掏空」的感覺，但比較像心情低落或輕微憂鬱，我們發現自己莫名其妙在最意想不到的時刻被某人強烈打動，事後回想才發現自己當時多麼脆弱，甚至這種脆弱早已持續多年，只是從未察覺。

在光譜另一端，狂躁的心情也可能引發相思病。投資高風險的新事業或是突如其來的成就，都可能將人推入意想不到的迷戀當中。究其心理，憂鬱和狂躁的心情都會改變人看待失落和限制的方式。憂鬱時，我們長時間停滯在悲傷中，無力哀悼失落，也無法向前走。狂熱時，我們極度膨脹，拒絕承認平常框限生活的界線。無論是過度滿足或過度失落都會以不同方式消耗我們，使我們難以發揮較高的心理功能，也很難看清全局。

＊＊＊

上網搜尋「太空人尿布」（astronaut daiper）一詞，第一個搜尋結果是諾瓦克（Lisa Nowak）的維基百科條目。她是美國太空總署的太空人，也是一個四十三歲、已婚、育有三子的媽媽。二〇〇七年她從休士頓出發，開了九百五十英里路的車前往佛羅里達州奧蘭多，身上「一頂黑色假髮、一把BB槍和填充彈、胡椒噴霧、一件褐色連帽風衣、一把兩磅重的鐵鎚、黑色手套、橡皮管、大型塑膠垃圾袋、約五百八十五美元的現金、隨身電腦、一柄八吋（二十公分）長的戈博牌折疊刀，以及其餘數件物品。」她意圖對海軍中校希普曼（Colleen Shipman）「造成嚴重乃至致死的身體傷害」。她對同是美國太空總署太空人的奧費萊恩（Bill Oefelein）有好感，而希普曼是她的情敵。諾瓦克在奧蘭多國際機場的停車場堵到希普曼，朝她噴灑胡椒噴霧，當場遭警方逮捕。被拘留在警局時，諾瓦克告訴警方，為了加速趕路，她一路穿著尿布開車。（她的律師後來宣稱這「純屬虛構」。）

故事曝光後，媒體刊出許多案發前後的照片：一張是美國太空總署的官方檔案照，諾瓦克穿著橘色太空衣站在美國國旗與一幅火箭升空圖前擺出可愛的姿勢微笑，一旁並列著她在橘郡監獄的入監登記照，照片中她一頭亂髮、心煩意亂。這些照片既迷人又駭人，我忍不住思考諾瓦克何以淪落至這麼絕望失常的地步。

然而，常人對這起新聞的反應是好笑，我想那大概是出於不知所措，一種不敢置信與感同身受的立場吧，或許這能說明為什麼諾瓦克的故事會在文化裡流行起來，還成為電視影集、流行歌曲與深夜脫口秀節目。我們無法**想像**和她一樣，但心底又總閃現一絲擾人的疑惑，懷疑遇到特定情境時是不是也有人變得跟她一樣。

諾瓦克迷戀的是她同溫層的對象，無法與大多數平凡人的煩惱相提並論。但步入中年後，我們很多人都有過在廣大人際圈忽然對某人覺得「那個人到底是怎樣」的經驗。這種念頭令人極度不安，可能讓友誼重新洗牌、造成尷尬的沉默；就算從很遠的地方也能干擾我們對於人生已知事實的認知。

我想，這種經驗與經歷較不涉及「中年危機」中掌控我們的新行為模式，而與外在表面和內心生活打從根本上發生分裂關係較大。每個人內心裡都充滿了需求、恐懼和夢想，也都盡其所能在三者間達成平衡。我們不斷指望在冷靜與熱情之間找到平衡。通常，人會想辦法在內心應付這些挑戰，不被人看穿，至多只會在與家人、朋友或治療師的保密對話裡透露出來。

「想到自己向來是個乖女孩，我甚至不敢相信我會做出這樣的事。」麗塔只接受了三次諮商治療，第一次來的時候她這樣說。年屆五十的她依然活潑漂亮、打扮時髦，擁有無懈可擊的女人味。她似乎認定能說服我，但她的那股從容態度反而讓我起了戒心。她皺著眉頭露出懇切的表情說起她的故事：「那個健身房教練啊，名叫史丹，他真的把我迷倒了。只要站在他面前，我就手足無措，好像我的皮膚根本保護不了我，好像他光是看著我就能進到我的體內。每次他用調情的語氣傳訊給我，我想都沒想就回了。我以前沒做過這種事，我必須理解為什麼我會這樣。」

麗塔與布倫特結婚已經二十年，有兩個十來歲的女兒。「直到布倫特心臟病發作以前，我都不知道我是不是真的想過我們之間有問題。布倫特一直是A型人格的終極實踐者，一切事情由他主掌，凡事他都有看法。老實說，我只要做到小孩子程度的事，別礙著他就好了。順帶一提，跟他在一起我覺得很幸運。大家都愛布倫特，他做每件事都是贏家。但打從他心臟病發作之後，他甚至比以前還更挑剔，他的幽默感完全不見了。凡事他都想控制，要求很多，態度高高在上。」

「高高在上？」我問。她批評的口氣讓我找到了話題。

「好像他永遠是對的……但接著我就想到，我的確一直在犯錯。」她截斷自己的思緒，從抱怨丈夫轉為批評自己。

我沒有說話，等著聽接下來的故事。

「有一次，布倫特發現了手機裡的訊息，他反應很激烈，沒問過我就把這件事告訴孩子。我覺得很糟，我的隱私被一覽無遺地暴露了。但我知道是我活該。」

我知道是我活該。這句結語令人介意。在他們建立的關係裡，她「做錯事」居然讓他有資格羞辱她。麗塔在丈夫心臟病發之前彷彿簽下合同，接受丈夫是無所不能的這種幻想。他們沉浸於彼此的特別之處，但丈夫侵犯她的自主權，她也照常接受。這次丈夫的心臟病發嚴重動搖了他們之間的防禦同謀關係，他變得死板而且容易動怒，無法再充當她投射的理想形象。我納悶這樣的關係還有空間調整權力平衡、改變彼此目前的地位嗎？她看上去不是個能堅守立場的人——先是受到專橫的丈夫控制，現在又被勾引她的花花公子控制。

晤談過後，我根據她的故事思索著，麗塔的魅力中是什麼特質吸引了那個健身房教練。她雖然把這件事描述成徹底的身體經驗，是內心分裂讓她不明究理跳進看似擺不平的衝動裡，但身體從來不是直白的訊息傳遞者。我們所經驗到的身體訊息，永遠是經過心智的塑造。

世界上有些人樂此不疲地打造一個性化場域，麗塔的健身教練很可能就是這樣的人。她有一次不假思索地評論他：「我感到一種猛烈的化學作用，哪怕我其實並沒那麼著迷。」這話透露了她有可能正在對抗一種性的洗腦。當一個人將感受投射到另一個人身上，並且施加壓力迫使對方遵照他的投射行事，藉此進行「由內而外」控制，這時兩人之間會形成一種強烈的心理歷程。這種過程雖然是經由內心傳遞，但仍然是**真實**的壓力，透過雙方也許細微但真實的互動發揮作用。不只性方面，這種壓力在各種領域都能起作用。

但在麗塔的情況，這種壓力可以造成很深的混亂。麗塔設法理解性興奮何以從內心佔據她的同時也產生了怪異感，好像從外部受到了控制。她說不出什麼是「她的」，又因為自己受到如此荒謬的影響而感到羞恥與自我批判。

性化者（sexualizer）和誘惑者習於混合性和侵略行為，將之投射在對方身上，以滿足操控與刺激。那種感覺可能像他們闖入了一個人內心的聖殿，逕自享用起裡頭的瓊漿玉液，而表面上又看似在與對方進行一場痴狂的性結合。結合聽起來是美事一樁，但如果盤據成年人的心思，很可能引起精神失常。在性奴役運行的精神空間，失落和分離被排除在外，人能短暫體驗到一種雙倍朦朧的感覺，忘卻無盡的寂寞，但也會讓人感覺瘋狂，人生中所有使人踏實的作用、所有將人拉向地面的鎖鏈全部解開了。受到這種形式的拉力，你會不由自主掉進一扇陷阱活門，根本不知道門在哪裡。

麗塔同時面對兩個壓力源，一是性感教練的出現，一是布倫特心臟病發。由於女性魅力對她的自尊與自我觀感顯然很重要，我認為這兩件事意義上有關聯。健身教練挑逗她心思的手段無疑很熟練，但也因為她的心思很容易被挑逗。布倫特心臟病發對她的精神系統形成較大負荷，她變得脆弱也因此容易動情。兩夫妻原本各自代表男子氣概與女性氣質的泉源，從彼此身上獲取自我價值，布倫特的不健康損及了這份滿足，他的心臟病發影響了兩人身體的親密接觸，從而使雙方都失去了必要的自我肯定。

這或許也是尷尬的來源之一，就在布倫特覺得不再那麼受性欲驅策之際，麗塔反而性欲更強了。有些人到了中年開始對自己的性欲有了新的體認，在我聽到的經驗裡又以女性居多。這可能與女性逐漸脫離年輕時期，不再需要保護自己免於物化的攻擊，也熬過了繁重的生育任務有關。女人的性欲此時可能發展成自我較熟悉且自主的面向，更受掌握，也較少被浪漫愛情的概念或人際幽微的互動所妨礙。

就我觀察，這在某些案例中幾乎是獨見於女性身上的現象，這種新萌發的強烈性熱情可以轉換性別，改以女性而非男性為目標。四十五歲的阿妮塔已婚，育有二子，她發現自己深受珍的吸引，珍是她工作上的女同事。阿妮塔過去不認為自己是雙性戀，也從未與女生有過性接觸，但此刻她欲望之強烈是過去的所有關係都比不上的。與丈夫結婚以來，雖然有點無聊，但她相對快樂，而且至今猶然。

如今她告訴我，與丈夫的婚姻和她對珍的感覺是兩回事，本質上完全不能相比。她和珍開始以朋友身分一起外出後，阿妮塔的迷惘更激起一股煎熬的焦慮和興奮。她說，她在珍身邊「覺得像個嗑藥的人」。阿妮塔覺得內心強烈欲求讓她非照衝動行事不可，以至她最後與珍展開了熱烈的性愛關係。她們同居的第一個星期，阿妮塔就搬出了與丈夫的家（也離開了諮商治療）。

在這個案例裡，我覺得破壞力較小的一條路是暫時維持外遇關係，哪怕要保密一陣子，至少讓阿妮塔有時間思考她打算怎麼做。我認為她需要時間釐清她的性欲、婚姻、與珍的具體關係，以及她發展中的自我意識。她如果花點時間用比較不躁進的方式整理複雜矛盾的情緒，她的孩子也不會因人生驟變而留下巨大創傷。照這樣發展來看，我害怕她在不遠的將來可能還會再遭遇一次嚴重的情感崩潰。

回到麗塔的案例，她對健身教練的著迷與她的婚姻一樣極端。從把丈夫的理想化繞了一圈來到健身房裡輕浮的戀情，麗塔能否有所成長，大抵要看她能否理解除了對男人的欲望和需求，除了花心力取悅男人，她還可以成為怎樣的人。我覺得這對她是一項艱難的挑戰，畢竟，她至今最有意義的角色始終是扮演母親、妻子，替一個忙碌且自命非凡的丈夫當生活管家。

步入孩子離家的階段，她的母職設定有極大一部分會消失，而她的人妻角色顯然將從「欲望對象」悄悄轉換為「照顧者」。不過我最擔心的是她丈夫會在孩子面前羞辱她這個令人掛懷的細節。想到她反射性地拿丈夫的反應來責怪自己，我不確定她會意識到應該要質疑丈夫的支配，而即便她真的意識到了，我也不確定她丈夫容受得了質疑。

＊＊＊

在這個網路時代，通訊管道大幅激增，中年時期產生愛情渴望的機會也飛快增加。有臉書提醒我們今天是大學時代女友的生日，有 Instagram 能找到往日情人，這對我們的大腦產生什麼影響？我們多數人有工作、有小孩，還有數不盡的瑣碎不如意，如今要躲進各式各樣幻想裡這麼方便，一日將盡時，我們的意志力總會一在受到考驗。除了色情和購物，網路也提供眾多機會讓我們重新連絡過去認識的人。

記得幾年前我收到一封電子郵件，主旨寫著「哈囉，老朋友！」我不習慣在工作信箱看見私人問候，我以為那是廣告郵件，說不定是誰想來借錢，盜用了我某個聯絡人的名字。後來我注意到，寄件者的名字看上去很眼熟，好像是我大學時代認識的人，於是我點開那封信。信裡是一張相片，在門廊之類的地方拍的，中間是個與我同齡的男人，四個孩子圍繞在旁，最大是一個年約六歲的女孩，最小的是依偎在男人臂彎中的小寶寶。我瞇起眼睛端詳他的樣子——頭髮灰白，小腹微凸。在歲月的摧殘下，很難從臉孔辨認出他是誰。相片下寫著：「我也不知道為什麼，有一天就想起了過去那些年……那些地方和那些人……這時妳忽然躍入我腦海……我笑了笑心想，她現在是大人物了呢。」這什麼啊？最後那句話用字似乎略帶暗示。我幾乎不認得這個男人，他明顯捉摸不定的心理狀態跟我應該沒太大關係。

這個人花了點時間回味往事，與人分享溫暖的回憶，我想應該算好事。就算是在辛苦打拚的人生中，一個五十幾歲精疲力盡、四個孩子都還不滿六歲的爸爸難免會緬懷起往事，在愁緒裡耽溺一會兒（有酒精加持？）或許都可以理解。不過我忍不住想：萬一這人是我的初戀，或某個我魂牽夢縈、不時想到當初若在一起會怎麼樣的人呢？那樣的話，我會怎麼回應他的遐思？如果我也在尋求逃避或希望排遣煩惱呢？我會不會細細咀嚼他的字句，在心中放大每個字的含意，甚至花幾個小時琢磨該怎麼回覆？

我轉而想起這些年來許多患者告訴我，他們辛苦對抗臉書偷窺、淫猥的電子郵件回信，還有很多越來越頻繁的訊息，這些訊息起初看來很友善，但漸漸令人困惑、發毛、或使人渾然忘我。有人耗盡整個下午，一件有意義的事也沒做，都在回應這些追求，而且往往不太確定想從中到什麼，或者為什麼要這樣做。往事意外襲來帶給人一種特別的辛辣快感，使我們沉浸在回憶、欲望和懷舊的傷感中，滋養了中年人渴望回到青春年代的衝動，到底是希望再續前緣還是無風作浪，我們並不確定。線上通訊更為此增添了前所未有的吸引力，因為發向虛空的訊息更令人狂熱地期待回覆，更別說附帶的脫韁幻想和意義膨脹了。

間歇強化（intermittent reinforcement）是左右人類行為最有力的方法，如果獎勵間隔不定時出現，很容易養成習慣。我們永遠不知道**何時**會獲得獎勵，因此越來越常重複同一個行為，希望某次會中獎（想想吃角子老虎機）。不幸的是，迷戀中人有執著的特性，配上反覆確認電子信箱這種被制約的獎勵往往能讓令他們深陷其中，被榨乾心力。他們會覺得自己很糟糕，但顯然無力踩煞車。

這些習慣儘管令人消沉，但也透露了深層的困境。人到中年忍不住會在意起當初那條沒有走上的路，而在意又喚起各種感受，可能是恬淡的好奇，也可能是深刻的後悔。我們想方設法將青春的夢想融入眼前的現實，這不全然出於無聊；當然也可能純粹是無聊。我們想與昔日舊人重新聯繫，想改正過去犯的錯，或以不同角度重新理解當年的事件。我們希望自己的人生故事前後一致、意義明確。

對某些人來說，這些來自記憶的欲望會喚起年輕時對生活的印象，因此不免挑起對現今生活的不滿。成家立業的階段把人拉向傳統角色，即使基本得到滿足，有時還是覺得一成不變。每天出門上班，下班到學校接小孩回家，隔天重複循環，難怪很多人沒時間或沒力氣去培養較細膩愉悅的人際關係。

此外，人生又不斷把疲憊困難丟向我們，各種惡名昭彰的疲勞、壓力和焦慮，使人難以進入富有想像力的心境，創造新的契機。我們太常困在相同老套的思緒裡，每當感到壓力或迷惑，我們只想關閉頭腦不再嘗試，進入自動模式，而幻想逃避完全是很自然的反應。一趟加勒比海遊輪之旅當然再好不過，但我們也能接受垃圾食物、狂看電視，或在辦公室無傷大雅地調情。

即使在最佳情況，中年人生仍潛伏著更大的疑問：有沒有可能一面追求刺激，一面維持穩定的關係？要想到辦法把擾動內心的熱情與至今打造的生活結構結合在一起，是很困難的。如果敞開自己接受刺激與挑戰，自然會產生新鮮感，但有新鮮感就有風險，有風險就不知道結果會如何。向外探索——邁向更廣的人際圈、更多刺激、更深厚的連結，困難的可能是如何周旋於愛情和友誼的界線之間。

這就是羅傑遇到的困境。他在結婚多年後巧遇老友瑪麗安，對方也已婚。以重逢為由，他們開始了電子郵件的往返（「再見到你真是意外的驚喜」），郵件往來逐漸洩漏了心意（「我覺得與你相處時，我能表現出最好的一面。」）然後是掏心的對話（「我們必須想想這一切的意義。」）然後是一個吻，然後是婚姻中痛苦的攤牌，最終他們決定不再聯絡。羅傑設法解釋他們的重逢怎麼會走上這樣的滑坡，他說：「久別多年，我受不了往後的人生沒有她，但我不知道要怎麼讓人生裡有她。事後回想，我問自己當初有沒有別的方法，一個不至於走向這種結局的辦法。」

羅傑的愛情探索從某個角度來是設法擴大視野，從另一角度來看，則是一種退縮，因為他恰好無法在擴大基礎的人生時間點上，用浪漫戀情作為與人促進連結的手段。尋求更多連結的衝動往往太常被灌注在愛的情感中，因為我們還沒找到方法擺脫戀愛初始的興奮，從令人沉淪的單一焦點邁入為了充實漫長人生所需的人際關係多樣性。青春、活力、機會和熱情，全都看似與愛情相關，何況人並不總能輕易看出這些要素也許能透過其他方式取得。

透過其他方法取得這些要素，用心理學浮誇的詞彙來說是「昇華」，指的是健全化成年生活中的核心矛盾，簡言之就是人要**有所失**，才會**有所得**。無論是父母對孩子、丈夫對妻子、老師對學生，當我們接受一個社會角色的限制和架構之後，雖然看似矛盾，但也獲得了在這個角色之內充分表達各種情緒的自由。這樣的條件交換有時意外地困難，因為獲得必然伴隨失去。接受自己必須依照角色規範行事，勢必包含某些方面的讓步：願望無從實現、失去機會無限的幻想，乃至於哀痛那些不能擁有的事物。

話雖如此，但這也是一種富成效和創造力的交換。重新投資時間和精力在有限的人生，往往能產出最豐碩的成果，哪怕我們心知在某個未知的地方有個陌生的變數，我們永遠不會有機會嘗試。即使遭遇考驗依然堅守限制，讓我們得以保存及維護自己用心培養的事物，無論是給孩子一個安穩的家，為孩子花費心力，還是發展興趣所獲得的愉悅。對界線有信心，也讓豐富多樣的人際關係得以蓬勃開展。

至於相反情況是什麼？只要看看缺乏這樣的界線會出現怎樣的混亂。蒂亞前來尋求協助，因為她每應徵上一份新的工作，就會愛上新同事。她期待與同事合作分享，卻總發現被拉進一陣朦朧的情欲裡。職場角色的框架無法給她一個類似情感避風港的安心所在，她的人際關係益發複雜且令人迷惘，她經常處於情感騷動之中，無法像別人一樣體會合作創造、團隊分工和友誼的真實樂趣。少了界線也代表她的每段關係都是「公平較量」，但這絲毫沒有帶來自由和滿足，她反而發現一再處於自我剝奪的困境，哭笑不得。

蒂亞的處境極端，但與羅傑的情況似乎有著更多共通點。中年時期探索戀情的拉力可以合理地視為一種表達方法，透露出我們想穿上新自我、收拾舊自我，或對重寫人生故事的渴望。青春時代的嚮往作用力強大，造成我們現在的樣貌，但想在戀愛公式裡解讀這些渴望，可能會害得我們岔出軌道，無法步入一段生活中較不涉及性，而昇華程度提升的人生。我們對愛、仰慕、欣賞的需求或許最好分攤至多個來源，考慮人與人的連結，人際關係的多樣性或許是豐富情感生活的關鍵。

向對我們有意義的人表達感激的渴望，是驅策我們向外尋求聯繫的動力。與老朋友敘舊能滿足我們想擴大歸屬感，以及為過去、現在與未來建立關聯的盼望。但如我們所知，透過社群媒體與人聯繫會帶來考驗。前一分鐘，我們的手機和電腦是振奮心情的藥物，下一分鐘又成了令人洩氣的干擾。離線代表關掉網路之後的憂鬱痛楚，尤其當我們表達社會理念的主要溝通管道，跟我們那些愛現朋友用來宣告週末跟新情人出遊的平台是重疊的，感覺更不好受。這時訣竅就在於思考如何把沉浸於遐想的誘惑與健康的渴望分離開來，參與並擴大我們在乎的範圍。也許，在逮到自己想再度點燃舊日火花時，可以自問還有沒有別的方法把熱情重新導向，以點燃更大的火焰——做有創造性的事，或拓展個人的興趣。如果這樣感覺有些太理想性，我們也可以轉向一個較穩當但也能予人滿足的目標，那就是記住人生中很多美好的事都源自持續不斷的保存，以及守護我們既已擁有之物。

＊＊＊

初次面談的九個月後，克莉絲汀娜告訴我：「我覺得我終於不再堅信這份感覺了。我正在放手。」我記得當時我湧起一股想哭的衝動。浮現在我腦中的畫面是我們風雨同舟，設法從失事的船隻游上了岸。風暴中，我的角色近似一名堅強的父母，接納並包容她那些難以承受的感受，在她覺得失去理智時，保持理智把她拉向可以活命的地方。

直到此刻之前，我不許自己去感覺我其實多麼擔心。她有太多東西可以失去，但她對我們的關係懷抱信心，不斷伸手向我求援，利用我鼓勵她對於探究混亂原因保持好奇，並依賴我找尋辦法解決這團混亂的興趣。幫助她處理這場風暴的是我們的關係，以及，我只能如實以告的，我對她的愛和她對我的愛，無論那是不是移情作用。

經過分析，我們相信是她害怕兒子病況危急，外加班尼不在，降低了她平日的防備。她的內心動了一點手腳，大幅增強了麥可笑容中救贖的光芒，而那就像一道創傷記憶的傷疤，烙印在她心上。她高昂的恐懼沒有被較高的心理功能（判斷力和現實感）消解，就這樣溢出常軌激起澎湃的興奮感。

不過，她會沉溺於暗戀之情，心中那口井不斷加深乃源於原生家庭的母題和移情作用，對麥可的「愛」提供了謎一般的象徵，她的情感定位是個依戀的孩子，渴望獲得所愛對象的注視和關心。回憶中這些往事是否載有歷史重量，誰也說不準，而且無論如何，精確重述往事也未見治療之效，反而是一起賦予這件事意義，才能實際幫助到她。

她沒辦法靠自己消化經驗，需要一個自身之外、關心她的人對她提供幫助。有我見證她的困惑和羞愧，有我接納她的強烈情感，有我好奇而平靜地聽她絮絮叨叨激動和興奮，在在有助於她把蕩漾的動力轉化成其他較能忍受的狀態。

克莉絲汀娜愛她老公，老公也愛她，她與孩子、朋友、兄弟姊妹的關係和樂融融，這些都告訴我，她雖然小時候家裡遭遇困境，但仍是擁有必要的愛。考量到這點，她何以會對另一個男人產生這麼深的迷戀依然令我百思不解。相信自己對愛的需求能完全於現實中滿足的人很少，但像克莉絲汀娜這樣的人，看似足夠滿足，應該有辦法避免對別人產生這麼深的迷戀且身受其害才對。

我陪著她探討是否她在婚姻裡感到**自己**少了些什麼，雖然她和班尼個性般配。她後來感覺她心中存在著某種重要的東西，在她的婚姻中尚未找到表達方式的某種安全無愧的自發之物。她漸漸意識到，她的婚姻建構在相互配合、解決問題的模式上，她從未測試過班尼，以便得知她的立場和觀點實際上是否重要。雖然她意外迷戀麥可能使得這整件事必須格外小心思量，但我們逐漸能肯定她內心尚未成熟的熱情，一直以來她從不覺得有那個餘裕或自由能充分探索這一面向。

最初她不好意思告訴我，但後來終於透露，她對麥可的遐想有個愉快的副作用，就是她和班尼的性接觸熱烈了許多。仔細探究，激起這點的並不是對哪方有特別的遐思幻想，反而源自她對自己身體、對自我有了不同感受。這幾個月來，她迷惘的情感狀態常令她覺得性格受到動搖，但也讓她得以經驗到一種更流動、更不受限的情感循環。即便混亂騷動，但不知為何煩惱卻變少了，也比較不會被困在內心的認知當中。如此的轉變鼓勵她試著用一種較自由、較放鬆的態度生活。

克莉絲汀娜逐漸擺脫困擾，有一陣子她覺得慢慢恢復健康。我想到讓心休息得到的療癒，和挖掘病根一探究竟的治療目標相當不同。換作別的時代，她的經驗說不定會被說成神經衰弱。不是憂鬱症，但血緣很相近，也不是創傷，而是一種深刻的半生理狀態。心情比較平復後，她有點想念之前的澎湃起伏，但大多時候覺得如釋重負。

「我有一次拿選舉文宣到麥可和蕭娜家，」她告訴我，「恰好看到他們桌上有一落從圖書館借來的書。看來是麥可會讀的書，關注社會議題、有點無聊的那種。我忽然意識到，這段時間他其實一直過著正常而平凡的生活，心情也很平靜，能專注讀得下這種書。我已經不再對他有所渴望，倒是有一種空虛感，好像世界不再熱烈而鮮明，不像當初我相信我們之間有特別牽絆的時候了。」

隨著迷戀逐漸轉淡，她覺得慚愧，她不該讓班尼看到她心不在焉或躲起來掉淚，納悶究竟是怎麼回事。她想念有他當朋友的時候，但她也不想自私地把心理負擔傾倒給他。我們用了幾星期討論把她經歷的事告訴他有什麼意義、她覺得他會怎麼理解、她有沒有可能藉由向他說實話而找到親密感。她猶豫不定，害怕就算他能理解，這個話題本身不免會造成悲慘窘境。她尤其擔心她才剛開始感受到內心更大的自由，但談這件事會讓她羞愧，搞不好那種自由感就消失了。她知道這要冒很大的險，但她也不想繼續用舊有方式與他相處。

「告訴他的時候，」克莉絲汀娜後來轉述給我聽，「我特別重申這整件事只發生在我的腦袋裡。我告訴他，你和我談了很多，如果他也同意，有第三方一起談會比較容易，你會幫我們找個適合的人。一開始，他的反應讓我意外，他覺得放心多了，他一直很擔心我會不會有了外遇。我聽了好難過。後來他開始覺得受傷，也很生氣。他真的不喜歡發脾氣，但他還是生氣了。」

那段時間對兩人都不好過，他們都覺得尷尬、過度敏感，而且沒空好好聊聊。好不容易有時間說話（之前那幾個星期，他們的孩子很多時間只能自己看電視，讓她很有罪惡感），氣氛也不輕鬆。她告訴他，她那陣子經常心神不寧。她也聽他說出這段時間的感受和想法，並深受他對這段經歷的好奇心所感動。有幾次他甚至能同理她的心情。

幾週後她告訴我：「我簡直被他真實的愛給震懾了。」依克莉絲汀娜的描述，她和班尼努力做到彼此傾聽，互相承受對方的心情。克莉絲汀娜是真心感到抱歉，她沒能妥善保護自己、班尼或兩人的婚姻，但她並未崩潰陷入羞愧。班尼也真心對她的迷戀和隱瞞感到受傷生氣，但並未長久固執於冷漠指責。他接受她的懊悔，她則接受他的失望，許多情緒有待消化，這一切只能慢慢來。

我從未見證有哪件案例有這麼棒的開展。我很感動能看到這樣一對夫妻，其中一方把這麼痛的經驗放入婚姻的金環之內，而後兩人又能堅持一起努力走向相互理解。我也感佩於他們接受此事需要耐心，願意投入心力等待時間推移。誰都沒有催促自己的感受，想要加速解決問題，他們憑直覺了解到，修復需要時間，婚姻自有枯榮的韻律，應當受到尊重。

「我絕不希望我經歷的事發生在任何人身上，拜託不要。」克莉絲汀娜和我思索著她如今達到的成就。「我被迫一片片把自己拼湊回來。班尼沒理由承受這一切，我到現在還是會想，當初怎麼做可以不讓這件事發生。」她停頓了好一會兒。「雖然很糟，真的很糟，但我只差沒說，我們算是善用了這件事。」

「這話什麼意思？」我問。

「我從沒想過我經歷的事在婚姻裡居然有一絲一毫能被接受。我好像隱約知道了婚姻是什麼，還有班尼是個怎樣的人。我想結婚就是為了一路上互相幫助，而有些時候不要罵對方發神經。班尼對我做到了這點。」

夏天到了，可想而知各種夏令營和假期安排隨之而來。我們的會面次數慢慢減少，不久就中斷了，我還在想克莉絲汀娜會不會是基於籠統的迷信，她不想正式結束諮商，怕不久之後又要來找我。但入秋後我再見到她，她雖然面臨一連串新的考驗，但整個人宛如重獲新生。

「我媽動了手術，我們讓她暫時搬來跟我們住。」克莉絲汀娜說，「現在預後不明。我覺得跟她親近了些。我第一次把她當成一個獨立的人看待。想到她的固執和恐懼，我會替她感到難過。麥可偶爾打電話來問我借車什麼的。我會把訊息擱在語音信箱裡兩天，測試一下聽留言有什麼感覺。我很高興我聽了沒任何感覺。」她對我露出令人揪心的微笑。「謝謝妳。妳就像看過我裸體一樣。現在我總算把衣服穿回去了，但妳已經看過我了。」

「除非你覺得你裸體有什麼不對，否則這不成問題。」我說。

我們各自沉默了半晌。

「我只是見過身為『人』的你罷了。」我說。

9

老化與健康——風險越來越高

老化讓身體成了婚姻裡另一個變因。我們的任務是要尋找一種優雅的方式與身體變化共存，同時設法優雅地與伴侶的身體共存。身體不只成為侷限、需求、刺耳評價的源頭，還要求被聽見，並獲得應有的對待。

如何向另一半的身體提出適當的關心？如果你和他每天二十四小時生活在一起，你對他的身體無論是好是壞一定會有些想法，身體話題不是禁忌，但必須學會怎樣有技巧地談論它。我建議以堅定的支持加上誠實態度——最難的就是委婉地陳述事實。直言對方魅力衰退不會有任何好處，但循序漸進說出你對未來的擔憂是有意義的。

「我有個表妹長得很漂亮，」五十四歲的律師雷蒙說，「每隔兩年我就會在家族聚會上見到她。去年我看著她，總覺得哪裡變了，大概是嘴巴那一帶吧，我突然覺得跟她相處不像以前那麼自在了，我一直很分心，沒辦法好好**看著**她的臉跟她說話，實在傷腦筋。」

研究機器人、電腦成像和整形手術的人常提到「恐怖谷」理論（uncanny valley），這是指我們看到「不自然」的人臉會興起一種模糊的詭異感或反感。精密的臉孔判讀能力數千年來不斷演進，一張「動過手腳」的臉孔會形成妨礙也很合理。辨識臉孔靠的是分門別類歸納特徵的複雜過程，某些特定表情的變化會被歸類成「無法判定」。我們從肌肉的細微動作觀察代表的情緒，也藉由模仿彼此的表情來分享情緒，想想這些就不難明白年紀增長為情感表達帶來的好處，包括情緒的細膩差異、細微的表情變化、真實性等，有可能與我們為了抑制身體損傷，或為了豐隆增大所作的努力而互相牴觸。

我的朋友新海奏（Kanade Shinkai）是舊金山的皮膚科醫生。在這座財富橫流的城市，整容相關療程讓她收入增加了四倍，但她寧可放棄賺錢機會，也不替人動整形手術。雷射、肉毒桿菌、化學換膚、面部重建手術等她都不願意進行，部分原因是她熱中鑽研嚴重的皮膚疾患，部分原因則是她說，「我不想不明究裡替人做這些事。」

「親眼見到皮膚對人有不同的意義，真是奇特的感覺，有的男人光因為掉髮就覺得人生無望。但我治療過一名病患，他因為癌細胞入侵而必須切除一部分下半身，但他還是和老婆快快樂樂窩在沙發上看電視。在醫院候診處，可能有些是身上有碩大腫瘤的人，旁邊坐著來注射肉毒桿菌的人，這些患者來到候診處，都有**對他們而言**非常重要的理由。我想了解每個人認知的現實。」小奏信奉佛教，這或許能解釋她怎麼會對皮相、時間和自我認同等有深刻的想法。「有欲望就會生成苦。我很樂意跟人聊健康之道，例如少曬太陽、少抽菸等有實證基礎的作法，但我不想站在權威立場上教大家應該有什麼期望，或告訴他們做什麼會受苦。」

「心還年輕，外表已老去，這是人類經久不變的哀嘆。」社會學家布倫姆（Virginia Blum）在關於整形手術的研究論文中寫道。手術患者傾向把自己的故事想成內在真正（年輕）的我與那個令人驚愕的外表有多麼不符合。「我們有權讓『真正的我』被看見、被肯定。那個我就鎖在身體裡，吵著出來要宣告自己的存在。」但布倫姆問，為什麼我們想像的「內在自我」總是年輕的？一來想必是因為在內心深處，我們自認是永遠不變的，我們在某個隱密角落牢牢守著自己在魅力巔峰時期的形象，而歲月現實強迫我們調整期待，因此往往被視為洪水猛獸，把老化體驗為一件無論如何不該發生在**我們**身上的事。另一個原因則在於，有時照著鏡子很難把現在的我與過去的我等同在一起，就好像我們的故事有好幾頁的缺漏，致力於讓外表回春就是在過去與現在之間搭建橋梁的辦法。

小奏並不批判整形手術，也不過於天真地否認外表會定義一個人。「外表是我們公開的臉孔，也是我們的名片。」她說。但她不可能光憑十分鐘談話就熟悉眼前的患者，知道他們對於某項整容的幻想或許與某種內心糾結有關。她直覺地懷疑外在的改變能否修復內在的狀態，但正如她一針見血指出的，大家期盼著把身體修復成年輕狀態，**就能**化解犯過的錯、受過的苦。「皮膚會提醒我們做過什麼好事，」他說，「刺青和傷疤就不用說了，但日曬、抽菸和壓力也會留下痕跡。」

此外她提醒，皮膚也強迫我們去面對後悔。「健康的中年患者最常見的問題就是『我該做什麼才好？』有那麼多的選擇和深淺不一的介入令人掙扎，而我則納悶：『他們真正想問什麼？』我在這些自我批判的問題下聽到的主要是後悔，後悔以前對身體太苛刻，後悔沒有好好照顧自己。他們哀悼青春，希望有人能把青春交還回來。」

小奏的話讓我訝異於老化讓身體成了婚姻裡另一個變因。健康者很幸運不必提早學這一課，老化對他們來說代表身體慢慢轉變成「問題」，可能是美觀（在自己或配偶眼中），可能是體能，又或是更整體的功能問題。這形成一種奇特的雙重自我，我當初帶進婚姻的「我」，現在分成了「我」和「我的身體」。我們身負任務要尋找一種優雅的方式與身體變化共存，這大抵就和這些年來，我們努力尋找一種優雅的方式好與伴侶的差異共存一樣。

與此同時，我們設法優雅地與伴侶的身體共存。身體不只成為侷限、需求、刺耳評價的源頭，還要求被聽見，並且獲得應有的對待。身體，與伴侶雙方投入婚姻的諸多感受和顧慮一樣，也需要在金環內找到一席之地。

＊＊＊

艾莎和米奇是一對五十多歲的夫妻，他們在女兒申請大學的那個秋天來找我。這道嚴酷關卡似乎引發了他們兩人最壞的一面。艾莎滿心怨怪地向米奇討取更多支持和親近，而米奇耽於工作，雖然懷抱著罪惡感，仍憎惡妻子的索求。米奇認定艾莎會監督女兒申請大學，但艾莎和女兒一樣個性高度敏感，他們不斷激怒對方。

我覺得米奇的立場有點逃避卸責，就我所知，申請大學挑起的資源和情感風暴需要全家人齊力面對，至少值得他付出真誠的關心。不過奇怪的是，艾莎一面指引女兒離家的同時，一面花力氣鉅細靡遺細數米奇對她的各種冷落。她是否藉由討取關注來轉移現階段人生帶來吃力不討好的親職責任？

艾莎瀑布般的長髮和纖細體態顯示女性魅力是她的關注重心。米奇有股低調氣質，看得出那是為了平衡他這輩子往往是在場最英俊男人的經驗。他們看上去就是人生有很長一段時間都因性吸引力而令人艷羨的那種人，我暗想他們的困境會不會某方面起因於此。剛想到這裡，艾莎正好表明她很生氣米奇打破他們多年來同時上床睡覺的儀式。

「你就是不把我們相處的時間擺在第一位。」艾莎用略帶悲哀的語氣控訴。「用心去理解我只是想要一點關心，有這麼難嗎？」

「我們總要有個人守門，確定女兒安全到家了。」米奇冷冷地說，暗示艾莎只想到自己。

「現在不關心這種事，等女兒離家以後，我們之間早就什麼都不剩了。」她加重語氣。

考量到他們目前的親職角色，艾莎對浪漫情調的關注在我看來有點過於強烈，但她無非和許多人一樣，擔心孩子離家後，婚姻空虛的黑洞隨之出現。她比較會述說這方面的煩惱，但其實兩人各以不同方式表現親密生活遇到的困擾。米奇的不浪漫讓艾莎覺得遭到排拒，艾莎過度膨脹又固執的浪漫期待則讓米奇備感沉重。他們知道彼此身體和情感疏遠，為親職責任爭吵不過是在掩飾這股焦慮。

當我著手分析他們的失望，一個與年紀相關的常見問題慢慢浮現。在他們的關係裡，性生活多數時間是遵照他性欲形成的規律在走。他確實地「想要」，因此她能感到被渴望，從不需採取太多主動。但當米奇的性欲減低，艾莎也失去平衡，於是她變得焦慮，不斷索求。米奇正悄悄遠離性愛，甚至可能放棄性愛，這樣的走向在中年男人身上至少與中年女人一樣常見。他幾乎不再表達愛意，深怕會引起對性愛的期待。這麼說來，困擾他們的感覺不再是一時的心理調適，而比較像存在危機了。

米奇和艾莎並非特例，許多人都困在一種對伴侶性欲的特定觀念之中。一般人傾向採納一種「理想的」異性戀性愛模式：男人隨時能有可靠而持久的勃起，女人的性欲須經男性主動挑起，男人的性趣則維繫於女性的外表魅力。這個模式會隨著人上了年紀覺得力不從心而漸漸難以維持。當男人性欲降低或體力不濟，女人開始擔心自己不夠有魅力。男人煩惱「雄風」和性**功能**表現，女人則煩惱「女人味」和**外表**的性吸引力。社會學家觀察發現，這之所以給夫妻帶來苦惱，源於性生活不再能遵照被定義為**年輕**的模式，從而引發焦慮。

外表魅力和青春活力衰退的恐怖情景令人生畏。把由男性欲望（desire）與女性可欲性（desirablity）所促成的陰道性交視為一種成就，更大大強調了這點，於是人們四處尋求養生回春之道。威而鋼以性功能救星之姿問市（但提昇不了性欲），還有包括整形手術在內的美容產業可「應付」女性魅力不足的問題。「老得美麗」逐漸被理解成一種用來維持青春魅力與性別的規範。

值得一提的是，年齡導致性欲變化所引起的煩惱，在四十歲與五十歲階段比晚年更加顯著，因為進入這個時期，青春時代的性欲準則與身體老化的現實開始牴觸。雖然前景看似黯淡，不過研究指出，性在人生各階段始終是影響人對關係滿意與否的重要因素。四十五歲至五十歲之間，百分之八十的男性與百分之七十五的女性認為性愛對於感情美滿很重要；到了七十歲，百分之六十六的男性與百分之五十的女性認同這點。

性行為頻率會隨年紀減少，但如果人的健康和性自尊狀態良好，年紀**本身**並不會導致性欲降低。況且與時有耳聞的「性倦怠」假說相反，不管男性或女性，結婚時間長短並不能預測性欲或性行為頻率是否會減少。事實上，還有證據顯示，性生活滿意往往讓夫妻對婚姻感到快樂，也讓婚姻更為穩固。性生活滿意度與幸福婚姻之間的因果關係，無論在男女性身上都成立。

所以，性對很多夫妻來說依然要緊，而且性欲並未消失。當然，某個類型的夫妻可能同意他們不想當有性夫妻，不過這些夫妻中又有些人恐怕會因發現其中一方毀棄協議而面臨震驚與苦惱。

艾莎和米奇兩人都知道性對他們很重要，但他們還沒想到該怎麼跳脫長年依循由男性主動的陽剛傳統。嘗試不同的做法有時令人害怕，人都有自己習慣的方法，不過關係奇妙之處就在於，就算是芝麻綠豆的小事，嘗試不同的方法也可能大有效果。幾乎每個對伴侶仍有感情的配偶，見到伴侶願意冒險，都會為之感動。重要的是嘗試的勇氣。

針對艾莎和米奇的情況，我同時從兩方面著手。一是接受教養青少年是必須投入大量時間、還不一定有回報的事，他們似乎都想逃避這件事——米奇利用工作逃避，而艾莎則透過稍嫌誇張的渴求關注來逃避。另一方面則是，幫助他們從逃避性的心境走出來，邁向探索性愛。

論及年紀所導致的性欲變化，一項有幫助的發現是，上了年紀以後，男人與女人逐漸能從平等的立場看待性愛。男人會發現，不再單純為目的而驅策的性愛模式有機會帶來更多的情感連結，而女人向來比較習慣多變化的性反應（即有時興奮，有時消退），如今她能發揮同理心，運用這種覺察來包容男人比過去更為多變的性反應。隨著年紀漸長，女人變得更能自在地表達性愛需求，這對男人來說是個契機，不只因為他們一向盼望妻子能更主動要求做愛，也因為妻子的性衝動可以作為他們性刺激的來源。

如果夫妻以這種方式組成親密搭檔，相互發揮作用，就能拋開對性的壓抑和約束，合作取悅**彼此**。合作精神包含運用各種挑起性衝動的方法，而且不拘泥於哪種方法一定比較好。在固定伴侶的性關係中，一般能激發性欲的方法有三種：**伴侶互動**、**自我陶醉**、**角色實踐**。

伴侶互動是公認常見的方法，也就是被另一半的外表、撫觸和行為挑起性衝動；自我陶醉是接受觸摸並專注於自己身體感官的感受，而角色實踐則是透過個人私密的想像（幻想），或經由角色扮演和道具喚起性衝動。性愛會變得無趣，往往是因為自我設限，把伴侶互動當成性刺激的唯一來源，因此解決方法就是要變化刺激的方式。

把當前的性生活狀態視為兩人可以一起想辦法的事，緩和了艾莎的抱怨和米奇的逃避。不久，宛如庇佑二十一世紀中年女子的女神降臨似的，艾莎剛離婚的姊姊說服她把瑜珈列入運動項目，艾莎因此加入了一千四百萬名五十歲以上瑜珈修習者的行列，練習瑜珈替她帶來渴望已久的歸屬感。以前艾莎容易暴躁抓狂，獨處時又茫然不安。課堂間的寧靜氣氛、空靈音樂以及教練柔和的聲音，全都有助於舒緩緊張神經。瑜珈也填補了她在家庭生活中感受到逐漸擴大的空洞，給了她一條通往靈性的途徑，接觸到更深層的自我同情。找到「由內而外」的覺察、肯定當下的感受、平衡用力和放鬆、發掘身體的緊繃——這些大幅提升了她日常的快樂，也成為抗壓的良藥。

除了諸多好處，瑜珈也成為找回感官滿足的媒介，幫助艾莎以嶄新的信心與沉著來享受身體上的歡愉。專著瑜珈服裝也彷彿有一股魔力般，讓她自認可愛又性感。「瑜珈褲女孩」（girlsinyogapants.com）一類網站及廣為傳播的各種女性身著運動服的半物化形象，都為她增添了情趣。此外，每週二早上由穿著無袖背心的二十八歲瑜珈教練指導著上課也無傷大雅，人家可是把調整女性骨盆位置的任務看得很嚴肅。

不過最重要的是，實際練習瑜珈讓她精神集中，調整呼吸也對她的身心狀態造成很大的改變。「關鍵就是呼吸。」她告訴我。我很高興看到她從瑜珈獲得的智慧，取代了她先前需索米奇注意力時明顯的怨懟。「瑜珈讓我成為更好的伴侶，」有一天她說，「因為我現在比較願意耐心傾聽。」曾經哀嘆米奇不夠浪漫的她，現在會主動問米奇願不願意接受蠟燭、精油和異國香氛。米奇甚至同意參加情侶專屬的正念瑜珈假期。（「真羨慕你。」米奇的弟弟聽到後續發展時這麼對他說。）

＊＊＊

「你能不能把我治好？」新海奏醫生在皮膚科診間聽見的懊悔之情，與我們有時在婚姻裡互相要求的「拜託把你自己治好」，差別並不大。老化是一種需求，也是一種壓力，跟生孩子挺像的，都用一種新的方式為人帶來負擔。因為無助感升高而浮現出深層的焦慮，是很人性化的反應，而出現抵抗那些感受的防禦感就更不用說了。當身體明顯可見的老化危及自我保存的意識，我們會清點自尊的來源，對任何損耗更加敏感。立下婚誓等於同意把婚姻當成親密關係的故事主線，我們無法保證永遠不會有不利於婚姻的情感或行為出現，只能選擇把婚姻視為人際關係的中心敘事，並用這種方式解讀情感或行為。

然而，隨著老化所產生的情感變化，並無法被充分地預測；有些變化雖然可以預期無可避免，但畢竟不太好受。（有位男士曾難為情地坦承：「我的心情就像希望我老婆**最好立刻**停止老化。」）當其他無法預期的變化浮現時，我們不得不與恐懼和失望搏鬥。無論面臨哪一種變化，我們都需要動用所有探索過的技巧——自我覺察、自我負責、好奇、同情、節制，乃至於更多。

愛情關係裡隱藏著一個令人不安的疑問：愛一個人如何、又為何能持續支持並加強我們對自己的愛？對他人的愛如何、或為何開始背離、甚至危及我們對自己的愛？自戀會以互相驕傲、互相欣賞的型態交織在健全的婚姻愛情裡，因此要分辨有害的自戀型態不見得容易，而區別過度的自我關注與良性的自我「關心」也很困難。

我記得有一對夫妻，六十五歲的先生表示，多虧了他辛勤的運動習慣，人生有了新的活力。他和太太雖然大學時代都是體育選手，但太太並未加入丈夫新萌發的運動熱忱，主要因為她一年多前才動了膝關節置換手術。

他們最近去了一趟歐洲旅遊，探索幾座大城市，多半都用走的。回來後兩人幾乎不跟對方說話了。我後來得知這場冷戰始於他們最後一天在巴黎要搭地鐵的路上。丈夫衝下樓梯想趕上進站的列車，因為他把參觀行程排得很緊，時間都抓好了。眼看太太跟不上速度，他在車廂門口大喊：「快點啦！」太太不但覺得丟臉，那種說話口氣也令她火大。她當場一屁股在地鐵階梯坐了下來，也不在乎身上穿的粉黃色緊身褲是不是會弄髒。

從那刻起，包括搭地鐵、吃晚餐、搭車去機場，還有回程班機上，他們一連三天沒說過半句話；太太發現丈夫對她非常不體貼而且盛氣凌人。我能理解她的感受。不過老實說，先生會有這種行為我並不意外，就算發生更極端的事件也在我意料之內，因為他一直表現出一種刺眼的自戀氣息，只是以前光環比較具體地把太太也包含在內而已。老化無可避免使體能節節衰退，但他求助於運動健身，追求文化推崇而他個人也偏好的不朽大計。但是，計畫要能順利推展，他太太也必須跟進才行，但她卻做不到。

看在這名丈夫眼中，他太太的問題是她「不願意」認真運動維持健康，他只不過是敦促她發揮潛力。他似乎沒有意識到他把太太由衷的無助扭曲成意志力問題，是多麼自私的心理；同時，這也透露了他隱約怪罪彼此的基因差異。無論體能或外表，他太太明顯老化得比他快。

這名丈夫如果要運用同理心看待太太，就必須反省自己的防禦策略，但他對這種麻煩事明顯興趣缺缺。在我看來，他不可能永遠把更強、更快、更好當成每個問題的解答。但是人類實在令人捉摸不透，據他自豪的表示，他九十歲的老母親至今依然一個人住在波士頓燈塔山（Beacon Hill）一棟三層樓的房子裡，每週五自己開車去聽交響樂團演奏，還嘲笑那些身體沒她強健的朋友太容易認輸。誰知道他自以為的優越感可以維持多久，等到哪一天，會不會連他結縭三十五年的妻子都要為此犧牲？

* * *

「真是的，沒人跟我說會這樣。」路易斯有天迸出這句話。他和太太亞曼達五十三歲，有兩個正值青少年的兒子。「她陰晴不定，暴躁易怒，她的性欲也煙消雲散。我每天都不知道會面對一個怎樣的她。」談話主題是更年期，他太太就坐在旁邊，他卻氣沖沖用第三人稱方式談論她。

「你這樣說我，聽了真的很討厭。」亞曼達說，「怎麼，忽然間我心情不好或發脾氣都跟**你**無關了是嗎？」

「那不一樣，現在的情況是新低點，或是新高點。我不知道怎麼稱呼。」

亞曼達和路易斯是大家所謂的「熱情」夫妻。六年前他們開始不時來找我，諮詢路易斯的注意力不足過動症對婚姻造成的影響。路易斯充滿創意、個性搞怪風趣，還是個一心多用的狂人，成功經營一家連鎖餐廳，廣受顧客好評。但是他也很容易感到無聊，說到家庭生活的繁瑣事務，他承認自己是個「禍星」。不光他，還包括兩個十來歲的兒子瑞德和卡爾，全都仰賴亞曼達親力親為，充分發揮執行能力。現在兒子步入青少年時期，亞曼達發現她的角色壓力更大了。她的自我情緒控制力向來不好，每當她的花店生意壓力一來，心中不免冒出火氣，現在的她持續處於情緒超載狀態。

「現在家裡不只一個，而是三個長不大的男孩。」她說，「我覺得腦袋快爆炸了。我又累又煩，每個人雞毛小事都要我管，我覺得太**超過**了……」

「我**討厭**你凡事都要管我。」路易斯插嘴說。

「對啦，看來管得還不夠，你都記不住該做的事！」她大吼，「你和兒子根本把我當女傭！我才不要一直想辦法壓抑脾氣，把感受往肚裡吞，結果一天到晚生病。」

不知道亞曼達有沒有看過關於更年期的書籍，但她明確說出「變化」對於女性心靈的作用的一種主流觀點。當前的論點說，更年期來臨前因為荷爾蒙平衡的改變，女性腦內的化學作用也會隨之變化。有生育能力的時期，雌激素和催產素這些促進「照顧與結盟」的荷爾蒙能刺激女性完成養育、安撫的責任，但進入近更年期後，這些荷爾蒙的分泌就減少了。孩子長大以後對生理照顧的需求降低，女性分泌催產素獲得的回饋也跟著減少，使女性不再那麼傾向把照顧他人擺在第一位。她們對自己的欲望和目標有了不同的感受，比過去更自主，也更有主動力。

與此同時，男人在狀況外看得一頭霧水。如果說更年期的來臨，女人並不特別花心思去在意這件事，那麼男人就更是連忽視都搆不上。一般人普遍會避免去想上了年紀的事，文化中也有一種粉飾太平、模糊細節的現象。但更年期嚴格說來並無常軌可循，沒有人知道應該有怎樣的期待。有些常見的情況是連男人都多少聽過的（如熱潮紅、夜間盜汗），也有些令人不自在只能坦然接受的「婦女病」，比較幸運的人可能都置身事外（陰道乾澀、荷爾蒙補充療法），但也有很多意外狀況迸發出來，包括睡眠障礙、體重增加、皮膚乾燥、性欲變化，以及諸如憂鬱、煩躁、焦慮、心情起伏不定、眼淚掉個不停等各種情緒問題。關係到女性搖擺不定的生理與心理變化，無論男人和女人，都可能身處一無所知的陌生地帶。

照顧與結盟的荷爾蒙衰減充分解放了女性不滿的力量，這個說法為女性增權益能（female empowerment）給了一個生物化學上的解釋，但也過度簡化了故事的全貌。更年期看似「突然」的個性改變，通常有更長的脈絡可循。在布萊森狄安（Louann Brizendine）的《女性腦》（*The Female Brain*）一書中，五十四歲的案例人物席薇亞就問她：「我的人生怎麼變得行不通了？」她把更年期視為重新衡量人生的最大動力。然而，我們在書中才剛讀到，數十年來她一直渴望有一份工作，但她丈夫羅伯特「拒絕找幫傭替她分擔家事，讓她無法出外工作」。是在怎樣嚴苛的婚姻支配之下，一個丈夫會下達這樣的命令？又是在怎樣愚昧的意識宰制下，一個妻子竟然會接受？

更年期或許激起席薇亞的反叛，但她長年以來不單**容忍**這種待遇，還協助**建構**了這種待遇。婚姻早年，她丈夫「對她說」她沒資格擁有想要的東西；現在似乎換作她的身體在「對她說」，她有資格擁有。主宰她的力量或許變了，但她聽從主宰的基本取向並未改變。無論哪種情況，她都得盡力辨識並發出自己的心聲，她才能進步成長。

對亞曼達來說，荷爾蒙變化在婚姻關係的複雜面貌中只是乍起的漣漪。她想必覺得荷爾蒙變化給了她多一點許可，讓她能當一個「兇八婆」，爭取一直以來想要的東西。但她與維持整個家在軌道上的情緒負擔也搏鬥了很久。

「亞曼達老說我的注意力不足過動症主宰了我們的家庭生活。」路易斯說，「但我覺得多年來她的情緒才支配著一切。」他轉向她：「你不願承認，因為在妳眼中，我才是你總是這麼煩躁的原因。」

我們又落入蹺蹺板心理狀態，路易斯和亞曼達常常脾氣一來就像這樣隔空交火、互相指責，我看得出亞曼達確實十分不耐。但長年應付路易斯的漫無章法，她已算得上表現神勇了。我發自內心對亞曼達感到同情，我懂她不想再管身邊這些人的心情，也能體會她一想到這個凡事依賴她、像個八腳怪物似的家庭多少也是她自己養成的，心中所浮現的自責。

但是我也看得出，路易斯之所以會為她突來的憤怒與不耐冷不防嚇一跳，反應並不算太誇張，這背後有一股新的趨力，誰能確定是荷爾蒙在推動，還是個性或長年累積使然？或是三者組成的邪惡同盟？不過，亞曼達雖然自覺有權建立新秩序，而且精力充沛地想做出改變，但她同時也煎熬著希望找回過去較為寬容、不那麼感到厭煩的自己。

她也想找回性欲。她的性欲消滅是荷爾蒙在作怪，還是因為她終於對家事忍無可忍了呢？她會否覺得她對家事忍無可忍，是因為荷爾蒙作怪？性向來是她和路易斯抒發煩悶的一種方式，有助於平息婚姻中不停產生的摩擦。路易斯風趣、長得很好看，而且對於她的身體，他罕見地擁有關注細節的能力。如今，性不再是有效的情感出口，她深感惋惜。

某些女性進入更年期後性欲消失無蹤，這項損失令人苦惱且困惑。但也有的人簡直開心不已，覺得總算得到解脫！女性有伴或是單身可能會左右對這件事的看法。有時，配偶不滿足會成為女性失去性欲之後遇到的最大問題。有的夫妻可能會尋求務實的折衷之道（比方說固定在週六早上，手上塗滿潤滑液），也許滿足不了浪漫想像，但至少能防止彼此抓狂到想殺了對方。有些女性希望周遭人能接受她們過了一定年紀就不想要性了，她們放棄繼續努力成為性凝視的對象，從而感覺內心自由得到拓展。

但是，女性對自身肉體現實的不安，也可能源自於一種苛求的自我凝視。看著自己老去很難，什麼是健康乃至勇敢地放棄維持性吸引力的必要，而什麼又是關上防禦的大門，任憑一個可能帶來愉悅的領域逐漸被自我批評給填滿，要區分這兩者也很難。

也有些女性步入四十、五十、六十歲，依然想要比現在更多的性。真要說更年期對她們的影響，那只是增強了她們的性趣。她們可能很認同梅特涅公主（Princess Metternich）說的話，被問及年長女性的性欲何去何從時，她回答：「你們應該去問別人，我才六十歲而已。」有些處於和諧穩定關係的婦女，更說自己正擁有這輩子最美滿的性生活。

我身為心理治療師，站在制高立場看遍了處於人生各階段的案例，我有時會產生一股彷彿婚姻未來之神附身的衝動，想告訴那些筋疲力盡的三十歲女性，她們現在覺得另一半的性需求窮追不捨，但再過十年或二十年，她們渴望的可能不再是「少來煩我」，而是「**多**注意我一點」。

對某些女性來說，從筋疲力盡的三十歲步入如狼似虎的四十歲，這個過程不乏主動給婚姻添亂子。她們依然感覺年輕有魅力，有能力維持苗條火辣的身材，對性感外表也更為自在，而且往往就在剛結束生兒育女、撫育幼兒的辛苦階段，她們抬起頭問：

「接下來還能做什麼呢？」「剛好有時間再生一個寶寶。」——演化學的解釋紛紛出籠，近更年期的荷爾蒙變化可能也對女性更加亢奮的主觀感受發揮了一點作用：四十歲出頭，大腦與卵巢的溝通交流不再如過去那麼嚴密，激素振盪的幅度變大了。雌激素分泌量變化增加，大腦在雌激素減少時響起警報，身體隨即提高分泌雌激素和睪固酮，導致月經週期中有幾個星期荷爾蒙高漲，因此個體所感受到的性欲衝動可能增強或不穩定。女性會散發出一種不同的氣氛，身體開始吵吵嚷嚷，她必須思考怎麼處理這些雜音。

亞曼達的性欲並未完全消失，只是沉默不語。我們嘗試從這點出發，談談兩人對性生活不如以往順利所感受到的氣惱，以及性生活中斷為彼此間引發的不耐煩。這些對話漸漸幫助亞曼達重拾對老公的感情，即使他仍不時逼得她抓狂。

待情緒平靜下來，更年期激起的不耐煩驅使她更務實、更有建設性地思考，有什麼辦法能比較公平地與家人分攤家庭責任。路易斯刻意表達更多感謝，哪怕會勾起他對自己能力不足的羞愧。他們兩人都重視互相依賴，至少在情緒較緩和的時候，兩人都不否認這項需求。即使性生活不一樣了，身體上需要彼此仍是依賴的一部分。

現在他們也開始笑了。有一次，他們因為某件荒唐事一起爆笑出聲，好像跟他的前俄羅斯妹婿有關，他這個妹婿在外偷吃栽跟頭的事被當成笑柄，他倆壞心眼地笑了好一陣子。聽他們講著彼此才懂的暗語，笑容裡藏著分享了二十年的意義和暗號，我有一種半被排除、半被遺忘的感覺。

未來他們得適應親密生活的新常態，但更年期的暴風雨多少正慢慢遠去，直到下個婚姻氣象來臨前，太陽已經出來了。什麼也沒治好，什麼也沒解決，我心想，解決不了的老問題一樣還在。但他們會玩鬧了，甚至偶爾也確實點燃了彼此的熱情。

＊＊＊

「我們會來都是因為亨利不肯振作。」瑪拉一坐下就冒出這句話。亨利笑了笑，好像她說的是個與他無關的笑話。這對四十五歲的友善夫妻那天第一次走進我診間，就雙雙把開玩笑當成打招呼，雖然笑點莫名冷。「哈囉，哈囉，哈囉。」亨利爽朗地說著開場白。「外面還真像動物園。」瑪拉咯咯笑道，她指的是擁擠的候診室。他們快活的語調讓我不太自在，看到亨利放鬆身子坐進一張椅子，更令我五味雜陳。我最近才剛把沙發換成兩張椅子，因為先前有些怨偶抱怨被迫坐得太近。現在眼見椅子兩側扶手微微擠壓到亨利的腰圍，我忽然為自己隨隨便便挑選家具而感到難為情。

「不肯振作？這是什麼意思？」我看了亨利一眼。

「這個嘛，首先就是亨利這幾年來胖了很多。」瑪拉的皮膚美麗光滑，曲線玲瓏，身材豐腴，是微胖性感的那種。「現在又出現性功能障礙，但他放著不管，什麼也不做。」

她的坦率簡直令人耳目一新，但連敏感話題也這樣直言不諱讓我有點吃驚。我看向亨利，好奇他作何反應。

「她說得沒錯。我有體重和性功能問題已經好一陣子了。我明白她為什麼不高興。」

「你對這件事有什麼想法？」我問。

「想到自己一直不重視這件事，確實很糟糕。瑪拉常說我應該去檢查一下。但我們現在保險條件不同，我沒有熟識的醫生。只要能讓瑪拉開心，要我做什麼都可以，這她也知道。我只是有點不知所措。」

亨利的說話方式使我泛起一股挫折感。才短短兩分鐘，層層困惑和自我抹煞已經掩蓋過他話裡的任何真相。他雖然存在感強烈，但我從他話裡卻聽不見**他**的聲音。他急著對號入座，三兩下就承受指責，但看起來卻像是一種保護自己的反射動作——或許是不想觸及問題的核心，又或許是不想面對自己的毫無作為。瑪拉說話如此不加修飾，會不會就是想打破他這種狀態？

最初幾次面談，我扮演直諫的角色，協助亨利和瑪拉釐清有哪些步驟可以處理他的體重與性功能問題，同時不斷向亨利溫和施壓，要他好好跟上。期間遇到各式各樣的消極抵抗，但我耐心拒絕接受他的藉口（他很難申請保險給付、他找不到合適的醫生等）。

兩個月之後，情況終於有所回報，我得知亨利已經找到喜歡的醫生，一個月後將接受全身健檢。後來，亨利檢查發現他有高膽固醇和胰島素抗性的問題，兩者都與他的肥胖和性功能障礙有關。性功能障礙肯定會害他興致缺缺。但體脂肪也是罪魁禍首之一，因為這表示他體內有比較高單位的化學物質會與睪固酮結合，因而減低了性欲。

亨利的醫生開立了運動、減重、健康飲食的處方作為第一波攻勢，現在有了貨真價實的醫學建議，做不做就看亨利了。心理學方面，我推薦了幾本書，也建議他們考慮接受性治療，有助於規劃解決房事問題。有我的支持助陣，瑪拉鬆了一大口氣。

「我很愛亨利，我關心他的健康，我不喜歡看他那樣坐以待斃。那樣對他不公平，對我也不公平，對孩子也不公平。我很高興他現在總算有所行動。」瑪拉說完轉過頭對亨利說：「這種話說出口不容易，但我現在太習慣性事不順，對做愛提不起多大興趣。我怕有一天突然覺得不滿足，天曉得到時我會做出什麼事來。這簡直就像顆定時炸彈。」

亨利依舊維持表面上的平和態度，我很驚訝他聽了這種話竟默不作聲。他要是多表現出一點受傷、煩惱等情緒反應，說不定到現在她已經能放緩說話方式，或者說不定他們已經想到方法把她的顧慮化為實際行動了。

我設法引導他們用為彼此著想的方式談論這個棘手難題。我暗示他如果能敞開心房回應她的疑問或擔憂，她可能就不會那麼挫折，進而更圓融地表達她的想法。我在他又想打哈哈轉移話題時打斷他，試探他是否因為內疚或自覺不夠資格，才老是把話藏在心裡。我設法引導他們找出一種有效的表達方式，談論他的性功能和體重問題糾結在一起的受傷、憤怒、拒絕和內疚，同時練習放下防備，我發現他們似乎因為害怕受到責難，很早以前就把自己武裝起來。

他們雖然很盡責聽從我的建議，但是對話依然如故。瑪拉的直言不諱和亨利的無動於衷很明顯地相得益彰。從以前就是這個樣子嗎？他們的狀況持續著，令我想起見過的一些夫妻，兩人看似有辦法談論具體事實，卻沒有能力把經驗轉譯成情感語言，順利溝通彼此的**感受**。

他們對性行為、運動規劃、飲食限制乃至於排便習慣都能公開討論，絲毫沒有想遮掩的意思，但表達情感的語言卻依然發展不全。我每個星期想辦法抓住一個話題，最後總會離奇消失。亨利是有打算運動，但他上班太忙了。他嘗試節制飲食的份量，但吃宵夜妨礙了進展。他和瑪拉是有意做雙人運動為房事增溫，但他們晚上都太累了。

「我覺得大概是到了這種時候，我如果不接受你就是這樣，那麼就該下定決心不再容忍這種發展，然後轉身離開。」瑪拉諮商了幾個月之後，話還是說得很直。「我整天追著糾纏你，好像有點病態。」

「很難知道界線在哪裡。」我說，「什麼時候正視另一半的問題到頭來變得像是為他們不由自主的事懲罰他們？亨利，你會覺得被糾纏嗎？」

「我不覺得被糾纏，頂多有時覺得被批判吧。」他遲疑了一會兒，像在考慮該不該把想法說出來。「不過說實在，我認為瑪拉對於我的飲食習慣也有責任。是她烤的蛋糕，也是她給爆米花裹上奶油，這不是單方面造成的。」見他提出自己的觀點，真教人鬆了一口氣。

「抵抗不了，只好加入囉。」瑪拉冷淡地表示，她用老套的說詞迴避他的陳腔濫調。

我想起早先有過的一段對話，他們提起每到週末都喜歡穿睡衣宅在家（我沒記錯的話，他們好像是說「情侶睡衣」？）邊吃零食邊看電影，縮在一種彼此相似且溫馨滿足的繭裡。我當時心想，他們看來真像一對兄妹，好像不能有差異、不能分開，但也不能有性行為。兩人都對吃感興趣，只是基因樂透注定亨利的身體表現出較多的結果。瑪拉心直口快的特質儘管令人欣賞，但這段故事告訴我，要他們創造一段互有區別的成熟羈絆有多麼困難。

當時聽到情侶睡衣的小插曲，我有點被那種和樂融融的氣氛所惑。但後來我想，會不會基於複雜且依然費解的理由，他們的關係已經沒辦法改變成別的樣貌了。不過，我盡量往好處想，我們合作的這幾個月裡，他們一起去上了法國菜、義大利菜和印度菜的烹飪課。食物確實是創意和樂趣的泉源，而且在他們之間也好玩又有趣。

他們結束諮商的兩年後，我搭飛機回家鄉的城市，在機場接駁巴士上巧遇亨利和瑪拉。原來他們剛剛探望完住在匹茲堡的大兒子。亨利頭髮白了一點，其餘沒什麼變化，而瑪拉則胖了約二十幾公斤。我們簡單寒暄了幾句。後來我發現我時常想起他們。他們最後達成怎樣的情感協議？他們是不是默默同意降低標準以配合對方的身體活力？也許為了在一起，他們把欲望和渴求調整為一致，安於共有的秩序。也許他們決定一起放棄，又或者只是單純享受現有的生活而已。

體重很麻煩。網路留言板上對婚姻的各種抱怨中，就屬體重激起最多尖酸評論、錯誤資訊和性別大戰了。有些留言抱怨的伴侶內心矛盾、滿懷歉疚，甚至憂傷悲嘆，他們愛另一半，關心對方的健康，想給予更多幫助，也希望他們獲得不同的觀感。但也有些人沒意識到事實明擺眼前，他們過重的另一半有憂鬱症、酗酒或自尊心受損的情況。

最常見的留言是男人無法接受太太變胖，痛苦或生氣地宣稱她們**不再迷人**了。他們瞧不起另一半「缺乏意志力」，但他們的男性自尊更在意的是，他們覺得妻子無意維持激起性欲的必要魅力，是瞧不起他們的表現。這類看法多半迎來四種回應：男人連聲贊同，強調男人是視覺動物，責怪老婆懶惰或缺乏意志力；女人厭惡不屑，攻擊抱怨者「丟人現眼」、「膚淺」甚至「吃相難看」。注重和諧的留言會說，配偶雙方都該為對方努力保持迷人的狀態；至於「不食人間煙火」的留言則說，愛不只是愛一個人的外表。

「欠缺尊重」的那一種留言傳達了真實的痛苦，但也表現出一種不識人心幽微的無知。德州東部一名退休的小兒科醫師試圖為所有不滿的人夫辯護，撰寫了名為《不減重，老公走》（*Gain Wight, Lose Your Mate*）的著作。（亞馬遜網路書店僅有的一篇讀者評論是：「這是一本講述美國人妻心態的出色論文……只可惜，目標讀者永遠不會讀到……〔我太太〕連翻開封面都不肯，還很氣我幹嘛看這種書。」）這本書就如同網路長年形成的「靠北文化」，不經意彰顯了批評、責怪、人身攻擊產生的效應。

三十八歲的機械工程師達瑞爾則留言，「現在一逮到機會我就抱怨，把對珍娜的容貌變化多麼不滿全說給她聽……我漸漸覺得不管抱怨再多、跟珍娜說過多少次感受，她還是不會減肥。」到底是從什麼時候開始，抱怨別人身體管理不當，就表示對方一定得乖乖聽話了？大眾文化普遍認為肥胖是意志力不足導致，只能靠節食和運動解決，這種錯誤觀念更是進一步混淆宗旨。網路上就算是溫和的評論，也往往錯把另一半減重失敗理解成他們頑固拒絕迎合配偶的期待，完全忽視了經驗證明：減重單靠自制力往往是不夠的。

藏在這些熱議下的是一個真實的兩難困境，一般人對此看法多所分歧：如果真的有，那麼到底什麼才是向另一半的身體提出關心的適當方式？如果你和一個人每天二十四小時生活在一起，你對他或她的身體無論是好是壞一定會有些想法，我並不認為討論身體是一個禁忌，那只是眾多敏感話題的一種，伴侶之間需要學會怎樣有技巧地談論它。

我也相信，拖延避談並沒有幫助。一般人避談這方面的事，一來害怕傷害對方的感受，二來害怕說了還是不會有改變。但是拖延可能讓上述情況更加惡化，因為你的反應會暗中累積，等到終於說出口時傷害更大。這樣的問題也會成為深埋在關係裡的雷區，屆時更難恢復原狀，你越來越沒辦法傳達同情的訊息。

所以我們該怎麼順利觸碰這些敏感話題？沒有哪一種方法適用於所有人，我偏好堅定的支持，加上誠實——最難的就是委婉地陳述事實。循序漸進是最好的方式，因為直言對方魅力衰退不會有任何好處，但說出對未來的擔憂是有意義的，只要那之於你是重要的一部分情感現實。

所以對於體重問題，你可以說：「嘿，說這個讓我有點緊張，因為我有必要讓你知道，我很愛你的內在，這點從來沒有改變。我希望我們能一起健康活力地走過漫長人生，始終能做自己喜歡的事。但是老了可不像年輕時來得容易，所以我在想，我們能不能找個時間聊聊怎麼維持適當的體態，也許可以互相支持。」你的另一半想必很了解你的心思，八成會嗅出不對勁。他（她）如果說：「你是想說我胖嗎？」你就誠實回答：「我的確注意到你的體重，上了年紀難免嘛，但這不改變我愛你的事實，我的身體也不是完美樣本。我只是覺得既然我們是對好搭檔，我希望我們為了彼此盡力維持健康可愛。你覺得我們有沒有可能一起想個辦法？」

為了創造互相理解的環境，尤其談的是體重這類敏感話題，無論何時我們要盡量先說好的一面，這有助於聽者思考這段話裡較難接受的部分，實際思考這件事，而不只回嘴「反擊」。這麼做跟許多時候夫妻進行艱難對話一樣，用意在讓雙方留在金環裡，在脆弱無助、害怕批評或誤解的時刻，合作找出解決問題的方法。伴侶雙方若能以此心態分享想法和感受，就能正視問題、仔細思考並回應，和一連串不斷的回嘴和反擊恰成鮮明的對比。

當然，這些對話也有失靈的時候，因為無論開啟話題的一方多麼委婉表達，另一半也可能回答：「你憑什麼認為你有權批評我的身體（喝酒、抽菸、飲食習慣等）？」我認為，這種交流方法禁得起檢視，是因為其中含有關乎個人與婚姻的重要問題。確實，一個人怎麼對待身體是個人的事，成年人企圖管控他人的身體已經可歸類為居高管教、控制、變態，乃至於十足的虐待傾向。在婚姻裡，尊重另一方對事關身體的決定擁有自主權是**基本觀念**，但一方怎麼管理身體也會對另一半造成影響，要避免關係疏遠，就必須誠心處理這些影響。

有時在類似剛才描述的那種對話裡，設法開啟尷尬話題的一方有可能道出了對方其實**也有**的擔憂。對話目標表現出的憤慨，除了是捍衛身體自主權的有效手段，也會發揮變向功能，把話題轉變成爭論誰不體貼、誰管得太多。遇到這種情況，把爭論理解成對方正傷心又害怕地說明自己的無助感，會比較有幫助。

我們遇到失控和挫折時，常會用生氣而非傷心的方式處理，那些感覺很常伴隨著消極的身體習慣出現。（尤其女性長年受到指謫女人身體的文化訊息轟炸，倘若又從男性伴侶口中聽到相似的訊息，很容易不堪負荷。）這種時候，想著自己的看法之餘也能想到另一半的看法，就成了極重要但也十分困難的能力。

對目標伴侶來說——假設是女方，她的情緒任務是要分析自己覺得被冒犯的反應裡，哪個部分源自於對方說中了**她自己**也有的感受，因而使她不安。當她發現另一半說出令人極度不自在的訊息，但其實她也**同意**，這時她最大的注意力會擺在她和**她自己**的關係。

女性會對身體發出自我批判，這個現象已經有不少著作和論文寫過。許多女性主義者和心理文學深入探究這個複雜的現象，包括與母女關係的關聯。女性與自己外表和身體的關係既私密且複雜，而且往往苦於如何跳脫丈夫或愛人的觀感。這並不是說，男人與此毫無干係。男性的目光可能令女性困擾，但失去男性目光也會造成問題。開明的男人會希望把妻子看待成一個複雜的個體，只是被無情的社會壓力逼迫著要維持青春美麗。愛老婆的成熟男人也往往會留意自己物化年輕女性體態的傾向，約束自己不要耽溺其中。

在我的經驗裡，男性對女人身體的批評要比女性自己少得多了，男人有各自的偏好和期待，但絕大多數並不像女人一樣會為了腰側贅肉或大腿橘皮那麼煩惱。常有男人向我激動表示，他們並不特別想要老婆減掉因為懷孕而增加的體重，也不想改變她稱不上漂亮的胸部，反而希望她別那麼在意自己生孩子胖的幾公斤或乳房的形狀，要是每次聽到這種話就能拿一塊錢就好了（好吧，百元美鈔更好）。

換言之，男人反而希望老婆自在一點，對她擁有的性感身體更有自信。在她自覺失去魅力而忙著遮掩的同時，他則忙著哀嘆就是因為遮遮掩掩才讓她不再那麼有魅力。

遮掩很費力氣，而且自己迷不迷人其實始自你的內心。聽到讚美的確很令人開心，但你的幸福感如果取決於他人的讚美，那你不可能有滿足的一天，因為那是個無底洞。魅力始於深入**內心**問自己：「什麼帶給我喜悅？令我自己滿意是什麼意思？」這時你很容易因為與伴侶或母親展開內心辯論，或因為陷入一連串負面的自我對話，而偏移了注意力。

改掉挑剔自己的習慣，你才能創造夠大的心理空間。鼓勵你自己，善待你自己。關鍵在於不要裹足不前，一次一步，然後再踏出下一步。你的伴侶若因此更受到吸引，那很好，但這件事是你為**自己**做的。你若感覺完滿，對待別人也會更有慈悲之心。沒有人能躲過青春消失、時間流逝的命運——男人、女人、同性戀、異性戀、他、她、他們，都一樣，所以要問的是，你打算怎麼做？幸運的話，你在地球上可能還有**三十到四十年健康的歲月**，可以享受美麗、喜悅和活力。答案之一是**動起來，別浪費了現在這一刻**。

＊＊＊

許多年前，我和一對夫妻困坐車上兩個小時。他們大概處於坐六望七的年紀，在一場多世代參與的社交活動後主動提議開車送我回家。剛開始坐在他們的富豪轎車裡，兩人友善得不得了，所以聽到他們彼此吐出幾句無害的抨擊，我只當是平凡的口角，聽聽就罷。但一個小時後，他們陷入棘手但明顯積怨已久的戰爭，爭論太太對兒子的偏心。誰要想迴避這個話題，就會招來充滿恨意的訕笑，我很好奇他們是否忘了我也在車上，或是他們不在乎或根本不清楚這些對話讓人聽了作何感想。等到他們心不在焉地放我下車時，惡毒的言辭已經像莎士比亞劇作一樣精采了。

我記得當時我仗著年輕，不解這些老人為什麼還有心思吵架？不停地翻陳年舊帳看來有點可悲，而且很奇怪的是他們居然還覺得有這麼多的力氣和對方吵架。說不定他們藉由撕開舊傷口來感受活力？不過這幾十年來，我漸漸捨棄了錯誤觀念，以為人上了年紀就不會再把自己置於情節中心。我現在相信，上了年紀，輸贏的賭注更大。如果我們心態成熟，學會互動模式的要領，那麼上了年紀可以帶來更多的平靜和滿足，但如果沒有，上了年紀只會使關係中的問題更形惡化。

想想那些壓力。視力、聽力、精力。髖部、膝蓋、腳踝、肩膀。腦筋敏銳、遣詞用字、記住名字。樓梯、待洗衣物、電腦、煮飯——到頭來這些全都會變成考驗，而這些還只是完全可以預期的日常老化範圍。此外還有癌症、糖尿病、心臟病、早發性阿茲海默症，以及尋無根源的各種疼痛。脆弱之處越來越多，面臨的存在感消失越來越大。

我們可能期待力氣少了、腦筋糊塗了，有助於我們接受自己和另一半，但事實往往相反，衰弱引起的焦慮增強了我們互相找碴的傾向。問問那些家中有體弱多病、婚姻不快樂的年邁父母的人就知道，或者也可以回想第三章的史蒂芬和黛安娜，如果他們之間沒有任何改變，我們可以很輕易預見，原本不耐煩地命令對方「長大一點！」在老後會被「你有毛病！」這類詞給取代。

生存憂患容易把人拋進蹺蹺板心態，如果看不清這點，就會變得像溺水之人那樣，把說不定能拯救我們的人也一起拖下水。上了年紀更需要擁有金環意識，但種種新的阻礙令人畏懼。我們的焦慮攸關存在，幸運的話。緩慢的老化步調有助於我們釐清自己與這股焦慮的關係。

「跟你說說我家的門把問題。」我朋友說，「我太太前陣子抱怨起家裡的球型門把不好轉動。我一開始以為又來了，八成又翻舊帳，我們婚後一直為這種事爭吵：我覺得她總是只顧舒適不管開銷，她則覺得我小氣又愛預設結論。因為這種感覺太熟悉了，我過了一陣子才意識到，她其實在說一件新的事。她轉門把手**會痛**，跟她的手腕關節老化有關。這不是我們為了開銷拔河的老問題，這是單方向往前遇到的現實，而且只進不退。我大可假裝這還是以前的老衝突，但這麼沒有同情心並不公平。認知到這點我很難過，不久我就把門把全給換了。」

我朋友選擇用現實代替錯覺，用接受代替責怪，這是個充滿愛的舉動。我們依賴身體如同依賴他人，而我們的身體也和他人一樣，不完全受我們控制，會令我們失望，會生病，也會死。能幫助我們面對這些現實的是愛——有安全感的人際關係，以及一種珍惜自己的態度。

這兩件事，蘇珊和蘿拉很能體會。這對四十多歲的伴侶，正在對抗蘇珊的多發性硬化症。她們在一起七年，合力撫養兩個孩子，各是她們從前一段婚姻帶來的。蘇珊在三十五歲左右被診斷出患有多發性硬化症，之後快樂度過了相對沒有發作的十年。直到最近，復發緩解型階段轉變為次發進展型階段，兩人都為蘇珊的症狀惡化感到害怕。

疲憊、間歇性憂鬱及偶爾的暈眩頭痛，都是蘇珊患病的徵狀，她和蘿拉已經養成一套應付方法。但她的疼痛、肌肉痙攣、腸子和膀胱的毛病不斷惡化，使得她顯得更為沮喪。沉重的責任包括了工作、孩子、寵物、房子要照顧，還有棘手吃力的疾病要面對。兩人相處的生活不斷地修正、扭轉、微調，溝通不良的機率極大。但她們看起來應付得不錯，我也不禁觀察得入迷，她們確實做對了好幾件事。

首先，她們擅於求助。她們主動聯絡我，希望把我「當成傳聲板」，確定邁入新的考驗時沒有「遺漏任何事情」。她們懂得依賴更大的團體，充分相信會獲得支持，同時不吝向伸出援手的人表達感謝。第二，她們性格都很幽默，有緩解緊繃的天賦，幾乎能為任何情況找出喜趣的元素；就算在陰鬱的時刻也能逗得彼此開懷。第三，她們對於自己和他人都有一種爽快接納的態度。對付多發性硬化症或任何疾病的伴侶，照顧方永遠有被迫放棄個人需求的風險，雙方的關係無可避免會受損。蘿拉能用誠實但不失同情的方式，表達她照顧蘇珊疾病的困難。最後，她們雖然偶爾也會吵架，但都擅於道歉，也懂得接受道歉。

對於那些與多發性硬化症等慢性疾病共同生活的人，我建議可以把**疾病**想成類似「婚姻中的第三者」，像人一樣有需求、欲望和脾氣，這有助於應付疾病。為疾病的存在騰出空間，與為孩子、工作或感情騰出空間並沒有太大的不同，對待老化的身體也一樣。蘇珊和蘿拉不幸得面臨蘇珊的疾病，但幸運的是她們的心理健康良好，以伴侶治療懷爾（Dan Wile）的話來說，她們「擅於依賴」。

懷爾說，「問『這個人有多依賴』就錯了，每個人都很依賴。」「要問的是『這個人有多熟悉依賴別人的要領？』……擅於依賴的人看起來甚至不像會去依賴人，他們只會看起來可愛迷人、懂得感恩、敏於回應、充滿關懷，因此很自然讓你想去安慰照顧他們，而他們也會讓這件事變得輕鬆有趣。他們是你想做朋友的人，他們是你想結婚的人。」

＊　＊　＊

如何才能老得優雅？我們接受有些東西已然失去或從未有過，為的是充分擁抱現在擁有的東西，並與之一起活下去。心理學家萊文（Peter Levine）是創傷研究的專家，他把人比喻為樹，樹上的瘤突、樹節、變形的枝幹，訴說著一棵樹在歷經風霜歲月的遭遇後，所克服的傷害和阻礙。一棵樹過去如何生長，造就了如今細緻的個性、特徵和美感。」放手需要勇氣和心力，有時甚至得經歷一時的絕望，無論放下的是一個人，是人能獨活於世的幻覺，還是對自己依然青春的意象。但有時這是邁步向前、好好活著的唯一辦法。

老得優雅也代表保有與青春的聯繫——我不是說外表，而是心境。音樂或許是最好的象徵。我們都還記得青少年時代的音樂，對我們有切身的意義，乃至神祕的影響力。幾十年後重新聽那些歌，我們的身體、心情和記憶會立刻回到年輕時的自己。

當然，人也可能被困在那裡。問問陷入懷舊迴圈的克莉絲汀娜，或是問問那些除了幾首老歌，對別的音樂似乎都提不起興致的中年人就知道了。但同時你可以想想，許多人到中年想尋求更多熱情和冒險，是如何用盡方法投向音樂，例如加入樂團、上歌唱班、學習新的舞蹈、把所有音樂收藏轉成數位檔案、與自己正值青春期的孩子分享音樂（前提是他們願意）。

音樂攸關時間，也使人跳脫時間。音樂喚起人對青春自我的回憶，也讓人在當下與青春活力產生連結。小說家宏比（Nick Hornby）以搖滾樂為例寫道：

青春這項特質其實和健康很像，在年輕人身上特別蓬勃旺盛，但我們所有人都有必要擁有……我說的不是青春的外在裝飾，比如光滑的臉龐、平坦的小腹、豐盈的頭髮……我說的是活力，是嚮往的渴望、難以言喻的興奮，是偶爾升起的無敵感，是像氣一樣隱隱刺痛的希望……。搖滾樂曾經重要，現在也依然重要，因為哪怕只是偶爾浮現也好，誰不需要興奮和無敵的感覺？

音樂給人的不只是種提煉後的青春精華，聽到我們喜愛的音樂人重現、改編、取樣、回應曾經影響他們的音樂，用原創的新鮮版本向過去致敬，也給人一種席捲全身的喜悅和**這就對了**的感覺。把這當成婚姻範本或人生範本或許不賴。

我們在喜愛的主題上尋求變化。經由實驗和改良，讓熟悉的主題變得更加新奇、更受珍惜。我們在聽見的每樣新事物中，不斷聽出愛過的人事物。也許我們談的不盡然是青春，而比較接近**活著**的喜悅。喜悅始終在，永遠都在，直到不在的那一刻為止。「肉身衣衫的靈魂拍手歌唱／為片片襤褸，越唱越昂揚。」詩人葉慈寫道[4]。沒錯，我們的身體終會撒手而去，但與此同時，我們正在**這裡**，美妙的音樂也不會終結。

④譯註：出自愛爾蘭詩人葉慈（W. B. Yeats）的詩作《航向拜占庭》（*Sailing to Byzantium*）。此處譯文參考了《英美現代詩選》（九歌，2017）余光中先生的版本，與《葦叢中的風：葉慈詩選》（書林，2007）傅雷先生的版本。

10 空巢期——孩子、父母與世代交替

調和個人和伴侶是空巢期的核心問題，漫長的婚姻應該為各階段騰出空間，讓人在彼此之外尋求多一點的獨立自主。年輕點的人常覺得什麼事都比不上「老夫老妻在餐廳裡相對無言」來得可怕，想像中那是通往寂寞、衰朽、死亡路上的可怕景象。但是能享受在一起孤獨，代表對另一半的在場有信心，同時也有能力獨處。感情不一定只能在興奮欲望和無聊疏離之間擺盪，置身共處於信任狀態的中間地帶也無不可。因為我們預期在這段關係裡可以成全欲望、刺激和主動精神，因此能夠真正玩耍或安心放鬆，勇於讓事情依自己的方式、按自己的步調開展。

「家裡剩下你跟另一半，真的有可怕的感覺。」艾瑞克說。他是我一個朋友的朋友，兒子離家上大學讓他深感失落，他同意來找我聊聊空巢期。他今年五十七歲，是兩個孩子的爸爸，女兒二十六歲，兒子十八歲。我問他要不要喝杯咖啡，他逮到機會立刻開口。

「中年不算什麼。」他晃著咖啡上的奶泡說。「真正的考驗在孩子離家之後才開始。中年是連綿和緩的山丘，空巢期是聖母峰。我有天跟太太漢娜說：『像我們這種人怎麼還沒離婚？』別看我這樣，其實我們個性還算滿相容的吧。她開玩笑回答：『大概只要我們互不干涉對方想做的事，也就沒必要離婚吧。』」

有個朋友的媽媽說，人到五十歲無非就是在躲避兩件事：死亡和離婚。不少倒楣的親戚朋友遭遇絕症，離婚也成了家常便飯。我們在孩子眼中漸漸變老，但孩子在我們眼中卻羽翼豐滿、日漸長大。當父母生病過世，我們也知道**這遲早會發生在自己身上**，然而，我們思索人生盡頭的同時，也盼望一段充滿可能的時光。只要健康還罩得住，我們可以把時間、技能、經驗、自我認知、乃至於智慧，投入具有創造性並且可以令人獲得滿足的用途。

存在這其中的，是放手讓孩子進入成年階段所牽涉到的複雜情感，這件事可能說來容易做起來難。新生兒的父母會偷偷抱著幻想，覺得等到孩子大一點就不會這麼累了，同樣地，空巢期父母也會騙自己，放孩子離家是畢其功於一役。但其實對孩子和父母雙方來說，這都是一場持久戰，沒人知道會發生什麼事，還常搞得一團混亂。

最能貼切代表這種複雜離家心情的象徵，可能就是如何處置孩子的房間。「漢娜和我對怎麼處理托比亞的房間，意見僵持不下。她想把房間清出來改為客房，因為房裡只是一團有待整理的雜物。但對我來說，他的房間有點像一座聖殿，再怎麼說也是令人安慰的回憶。我喜歡走進房間，看著擺放在書架上的小豬撲滿，還有他小學一年級讀的書。」

慈愛的父母分成兩派，一派把孩子的房間無限期地維持原樣，另一派立刻把房間改作他用。講求務實者，會考慮居住空間有限的現實，但注重情感者，會覺得房間保留了一齣關於初始和結束、容納和排斥、權威和平等的珍貴劇碼。如果父母親未經討論，單方面把孩子的房間改作他用，我會覺得有一種抗拒依附的型態在發揮作用，依賴和情感需求被減到最低。

父母親有時候挪用孩子的房間，為的是斷然脫離父母身分，把這當成投入新人生階段的方式。「我受夠了！」媽媽可能一邊喊著，一邊感嘆著總算能把房間徵用過來開展新事業。他們也可能有些不太好的回憶，會想起當初青少年孩子把房間用來做什麼（「那是大麻味嗎？他們在房間玩什麼把戲？」）因此想把房間清空。

總的來說，我相信孩子與父母進行一點溝通，在心理上會有好處，這也是為了尊重這件事包含的多重意義。孩子對自己房間的變化感受強烈。對他們而言，離家並不是一夕之間就發生或完成的事，他們不時會想回來走進童年記憶的陳列室。休假回家，他們可以重拾童年及青少年的背景故事。也許親子雙方都會感到一絲煩躁，但也都感到安慰。對青年人來說，這也是一種充電方式，回到汲飲安全感的源頭，他們才能再度出外探索。

「孩子離開了，但還是需要我們。」艾瑞克說，「我甚至很驚訝，他們依然不斷有這麼多需求。父母養育的焦點變了，但孩子對關心的需求沒變。我女兒會固定回來借車，我們也還在替她付手機帳單。她需要申請個人健康保險時，也請我們一步步教她搞清楚。支持到什麼程度才對，漢娜和我的意見不全然一致。」

他們對於需要多少獨立自主看法不一，對於想從親子關係裡尋求哪些情感，也有不同的想法。「漢娜笑我送托比亞上大學時，一副像要送他搭船去遙遠西伯利亞凍原的樣子。」艾瑞克說，「托比和我每天都會傳訊息聊點小事、開開玩笑、分享網路上看到的新鮮事。假如哪天他希望大學畢業後搬回家住，漢娜和我一定會起衝突：我會覺得『兒子願意回來多好』，而她認為我們應該畫定界線。她希望分得俐落一點，讓我們多些隱私和自由，兒子多些獨立。我理解她覺得等兒子二十二或二十三歲以後，就應該把小鳥推出巢，但我覺得這件事需要時間，急不得。」

苦樂參半地向孩子道別，心頭縈繞不去的是擔心他們會起飛失敗。有些人找不到方向，有些人找不到**工作**。家庭是個複雜的系統，孩子能否順利離開，也要看留在背後放開繩索之人的能力。這對婚姻來說是真相大白的痛苦時刻。一名母親可能這時才意識到，她早已不再向丈夫尋求情感支持，改而依賴兒子。一名丈夫可能會害怕養育孩子的吵吵鬧鬧結束之後，焦點又得重新放回婚姻上頭。

然而，就在父母親正要開始適應新的常態，希望為育兒功德圓滿感到滿足之際，孩子可能又提出一連串新的需求——需要經濟支持、心理諮商、買房租屋……就算情況沒這麼緊迫，青年人也需要實質與情感的支持，這種「巢要空未空」的情形可以持續達十年之久。

如果「家庭」的感覺不穩固，青年孩子就更難安心離開。但是之所以會有伴隨空巢期而來的離婚衝擊，表示有部分夫妻會等到孩子自立以後才讓這個家瓦解。「**銀髮離**

婚」指的就是五十歲以上的夫妻離婚的潮流，人數比起過去增加很多。等待很合理，父母親總會想充分陪伴孩子成長，直到童年結束，但也使得孩子的立場尷尬。孩子才正準備離開家，又被分裂和痛苦拉回緊繃的家庭關係中。

此外，婚外情讓情況更加複雜。父母哪怕別無惡意，也可能變得需求更多且依賴孩子，但這時孩子的首要之務是建立個性，展開他們自己的生活。矛盾的是，現代婚姻以孩子為重心、輕忽伴侶感情的相處模式，最容易導致婚姻急速走向不滿，進而促成銀髮離婚，擾亂了孩子在青少年晚期至成人初期的生活。

即使是希望留在婚姻裡的人，也會對艾瑞克的話產生共鳴，想到家裡「只剩下」自己和另一半就害怕。他們不見得知道未來會怎樣，但可能默默擔心婚姻裡已經沒剩下什麼可以挽回。

有一名婦女擔心，她和老公都是工作狂，孩子一旦離家，兩人幾乎變得完全失去連結。有個男人說，他至今記得當初他離家上大學，不久他那看似「幸福」的父母突然離婚，為他帶來的震驚和創傷。現在他女兒也快到上大學的年紀，他想知道有沒有辦法為婚姻做好預防措施。有位溫柔的女性說，這二十年來，她照顧孩子、打理家務、應付社交生活，由能幹的丈夫負責賺錢。「最小的孩子也離家以後，我一大部分的職責也消失了。這讓我很不安。說出來難為情，但我先生會不會把我看成『廢物』？」另一個男人提到兒子的自閉症如何讓他的婚姻步履維艱，他很難對婚姻的未來有所期待或抱持希望。有一位太太說得更直白：「我們已經不知道怎麼跟對方說話了。」

＊＊＊

空巢期也把人往個性發展推上一把。莎蒂和西恩最小的孩子也離家上大學以後，莎蒂心癢難耐地想積極展開創意生涯。她想沉浸在工作室，專心於藝術創作，不再當管家。她想要有徹夜工作的自由，不必回家吃晚飯，更不必操心晚上還要煮飯。有天她一大早出門到很晚才回家（中間把手機關了），西恩早已熄燈上床睡覺，聽到她深夜十點四十五分才按門鈴（她忘記帶鑰匙的次數不計其數），他一句話也不想跟她說。兩人就是在這之後來找我的。

「她就這樣消失一整天。」西恩誇張地挑著眉毛，一臉不敢置信。五十九歲的他是一個非營利機構的董事，也是奉獻愛家的男人，但很容易不耐煩。他看起來想批評她的整體判斷力都有問題。

「我的確應該先打電話或留張紙條，這點我很抱歉。」莎蒂說，「但你知道我在工作室，你也知道我創作起來就渾然忘我。」莎蒂的語氣迷人而和緩，目光卻銳利且堅定。

西恩大聲回嘴，端出成打的理由強調他才應該是莎蒂注意力的重心。這些年來，**他**大力支撐這個家，也沒有時間培養「興趣」（輕易忘了換尿布、懇親會、煮晚飯也不是莎蒂的「興趣」）。他忽略太太為了讓他安心拚事業做的眾多犧牲和調適，拿賣力工作的心態當藉口，要求太太應該繼續隨侍在側。他想盡辦法講道理，但我覺得他是在為自己不願改變的心態辯護。他固守舊有的作息和規矩，這兩者雖然有利於成年人負責任，但也形成巨大的舒適圈。我覺得他應該追隨太太的榜樣，而非堅持要她依照他的範本生活。

莎蒂疏忽了丈夫嗎？她想逃避家庭或婚姻裡迴盪的空虛感嗎？不是，她在**發展一項興趣**，她終於有了比較多的空間和時間可以全心投入。西恩和莎蒂的兩難涉及空巢期的核心問題：個人發展該怎麼融為伴侶關係的一部分？個人想發展哪些興趣和能力？要怎麼繼續為關係創造親密感？以上又該怎麼整合至雙方都滿意？

西恩和莎蒂的處境令我想起快樂童年的特點之一，孩子之所以能沉浸在玩樂高積木或洋娃娃，是因為覺得安心，知道背後有人愛你，而且會照顧你。結婚這麼久，難道不該提供類似的機會讓另一半安心遊戲嗎？心理分析師溫尼考特（Donald Winnicott）是二十世紀針對**遊戲**最精闢的評論者。他認為人同時生活在三個世界：內心主觀的世界、外在現實的世界，以及第三個「過渡空間」，人在這裡會暫時擱置事情是真是假的問題。

遊戲就屬於過渡空間。他發明「過渡性客體」一詞，指稱生活中有些東西，如小朋友的玩具熊，存在於一個「虛假」和「真實」懸而未決的地帶。溫尼考特認為人在一生中會透過藝術、宗教、幻想生活，乃至於創新的科學研究所產生的強烈感受，來保有過渡空間的經驗。

依照溫尼考特所言，這種「強烈感受」始於信任。自在放鬆是進行創意遊戲的前提，童年時期我們在可信任對象的陪伴下，第一次經歷到自在放鬆。很矛盾的是，我們能體會**獨處**的樂趣，也是出於對依賴對象的信任，相信對方始終站在我們身後，就算我們一時忘了她，她還是會在那裡。

在伴侶關係中，允許彼此獨處也就是允許彼此向外探索、擁有興趣、遊戲玩耍的機會，一方經由同理想像設身處地為另一方著想，互相肯定「我的伴侶為了做自己，有必要做這件事。」也能容忍在某一段時間內「你會忘記我，忘了我還活著」的想法，彼此接受、支持且尊重這點。

同時，兩人也有一個共同認知：「我需要你回來，記得我還活著，而且我有需要你的地方。」一段足夠良好的關係裡，我們會不斷校正、調整距離感和親密感之間的彈性，有時拉得緊，有時比較鬆，但日積月累的安全感能容許彼此追求孤獨忘我的經驗。

我曾跟安娜聊過，她是一位虔誠的浸信會教友，從小在保守社區長大，很年輕就結婚了。雖然出身傳統，但她和丈夫一直以來都同意互相保留空間，培養各自的興趣。「我覺得婚姻裡最難協商的就是自己的時間。」她說，「我認為兩個人都有必要挺身爭取。起先或許會經歷一番抗爭，但以後才不會互相怨怪。」

最小的孩子也離家之後，安娜學起非洲鼓。「我不想只看人家學，我也想學習。」她說，「初學者有一種初學者才有的激動。大腦還能學習新東西的感覺真的很棒。我現在到處都能聽見節奏，就算在超市買菜。我竟然會留意去聽新的聲音，意識到這件事令我興奮。打鼓本來就是一種集體活動，我們老師說在一支鼓隊裡，鼓手的心跳會漸漸同步。無論那是不是比喻，我確實有這種感覺。很幸福。」

打鼓是**她個人**的興趣，她先生並未參與。但他能接受並容忍當個局外人，未因此疏遠也不加干涉，而且願意肯定這件事對太太的意義。「去年耶誕節，我先生買了一個粉紅色非洲鼓送我，很漂亮。」她說，「比我在亞馬遜商城買的那個美多了，對我來說意義重大。」

一篇研究空巢期夫妻的論文發現，有些人覺得困難之處在於，花時間追求個人興趣會有罪惡感，因為他們「原本應該」多花時間與另一半相處。不過有趣的是，一般人的罪惡感多半源自**主觀擔心**另一半反對，而非伴侶**實際干預**他們追求個人目標。隨著年歲增長，我們逐漸明白自己想要什麼，這點需要透過對話與對方分享，而非藏在恐懼和投射之下。

安娜和她先生共同都了解彼此對個人追求的高度重視，而西恩和莎蒂則處於衝突的狀態，這也是為什麼他們最後來到我的診間。他們必須思考在這個人生階段，他們偏好怎樣的修正和調整。不過，他們目前的溝通雖然一團混亂，但夫妻倆終究會受益於莎蒂的信念。有時在婚姻裡，伴侶一方大力鼓吹個人興趣的重要，就算一時引來抗議，也好過於壓抑個性，損害關係，更非感情長久之道。

不是所有遊戲都只能獨自進行，玩耍也是伴侶可以一起做的事。西恩和莎蒂和很多夫妻一樣，多年下來漸漸少了些輕鬆的玩心。我們談話的同時，我也不禁想著自在玩耍的感覺是多麼重要，又是多麼容易消逝。能看見彼此身上的玩心，是伴侶聯絡感情的有效方式。

「我把以前拍的家庭影片翻出來看，」一名男子對我說，「找到一段我太太陪兒子放風箏的影片。兩個人看起來非常投入，笑成一團。我把影片拿給太太看，不只希望她想起往事覺得開心，我也想跟她說：『我記得你有趣的那一面』。」哪怕現實艱困嚴苛——生活越嚴苛，幽默越是救贖之光。

我有個朋友就說，她和老公是靠黑色幽默熬過那段鬧離婚的日子：兩人同意他們不能分開，因為誰都不想要孩子的監護權。問題和成見、失落和失望總是這麼輕易佔據心思，如果我們堅持不放鬆心情，只是徒增痛苦罷了。

能享受彼此陪伴的夫妻在孩子離家後可能覺得「好像回到交往時光」，性可能變成更重要的遊戲素材。空巢期的好處之一就是比較多隱私、比較多自由，也比較多樂趣。沒有人會聽到、會打擾夫妻之間的私密活動，不用擔心半夜突然有人走進房間，更已經無須顧忌懷孕。

不過，對於疏離模式已經確立的夫妻來說，孩子離家之後所面臨的情勢有如未知的深淵，這時立刻投入性愛太容易受傷，可能不是重拾親密關係的有效方法。遊戲的方式層出不窮，旅行是這個人生階段中重要的一項，但包括音樂、運動、藝術、幽默等任何可以共同參與的遊戲，都能為共享灌注樂趣。

社會心理學者指出，夫妻一同參與新奇刺激的活動，對關係的滿意度也會隨之提高。我們一般不會把經營長久的關係這樣的經驗當成一件**新奇**的事，比如結婚十五年，或一起養育青春期的孩子。不過，學者的研究結果談的也不是極限運動或昂貴冒險，而是能鼓勵自我拓展的情境。新建立的感情關係之所以刺激，就是因為雙方對話頻繁而熱烈，需要自我揭露，也必須承擔風險。長久穩定的關係裡，問題不在於無法出現這類對話，而在於**不再進行**這類對話了。事實上，對話只要包含真摯脆弱的情感和自我表露，在任何感情階段都能助長興奮和正向的感受。

光憑時間流逝就能賦予我們許多新奇的感受，在人生中我們的立場和觀點不斷改變。問題是，你有沒有能力感受到新面向的自己，並傳達給另一半知道？你一定很意外，許多人做不到這點，無論他們曾經鼓起勇氣泛過多少次舟，或是徒步在尼泊爾爬過多少次山。不管是追求刺激的人或是宅男宅女，很多人其實都逃避對新事物敞開心胸，他們會用分散注意力的事填滿心思，或是緊抱著舊日傷痛不放，沒有能力遊戲，或者不願意遊戲。

其實也不一定非得像「來一段自我揭露的對話」這種戲劇化的事情，才能滿足伴侶之間的樂趣。溫尼考特寫道：「能夠在另一個獨處的人身旁享受獨處，本身就是一種健康的感受。」年輕一點的人常覺得什麼事都比不上「老夫妻在餐廳裡相對無言」來得可怕，想像中那是通往寂寞、衰朽、死亡路上的可怕景象。但如果從溫尼考特的觀點探究這幅光景，意義可能有所不同。

能享受在一起孤獨，代表對另一半的在場有信心，同時也有能力獨處。感情不一定只能在興奮欲望和無聊疏離之間擺盪，置身中間地帶、共同處於信任狀態也是可行的。我們預期在這段關係裡可以成全欲望、刺激和主動精神，因此能夠真正玩耍或安心放鬆，勇於讓事情依自己的方式、按自己的步調開展。

記得我們討論過婚姻是一則故事嗎？評論家戈特沙觀察認為，這個故事大多關乎「重大困境」。那些發生在螢幕上、書頁間、生活中的是愛情故事還說得通，但泡咖啡、洗碗盤，著涼感冒要怎麼包含在內？我以伴侶治療師身分觀察到，這些「微不足道」的小事在婚姻失和的時候常常化為要角，成為「重大困境」的一環。

但是，我不會一見到餐廳裡沉默的夫婦就為他們擔憂，因為我贊同對有些夫妻來說，他們的「重大困境」能在「遊戲」裡找到一個位置安放，反而是幸福的事。他們可以留著一些話不說，一起在想像和審美經驗構成的「過渡空間」裡獨處。如果我們的智慧的確隨著年紀增長，那麼會發現肥皂劇情和浮誇的自我故事往往會失去吸引力，意義基準從個人自我價值（傑出、熱情）轉變成對感情的珍惜（美好、平凡）。一對夫妻的互動可能看似平靜，甚至**無聊**，但重點是兩人都能接收到彼此存在所帶來的撫慰，**同時**感受自由與安心，能夠專心投入彼此之外的其他事情。

如果調和個人和伴侶是空巢期的核心問題，那麼有些婚姻很明顯並未妥善處理這個問題，至少有段時間是這樣。因此，漫長的婚姻也許該為各階段騰出空間，讓人在彼此之外尋求多一點的獨立自主。有的感情關係在雙方同意下雖然處於分離，卻進展順利，但對另一些關係而言，不在一起往往面臨困惑不安，阻礙關係的發展。選擇不同的婚姻安排需要高度的自我認知、勇氣和創意，伴侶雙方都要知道該怎麼在分開的時候，照顧及保護自己的依附心理。

想想一般人慣常在婚姻中採取的逃避形式——喝酒、看電視、掛網路、忙工作、滑手機，同樣是應付承諾和關係衍生的問題，比起貌合神離地住在一起，適時分開一段時間，可能是較勇敢也較有效的方法。

在芝加哥執業的家庭治療師施克瑞特（Karen Skerrett）和我討論過這個話題。「很多人以為長久維持婚姻只有一種方法。」她說，「我和不少夫妻談過，有人會說他們油盡燈枯，自己或另一半都需要休息。我告訴他們，在他們的年紀和婚姻階段，有此感受完全合理。這些人憑著直覺就能體會到困境，但把這種想法搬進公共領域討論就困難多了。我常問自己，為什麼我們沒有外宿或分居的選項讓大家得以在婚姻中喘口氣，為什麼這種事還沒人倡議？原因很難用三言兩語解釋。大概想從林林總總的事情中把真正值得發展的東西整理出來，本就是很大的考驗吧。」

「在一個人眼裡是恢復身心的機會，」我說，「可能在另一個人眼裡是踏向離婚的第一步。有時我看到來諮商的夫妻，一方希望分開一陣子，另一方說那還不如乾脆離婚。暫時分開對感情是有利還是不利，總是難說。有時當事人也不知道，但就覺得有必要冒險試試。」

「這絕對是冒險。」凱倫說，「但是希望順利有效的關鍵在於，伴侶雙方不能只從『我需要』或『你需要』的觀點展開對話，也要想到這份**關係**在特定時間點需要什麼。時間和空間有時能讓人從新的角度看見自己和自己的立場。推動局勢往寬廣開放的態度發展，不要施加太多汙名，以長遠來看對婚姻是有好處的。但這些都只有在雙方不只想到自己、**也能想到**身處的關係時，才可能充分見效。」

我跟凱倫說起一名六十三歲的諮商患者，她在將屆五十歲時與丈夫離婚，理由出在性事不和。「她很後悔當時沒有將眼光放遠，」我告訴凱倫，「她說，『現在對我最重要的是友誼，我很想念前夫，畢竟他曾經是我很好的朋友。那時我只在乎婚姻裡喪失性吸引力的感覺，現在回想起來，真希望當初找到其他方法處理問題，說不定分開一會兒我就可以好好想想，在其他情境裡我有多麼需要他。當時覺得那麼嚴重的問題現在好像只是芝麻蒜皮的小事。如果能夠重來，我會做出不同的選擇。』」

＊＊＊

孩子離家是成年人常面臨的一個轉折點，而父母過世是另一個。父母親過世是如此無可避免的事，可能得等造成劇烈的反應，包括對婚姻形成深切影響，我們才會大感意外。我們邁入一個新的成年階段，不再有長者這層屏障阻隔在我們與人生盡頭之間。父母過世迫使我們正視生命時鐘，更直接地意識到生命有限。

父母的逝去讓原本堅實的後盾不再提供協助，原本榨取我們太多精力、難伺候的父母，現在總算令我們鬆一口氣，卻也莫名讓我們感到空虛。種種的影響難以預料，而且不只限於死亡本身。父母年老體衰也構成困難，如果他們住得遠，那就有長途奔波的重擔，以及搬家和醫療照顧等為難的決定，萬一牽扯到兄弟姊妹和金錢財產就更加複雜。光是需要的精力和注定令人沮喪的結果，都會對精神心力造成巨大耗損。當死亡來臨，我們可能毫無準備，完全沒有想過這將如何影響我們對待配偶的態度。

「他的身體。我到現在還是忘不了。」凱洛琳說。五十四歲的她除了為人妻，也是兩個青少年孩子的媽媽。她坐在診間諮商時，腦中重演她父親過世的情景。「最後那一刻，我看得出他要走了，我大喊著爹地、爹地，把手給我！我像個小孩子一樣懇求，我打從肺腑深處想說的是『別離開我！』我當下有個瘋狂的念頭，覺得要是能讓他把手伸給我，他就不會離開我了。那簡直像場夢，時間一秒接著一秒流逝，直到他的眼睛不再張開。我已經快四十年沒叫過他爹地了。」凱洛琳哭著說。

她父親在六個月前過世，她在他垂危之際來找我，一想到父親不在以後該怎麼活下去，就令她感到害怕。父親的病情使她猛然意識到她是如此徹底地依賴他，即使她說她父親是個「控制狂」。他在她心目中是個活力十足的人，她的雙親都是。她冷冷地說，她父母看起來就像永遠不會老也不會死的人。凱洛琳回憶，「我爸媽一手創造我們的世界。」她指的是她們兄弟姊妹與各自的家庭。「我到現在才發覺，我還是常常把自己看成他們的女兒。他們的朋友、他們的社交圈、他們放假去的地方、他們過節的方式，我們全都沿襲下來。」

凱洛琳之所以輾轉反側，部分因為處於父親垂垂危矣的陰影下，她對丈夫的失望逐漸加深。年輕時，她受丈夫隨和的個性吸引。他從不曾對她的家人行使有力的反抗，也不干涉她家的規矩。跟他在一起，她可以放輕鬆，然後再回到家裡刺激緊繃的氣氛裡。現在她爸爸過世在即，媽媽也慢慢衰老，她對丈夫的看法開始改變，好像這段婚姻只有在她整個家族的生態系裡才能順利運行。

「我一直是我們家的主事者，」凱洛琳解釋，「但現在我要應付爸媽，需要我老公扛起一點主導權。我需要他**自己想想**哪些事該做，然後就去做。」我們談到這些年來，她其實微妙地削弱了他的主導能力——夏天的度假計畫向來配合她們家的安排，孩子的課外活動也遵照她父母的興趣。她也意識到自己正在改變對他的要求，因為失去父親，代表她的生活將失去一個男性的支配力量。「我有時覺得，我生他的氣只因為他不是我爸。」她承認。

我們對於婚姻的選擇，在某些方面無可避免地會以父母作為借鑑——我們父母擁有（或無法擁有）的婚姻、他們提供的看法和意見、他們教會我們期待（或不期待）的那種支持和理解。研究指出，認為父母充滿關愛、但並非生活中最重要愛的來源，這類人最能從父母過世的打擊中復原。如果父母依然是主要的情感支持來源，或始終教人失望，那麼復原就比較困難。

對凱洛琳來說，雖然她自組家庭已久，但父母仍舊是她的情感重心。我陪她一起思索父親在她情感世界的地位，又如何在某些方面限制了她與丈夫的關係。她是不是選擇了一個在她心目中永遠無法和她父親匹敵的人作為結婚對象？努力面對婚姻現實的同時，她也努力面對父親去世的現實，這兩者在她的心靈中是交織在一起的。

她父親去世後那幾個月，她正與我一起努力理解這一切的同時，她九十歲的母親也摔了一跤。短短不到兩星期，凱洛琳又得面對母親不可逆的衰弱。「我媽以前是個強健敏捷的女人，現在她躺在醫院，只剩下細瘦的身軀。」凱洛琳癱坐在椅子上，擰著手裡的面紙啜泣。「護士替她翻身時毫不費力，跟搬一捆樹枝沒有兩樣。媽媽以前胸部堅挺豐滿，現在卻像兩個空筒子吊在胸前。」睫毛膏順流而下，凱洛琳看上去既像個孩子又像一名老婦。「我好害怕好難過，我打從心底覺得困惑……我一直以為慢慢變老，慢慢就能想通。結果等到我父母生病、乾枯、死去，一切只讓我更迷惘。明明我一直知道會有這麼一天，但我現在卻還是想著：『怎麼會這樣？我怎麼會走到**這裡**？』簡直就像一陣漩渦。」

母親摔跤的兩星期後，與緩和醫療團隊討論的結果指明，安寧照顧是最好的下一步。凱洛琳為有個安排鬆了一口氣，但其他各方面都覺得承受不住。她常一個人坐在車裡哭，在孩子面前幾乎把持不住。她覺得才失去父親不久，這麼快又失去母親可能會令她崩潰。置身動盪的婚姻中，難以承受的悲傷不時趁虛而入，令她覺得婚姻恐怕難再延續。她看得出這股被遺棄感是雙向的，她的悲傷也使得丈夫不再容易親近她，但他明顯很掛念她。知悉這點偶爾讓她燃起一絲希望。

她母親氣息將盡前躺在凱洛琳家客廳的病床上，凱洛琳意外目睹了丈夫陪伴她母親的一幕。她先生坐在床邊的椅子，用手撫順母親的頭髮，用低調的幽默逗她微笑。凱洛琳的淚水湧上眼眶。「那一幕令我想起他的溫柔和善。」她說。我們談到她丈夫令人安心的**存在**，每當她認同積極而不耐煩的父親，總是容易忽略丈夫的這個優點。她不得不承認，她先生向來比她更能安撫孩子，她眼裡的「遲鈍散漫」，其實也是他能用包容且不加批判的態度對待孩子的原因。

我們所愛之人不會在我們心目中一夕消失。死亡發生之後，我們重新調適內心以便踏入新的人生，那個所愛之人已經不存在的人生。失去父母令凱洛琳苦悶至極，放手令她心如刀割，有陣子她覺得過去彷彿充滿寶貴的事物，但已經無可挽回地消失了，而現在雖然就在眼前，卻只餘下空虛。與父母的關係曾使她心中保持年輕，現在承認一切都結束了，她覺得冷冷清清。生之徒勞有時令她動彈不得。

但父母去世也迫使凱洛琳面對，除去爸媽的女兒這個角色，以及長久以來支撐著她的相互美化之外，她的人生畢竟是屬於**她的**。她在悲傷中經歷一種不常有但莫名舒暢的「廢人」感——渴望獨處、不想社交，抽離原本過度積極投入角色任務的心態。就在她抽離的期間，她先生管理了整個家，給予空間容許她「關機」。

父母一方臨終乃至去世，是決定婚姻走向的關鍵時刻，因為伴侶當下給予（或未給予）的情感支持，將成為日後抱持感激或失望受傷的基礎。凱洛琳就是因為這段日子的新體驗，而能打破了慣常認為丈夫令她失望的思考模式。她在更深層的面向感受到他的情感支持，她意識到，如果她不明白父母在世時，自己是用什麼方式把丈夫安插在內心情感世界，也不明白父母過世後這點將如何變化，那麼她也不能就這樣子貿然評估婚姻是否可行。

我們把哀悼當成失去所愛之人後會做的事。但廣泛而言，哀悼指的也是一段心理歷程，過程中我們逐漸放下對人事物的依戀。失去是無可避免的終局，我們與此達成協議，在記憶中保存失物令人珍愛的一面，使其成為我們的一部分。這也許會與依戀之情相互牴觸，但騰出空間容納現實中依然存在的東西，無論是好是壞，也是包含在歷程中的一環。

凱洛琳哀悼父母去世之後，出乎意料地感受到一股自由，宛如一道身分魔咒跟著解除，起初她悵然若失，但不久後便更能掌握自己。她說：「這是一道時間的簾幕，通過之後，事情就再也不同了。置身其中時，我真的不知道婚姻會走向哪個方向。」她在心中讓父母入土為安，釋放佔據的能量，從而好好過起現在的生活——這也包括哀悼與她丈夫在一起所做不到的事，以及感謝與他在一起所有可能的事。

放下並哀悼逝者的心理能力，讓人能珍愛還活著的人事物。理想上，我們憑著失去的經驗，更充分地投入此刻當下。成年後與婚姻中的心理成長，正需要用過去帶給現在活力。在我們一生中會失去很多東西，包括所愛的人、年輕的自己、孩子的幼年時光、與另一半熱烈相愛的階段……，我們哀悼失去，同時透過儀式、回憶及關愛他人的舉動，讓記憶和過去的自己活在心中。有哀悼作為背景，也許就是慷慨之所以令人苦樂參半的原因。慷慨付出——分享能力、指導他人、投資於未來——是一個成熟大人所能給予的最大餽贈。

步入中年之後，認知自己是個慷慨的人不只具有意義，也有助於活得更健康長壽。向外拓展是治療中年不滿的重要藥方，因為需要我們動用能力做出務實的或心靈的正面貢獻。不過，時間寶貴、時光流逝，對於時間的認知使我們自然而然意識到，栽培下一代的成長越來越急迫，也越來越有樂趣。

與人聊到指導後進，很容易聽見他們的心聲。「指導跟我同性別的年輕人，對我個人成熟很有幫助。」我認識的一位五十五歲藝術家說，「我覺得對待她們有種父母對待子女的感覺，有助於我接受倫理秩序，而非迷失在競爭裡。」另一位男教授提到指導青年女學者的滿足感，尤其他所在的學術領域充滿性別歧視的氣氛。「見到成果時真的很美好，」他說，「那些靜靜償還責任的時刻，可以緩解老化的苦惱。也讓我重拾受人指導的經驗和回憶，內心感到很大的滿足。」

成年以後，可能沒有哪一刻比孩子和父母啟程離開，更令人赤裸裸地體會到無常，以及一體兩面的哀愁與美麗。這兩件事都能在一夕之間把我們拋入新的人生階段，一端是絕望，另一端是拒絕承認，兩端不斷拉距。但時間之流能引領人走向內心成長，我們承認兼承受複雜矛盾情緒的能力慢慢提升，更能明智地衡量得與失。詩人丁尼生（Alfred Tennyson）在《尤里西斯》（*Ulysses*）一詩中寫道：「失去的雖多，但所餘也還足夠。」充分展現活力往前走，積極活出有意義的人生，代表要在一個漸漸縮小但承先啟後的傷口上保持平衡，對生而有限的認知在這裡能激發探索未知的衝動。

* * *

我以「空巢期」為題主持過一場工作坊，席間討論孩子離家和父母衰老，也提出不少問題。這些不年輕的與會者跟二十幾歲的人問的很像：「我在做什麼？」、「我的目的何在？」一名男士聽完團體討論後說：「我們聽起來簡直迷惘得丟臉。」中年這個人生階段有諸多方面令人意外，其中一項就是我們謙卑地發現自己所知甚少。想改變的人遭遇到的最大阻礙，就是誤以為自己到了此刻早該能夠想通道理。事實上，我們正面臨古怪而新鮮的事物，最相稱的方向可能就是漫無方向，畢竟自認已經想通的代價往往是種停滯不前的感覺，因此承認迷惘反而有好處，能夠對探索和變化保持開放。

上了年紀以後，值得留意我們是不是任由過去的心態限制了自己。你的人生到目前為止做過的事，也就只是你目前做過的事罷了。只要你一天還活著，你都能敞開心胸去做不一樣的事。如同第一次生孩子，我們都是「新手爸媽」，孩子離家時，我們也是「新手空巢父母」。

五十七歲的吉姆也參加了工作坊，說起他和太太之間有個問題，從孩子離家之後就變嚴重了：「有時我埋首工作，沒花太多心思在太太身上。我喜歡自己那種專心的感覺。但他太太會生氣地說：『我甚至不確定你還想不想跟我在一起。』」以前發生過同樣的問題，但彼此都理解成是他不擅於維持親密感。強調這點在以前有一定的幫助，有他太太不斷索取保證和安慰，這些年來讓吉姆一直記得保持情感聯繫很重要。本書至此也探討過許多案例，依附的需求從來不會消失，只要伴侶不斷互相安慰、碰觸、面向彼此，他們的情感溝通就能夠持續運行。

問題在於，吉姆以前會因為埋首工作感到歉疚，也自覺失職，但現在他開始不耐煩，他想知道為什麼。人生到了這個階段，良好的伴侶關係賦予我們機會將心力放在興趣、目標和兩人以外的經驗，而非阻礙這些機會。我們不只需要親密和依附，也需要其他滿足感和意義的來源。進入創造力突飛猛進的中年，我們會從超越個人興趣和關注中獲得滿足感，甚至喜悅。問題不出在吉姆有沒有給予太太足夠多的關心，而在於他太太是否為丈夫對其他興趣的熱衷程度感到不安，甚或為她自己缺少興趣而感到不安。

「直到最近幾年，」長年婚姻的重要研究者李文森（Robert Levenson）說，「對老化的看法都還是一樣，光芒漸淡，關係漸漸了無生氣、變得平庸，熱情消失，被同情取代。」這些都**可能**發生。但李文森的研究顯示，很多人並未遇上這樣的事，這與情感持續成長有著直接的關聯。

年紀較長的夫妻往往學會善用技巧減少彼此的負面互動，也能更快地振作復原，精進了用正向情緒安撫自己和另一半的能力。如果隨著歲月流逝，我們的內心也演化得更加複雜，那麼婚姻關係就不會是收益越來越小的一件事。空巢期反而是個主動追求改變的機會，而不至於陷入麻木無感的狀態，還辯稱夫妻相處有問題「大家都能接受」。

隨著人類壽命大幅增加，心理研究一再幫助我們轉移晚年人生的典範。終其一生，個人與各種人際關係會不斷成長。「生命設計」宗師柏內特（Bill Burnett）和埃文斯（Dave Evans）就說：「設計生命沒有完結的一天，因為生命是個樂趣無窮且永無完結的設計案，你要為自己打造向前的每一步路。」沿用他們的比喻，如果我們知道自己的質地又擁有適當的情感「工具」，就能檢視婚姻，思考怎樣拓寬視野、提升風景。這或許包含這邊分攤一點重量，那邊挪動一些支點，但只要我們知道重量集中在哪裡、哪幾根梁柱不能移動，就能在可行的範圍內發揮創意，思考最美麗的設計。

「壽命收益」（longevity dividend）的現實，以及空巢期的生產力混亂，都使人意識到無論在任何年紀，包括在婚姻裡，允許自己當個新手是有價值的。這在伴侶生活中需要很多對話，只因為你不曾和另一半有過某些對話，不代表你現在不能進行這些對話。甚至，你現在就必須開始對話。孩子離家或父母過世以後，你們現在各自想要什麼，這是很重要的問題，就算困惑也不應受到責難，「還不知道」是再正當不過的心理狀態。人應該永遠有機會嘗試新事物、重新思考問題、互相請求幫助。理想上，空巢期的待辦事項除了整理學費帳單、清空地下室、決定要不要精簡生活之外，還會持續面臨一個問題：「我們現在可以遊戲了嗎？」

11 留下或離開

有篇研究調查許多相對滿意的伴侶，發現他們的婚姻衝突最後多半「未解決」，至少在一方看來是這樣。就算某個衝突「解決了」，也鮮少促成實際可行且雙方同意的改變。我們常把解決衝突當成婚姻和諧的必要前提，但對這些相對滿意的伴侶來說，要緊的不是衝突解決，或是有沒有達成協議，重要的是理解。伴侶在衝突之後是否感覺被理解，才是決定往後是否留下負面影響的要因。

威廉和派蒂來找我時，他們結婚已經十四年，有兩個女兒，一個即將步入青春期。威廉是個友善的好好先生，派蒂則比較內斂而有戒心。我很快看出威廉的輕快開朗是種反射性的表現，一旦卸下習慣性笑容，他的臉幾乎有點呆滯。威廉觀察到多年來，他做的事沒一件讓派蒂滿意，儘管他白天上班，晚上也回家煮飯，顧慮到她的感受，他能做的都做了。派蒂則抱怨威廉雖然為這個家努力付出，但是「心不在焉、魂不守舍」。她哀嘆他們週末的房事漸漸熄火（平常日為了保障她的睡眠品質，她都戴耳塞分房睡），也抱怨他即使再三提醒，還是不記得出門前把碗盤洗好，或者每晚都要替狗梳毛以減少掉毛，把這些事做好對她而言很重要。

提議來諮商的是威廉，他覺得他們一直沒能從七年前的一起意外中復原，這件事至今持續影響夫妻的相處。那時他們的小女兒還在學走路，威廉推嬰兒車帶她去散步，一名開車講電話的駕駛撞上了他們。幸好女兒的位置避開了正面衝擊，嬰兒車雖然翻覆，但女兒沒有受傷。威廉則直接被車撞上導致髖骨骨折，在醫院裡躺了兩個星期。他的傷勢嚴重，但孩子遭遇危險才令他深感震撼，他覺得驚恐、脆弱，生平第一次**意識到**自己需要安慰。

當他發覺派蒂無法對他展現同情或關心，他深感受傷。車禍只讓派蒂覺得威廉漫不經心而且不值得信任，她把車禍意外視為他沒好好照顧女兒的結果，也間接對她造成傷害。她嚇壞了，卻用責怪來表達。威廉覺得妻子不只無視他的傷情，也無視他的恐懼。

這起事件成為威廉和派蒂婚姻中負面的檢驗標準，可說是一道「依附創傷」，當伴侶一方未能在對方脆弱或需要支持的重大時刻及時給予回應，就會形成傷害。典型的重大時刻包括陣痛分娩、生病、心理創傷、喪親，以及過渡時期，如果在這些時刻覺得遭受到伴侶的背叛、忽視和漠不關心，這段關係就會產生裂痕。這些單一事件在往後會演變成有著前因後果的大事件，或是反覆出現的主題，對相互理解和修補傷害造成妨礙。

這類創傷有可能聚焦於失望且不斷激起失望的單一事件，或者可能是持續發生的模式，例如酗酒或連續外遇，形成抱持希望又再度幻滅的循環。無論是哪一種，拖得越久沒有去修補，關係疏離終至分手的風險就越高。

嬰兒車事件後那段難熬的時期，威廉和派蒂曾經尋求伴侶諮商，希望從傷痛中復原。但誰能從某次依附創傷中復原，從來就無法清楚預測，即使遇上同樣困難的處境、或婚姻遭逢相同混亂的其他人，這些個案有多少能力和意願把危機當作療癒成長的機會，依然因人而異。成功修補關係的要素之一，有些治療師稱為「態度軟化」，指的是伴侶中比較批判或退縮的一方改從脆弱無助的立場尋求保證。態度軟化如果發揮功效，可以使伴侶雙方感受到更緊密的連結。但這也是常見的僵持點，是最難通過的一道關卡。

因為他們未能成功平復嬰兒車事件所帶來的創傷，把讓威廉對婚姻的信心消磨殆盡。照派蒂的說法，他們已經「走出來了」，雖然她的故事從未改變。她把車禍事件編進故事裡，說明威廉總是令她失望，她依舊堅稱威廉過馬路「心不在焉」才會害得女兒遇險，但她已經「不打算拿這件事責怪他」。這種態度讓威廉很難走出來。

在我看來，這道依附創傷沒辦法平復或淡化，原因是在派蒂和威廉每天的相處中都會浮現相同的問題，車禍只是比較戲劇化的版本而已。派蒂覺得威廉「沒有回應」（水槽裡的碗盤不洗、不優先重視她的要求）**傷害**了她。她認為要補償這些傷害，他應該承認做錯事，覺得愧疚並且道歉。威廉承認他的行為會對她的感受**產生作用**——「我知道把碗洗掉對妳來說很重要，很抱歉我常常沒時間做，但我會盡力。」但他不同意她的感受是他所**造成**的，也不認為她的期望全然公平。

換句話說，他不同意她加諸在他行為上的意義，也不同意她把他的行為等同於冷漠和無視。他不願接受她的觀點，在她看來，好像沒做到她的要求就構成了「背叛」。兩人對於事情真相持有不同的看法。

這些年來，威廉用安撫派蒂的方式來化解不和。就算很勉強，能重新被她的恩寵接納，他就覺得心滿意足。但我看得出來，他對妻子的不知分寸漸漸失去了尊重。活在世上被人接納的前提居然是要否認自己對真實和公平的看法，這已然損害了他的自尊。他的誠信維繫於堅守觀點——這並非否定**她的**真實，而是希望不必在她的真實和他自己的真實之間作抉擇。他們困在蹺蹺板心態，雖然看起來威廉單方面不斷努力想把他們拉回金環模式裡。

派蒂和威廉的問題沒辦法簡單透過多「回應」對方來解決。在成年人的人際關係裡，每個人都應當有能力反思自己的反應。中年婚姻遭遇的苦惱強迫雙方努力解開感受與詮釋之間糾纏不清的結，雙方都必須思考做了哪些事，才形成現在的局面，而不至於一味把情緒反應歸咎於對方的行為。把每個問題都看作要取決於對方**有沒有回應**，很容易把自己也必須為反應所負的責任撇得一乾二淨。這等同發出一張許可證，核准他們把自己的感受和行為怪罪在伴侶身上。

儘管我極其溫和且堅定地嘗試與派蒂溝通，她仍不改對威廉的期待，希望他用心、努力、為做不好的事負責，以治療她受傷的自我價值感。我大力勸說她尋求個人諮商，我認為問題癥結出在比婚姻更深的地方，但她推說太忙了。哪怕她什麼都沒改變，只要她願意主動對威廉說：「我知道自己很懊惱，還往往因為不能處理這種情緒而怪罪你。」這或許還能引起相互的同情、喚起一些希望。

但派蒂和像她這樣的伴侶，悲劇就在於她**做不到**。她會激動哭訴在威廉眼中「她做什麼都不對」，即使他由衷感到苦惱，也被說得好像針對她而發出批評。在內心深處，我認為她之所以哭訴，是因為他做的事全都沒能成功緩解她對自己的負面觀感，但是她違逆了內心深處的渴望，困在自己的故事之中，認定問題出在對方身上。

自我覺察和自我負責是婚姻在困境中尋找現實希望的重要前提：「我明白我所做的，而我正努力改變。」伴侶一方若拒絕面對自己在這方面的不足，就必須被質疑。婚姻路有時走得踉蹌，是因為該用拐杖的一方不肯用。他（她）可能太害怕、太愧疚、太委屈、太困惑；他（她）可能找藉口合理化並拖延問題（「沒有婚姻是完美的」、「聽說大家結婚的對象其實都是『錯的人』」）。又或者，他（她）深怕一旦連這些徒勞的爭吵也結束了，彼此就什麼都不剩了。

然而，不是所有問題都有相同的樣貌。坐在這些來求助者面前，看見他們不肯為自己負責，常常令我苦惱。尤其有時伴侶某方正是造成另一半行為感受的始作俑者，他們卻無法正視這個觀點，簡直讓人惱怒。哪怕這讓我對他們的婚姻更加不抱希望，我也覺得威廉拒絕這個角色是對的。

持續與威廉和派蒂晤談，我越來越無法阻擋情勢走向不可避免的結局。我們對話了好幾個月，停滯不前的憂鬱感如煙霧般瀰漫開來。和解的次數越來越少，間隔越來越遠，不斷被冷漠和責怪環繞。

威廉依然覺得每次的爭吵只留給他兩個選擇：要不屈從派蒂的觀點，要不就得反抗。而他就算妥協，她也不覺得她的話有被「聽進去」。我老實告訴他們，我不確定還有沒有一條路是雙方都滿意願意一起向前走的。驚恐之下，威廉倉促地為結婚周年安排了一趟夏威夷之旅，這也是回應派蒂沒完沒了的叨唸，嫌他從來沒做點什麼來「潤滑關係」。他們希望度個假可以重溫昔日的浪漫，說不定點燃一些熱情。但回來之後，他們都同意那是一場災難。

接下來幾週，威廉漸漸蒼白的臉色，我一看就知道他處於婚姻苦惱的末期。婚姻疏離表現在人體的徵狀有時令人印象深刻，有些人會發胖，有些人憔悴，肌膚變得蒼白，整個人蓬亂不整。我不只一次注意到某人比起我先前見到的明顯失去魅力，神情越來越沉重，悲慘的經驗扭曲了他的五官。我開始擔心起他們的健康。

多年前，一位同業前輩跟我說，她的婚姻「讓她生病」，我私下覺得她只是在為自己因為外遇而離婚找理由。或許真是那樣，但這些年來我見過許多案例足以讓我相信不快樂的婚姻確實能劇烈地顯現在身體上。

有名男子說，自從離婚後，他就不再找藉口跑腿待在外面了，他之前不想和他太太共處一室才養成這個習慣，現在他一回到空蕩蕩的家就打從身體感到放鬆。另一名女性說，她無法忍受睡在丈夫身旁，一直以為自己不喜歡肢體接觸，直到後來進入一段新感情，才發覺她其實很喜歡跟人擁抱著入睡。

身體會偷偷表達出我們的心智無法接受的事實。當離婚念頭浮現意識邊緣，大家為了有意識的意圖會竭盡所能駁斥身體的訊號。有些人試著多運動、少喝酒，卻覺得撞上一堵堅實的牆，作用力之大就像一拳揍進肚子，令人喘不過氣。不只婚姻，連生活裡也是，無論怎麼做——取悅別人、轉移心思、保持低調、避免衝突——舊對策都不再管用。

但威廉和派蒂即使在這樣的禁制下，還是努力與彼此的價值觀搏鬥。他們對於這段婚姻的現實都有一種悲觀的認知，但也依戀著家的舒適及家庭完滿的價值。他們希望陪伴孩子生活，也依然欣賞對方某些特質，偶爾為孤單感到害怕。他們共享記憶和熟悉感，認同結婚相守是人生的重要目標。所以，跟其他來到這個節骨眼的夫妻一樣，他們問自己，離婚對孩子會有什麼影響？

說到離婚對於孩子福祉的影響，研究結果數十年來相當一致。平均而言，父母離婚的孩子比起父母保持婚姻的孩子，在行為、健康、情緒健康、學業表現等多項評量的得分通常較低。父母離婚顯然會減損孩子福祉的因素包括了家庭收入減少、父母的心理問題、無效的教養方法、與未同住的父母缺少接觸，以及雙親之間的紛爭不斷。

父母離婚的孩子在青年期比起家庭完整的孩子，並未表現出較高程度的焦慮或憂鬱，但他們的確比較常形容自己：「童年難熬，但願有更多的時間與父親相處，覺得不被父親疼愛，也擔心父母同場出席重要活動的情況，如婚禮和畢業典禮。」聽到孩子對父愛的掛念令人傷心，何況調查結果顯示，父親對離婚最擔憂的就是怕見不到孩子。（有趣的是，百分之五十的母親表示孩子「支持」離婚，而這麼說的父親只有百分之二十二。）

不過，離婚對孩子在各方面的影響，這些年來越來越明確。不過，觀察離婚家庭孩子與未離婚家庭孩子的**平均**差異所得到的結論，還不如去思考是哪些原因讓離婚對孩子產生負面影響，而離婚又與哪些複雜的家庭因素有關。

舉例來說，父母長年衝突不斷，無論發生在離婚或未離婚的家庭，都是孩子成長表現拙劣的最大肇因。那些以離婚收場的父母，如果離婚前出現較高程度的憂鬱、反社會行為、成癮及財務問題，展現的問題解決能力往往比較差。這些父母會對另一半表現出輕蔑、否定與逃避，容易讓衝突惡化，也會給對方較多負面評價。這些統計說明離婚加諸於孩子的壓力雖大，但導致離婚的困境早在婚姻瓦解之前，就已經對孩子發揮了負面的影響力。

我們知道比起離婚這件事本身，婚姻中的激烈爭執與孩子的行為問題更有關聯。過去二十年間許多研究聚焦於家庭失和與衝突以何種機制影響孩童的發育。婚姻不快樂的父母想知道哪一項對孩子較不利：是一個充滿爭吵的家庭，還是離婚？這個問題沒有簡單的答案。離婚也可能造成爭端，而且牽涉到的同樣是婚姻中已經陷於爭吵的兩個人。請記住一件重要的事，如果要考量孩子的幸福，通常不能拿快樂和諧的家庭生活和離婚做比較，而必須拿相處困難的家庭生活來和離婚做比較。

衝突和怒氣是家庭與婚姻無可避免的一面，但也可以是學習化解歧異不可或缺的一面，觀察父母如何經歷衝突達成協議，會讓孩子在無形間學到寶貴的一課。關鍵點在於如何管理怒氣，包含生氣的程度，以及生氣代表的意義與負面情緒。

對孩子來說，最重要的是，父母的衝突會不會影響我的安全？孩子簡直像情感的粒子探測器，他們細膩敏感，能分辨父母生氣所隱含的意思，也能察覺破壞性衝突與建設性衝突的差異。比起緩和的表達，激烈表達憤怒令孩子苦惱，肢體威脅則一律會傷害到孩子的心理健康。父母採取的衝突策略如威脅、羞辱、敵視、冷戰及生理傷害，都會對孩子的情感安全形成負面影響；而冷靜協商、表達愛意、給予支持，這類策略才能發揮正面影響。

面對父母的爭執，孩子管理情緒和尋求情感安全感的策略會依據性格與年紀而有不同，有的孩子討好大人，有的暴躁挑釁，有的則想辦法化解父母的衝突。要理解孩子對父母爭執的反應，最重要的是知道無論何時，孩子的最終目標都是**安全感**。當孩子的情感安全受到父母衝突所威脅，或是依附安全受到父母離異所威脅，他們的情感和行為模式往往會連帶受到影響。

無論是婚姻裡的衝突**還是**離婚，負面作用都包含父母的關懷照顧縮減至瓦解。孩子擔心父母不再陪伴、不再關心照顧他們，他們的安全感也會連帶受累。反之，即便父母爭吵，但還是能為孩子建構一個安全安心的環境，那麼無論婚姻衝突還是離婚，對孩子的作用都會減低。

如此說來，無論是離婚或在婚姻裡，父母**如何管理**衝突對孩子的安全感有極大的影響。顯而易見的例子就是，如果孩子被迫置身於父母的炮火之間充當緩衝墊，對他們的傷害極大。這個角色會迫使孩子提早成熟，為了他人而忽視自己的感受。整體而言，孩子對父母爭執的負面反應會在父母達成某種協議之後跟著降低，然而要達成圓滿的協議往往十分罕見。至於伴侶雙方感到滿意的重要原因，是因為衝突已經達成協議，還是衝突之後快速復原，還是單純讓事過境遷不再追究，相關研究對此尚無定論。

對孩子來說，重要的是能否感覺父母積極嘗試做出有建設性的結果。哪怕是關起房門吵架或事後達成協議，如果能向孩子說明衝突已經解決，那麼對小至五歲的孩子都會有安定的效果。正向情緒、讓步和道歉，在孩子眼裡都是理想的解決之道。孩子往往把友善對話與解決爭端視為同等重要，研究發現，「孩子察覺大人爭吵時，協商解決在他們看來有如『萬靈丹』那麼好用。」

既然父母嘗試面對彼此、一起化解衝突，對孩子可以形成很大的寬慰，就不免讓人懷疑，有些父母採取疏遠距離的策略以避免當著孩子的面爭吵，這麼做有好處嗎？父母可能覺得吵架不是「成熟」的態度，但認定孩子天真無邪、不會意識到氣氛有異，並不正確。研究指出，父母婚姻關係退縮、長期沉默冷戰，跟父母互相以言語或人身攻擊，會以大抵相同的方式為孩子帶來負面情感。

孩子會把非言語的怒氣和婚姻疏離解讀成消極破壞，即便父母有時以為這樣做是保護孩子免於衝突。我們都記得小時候偷偷分析爸媽吵架冷戰的原因，我們怎麼可能不胡思亂想？我們的安全可是仰賴在這上頭。父母如果藉由疏遠來避免情感交流，不只失去處理問題的機會，也為孩子示範了一種不健康的情感處理策略。

父母如何化解衝突，對孩子未來的感情關係也有長遠的影響。父母離婚的孩子，如果離婚前的互動偏向**低**衝突而非**高**衝突，孩子往後也比較可能離婚。這聽起來可能有違直覺，但別忘了低衝突卻不快樂的父母相較下更少直接面對問題。他們會用諷刺挖苦、消極抵抗或私底下碎碎念的方式，把無能解決衝突的模式傳遞給孩子。

父母**留在**高衝突婚姻裡的成年孩子，相較於父母**離開**高衝突婚姻的孩子，對愛情關係表現的承諾與滿足感**比較低**。這表示，離婚的決定或許難為，但雙方至少做成決議，明白這種情感氣氛在關係裡是行不通的，這多少給孩子一條指引，說明什麼樣的關係值得努力。相反地，一對長年陷於衝突卻沒有分開的父母，容易令孩子感到困惑和喪氣。

派蒂和威廉幾番評估離婚對兩個女兒的影響。威廉認為讓女兒看到媽媽發怒對爸爸不尊重，對女兒不是件好事，但他也擔心萬一離開，孩子是否得承受媽媽情緒爆發的衝擊。派蒂說他誇大她的行為，無視於激發這些行為的原因。然而，實實在在論及離婚對孩子的影響，似乎改變了威廉心中的一點想法。這些對話不久，他不再費力反駁派蒂的故事，任由她敘述觀點。我從他消極的態度中感覺到，他為了改變派蒂的觀點所做的種種努力都到此為止了，他筋疲力盡，已經沒興趣再扮演婚姻伴侶的角色，只能盡力緩解對方的情緒了。

「我不想再來諮商了，很抱歉。」有一天他說。這表示他決定放棄解決婚姻問題，只打算盡可能細心周到地結束婚姻。

派蒂起初大聲抗議，她反對拆散家庭，認為這麼做不但自私，更是他不肯為婚姻挺身努力的實例之一。他的回答只有不斷的抱歉，但是立場堅定。這使得派蒂更加生氣。不過，威廉承受她的攻擊已經將近十五年，現在既然可以放棄調合彼此南轅北轍的世界觀，他看起來舒坦多過於受傷。我看得出如今他所有心力都專注於引導彼此走向離婚一途，並將傷害減到最低。

約一個月後，派蒂的眼淚和控訴趨緩。威廉能坐下來傾聽很有幫助，在他還設法依附她的時候，幾乎無法做得像現在這麼好。看著派蒂到了這種時候還想把改變的期望強加在威廉身上，我為她感到難過。不過，隨著派蒂日漸明瞭她可以脫離婚姻而不損及自尊，她的看法也不會受到質疑，她幾乎釋懷了。他們都是會存錢的人，因此不用為錢爭吵。我們討論他們的下一步時，我甚至猜想，派蒂不用再勉強與威廉親近，會不會也覺得鬆了一口氣？

＊＊＊

責任問題常常是一般人猶豫著要留下或離開的核心考量。我的伴侶在行為上能做出什麼改變，什麼是他做不到的？在一定比例的夫妻裡，配偶一方有明顯的心理疾病、成癮症或人格障礙，如果她本身無能為力，那麼離開婚姻公平嗎？就算另一方覺得她應該留下，現實上她承受得了嗎？基於怎樣的道義，面對寂寞和疏離時仍應該留下？基於怎樣的倫理立場才應該離開，哪怕最後瓦解的規模極為龐大，或者另一半還想繼續嘗試？你對孩子和婚姻諾言都負有道德責任，但你對眼前現實的情感也有責任，這些矛盾可能有如悲劇般難以調解。

如果另一半像威廉那樣，身心都已經到了極限，還有方法挽回婚姻嗎？應該挽回嗎？還是轉而接受？也許如同面對死亡，特定時刻我們就該放棄掙扎，把眼光投向優雅而有尊嚴地退場。我們不可能徹底掌控自己的情感，我們沒有有超能力。有些人確實會走到現實處境與愛的能力相互衝突的地步，如果誠實面對自己，可能會意識到再也無法尊重另一半的行為或另一半所見的現實。或者，當他們再怎麼努力也不夠，他們會發現關係中察覺確實存在著極限，這點深深令人挫敗，而且感到無以復加的悲哀。

有些人會說，情感只是離婚的「委婉」說法，但是當你對自己的情感多一點誠實，就會理解到為什麼這段婚姻你走不下去。你可能會認清那些對你的期待並不公平，或發現要和一個不愛的人親密生活，終究太痛苦了。兩人行至山窮水盡、無法重拾愛意絕非「委婉」的理由，反而是讓離婚更加堅定的原因。

一般人即使面臨這些感受，可能也不希望家庭瓦解。他們或許爭吵，或許疏離，或許隱約知道這段婚姻有一天將無以為繼，但如果情勢沒那麼嚴重，他們就告訴自己對婚姻不滿很正常。他們傾向維持婚姻的基礎架構與許多可動組件——孩子的家庭作業、年終考績、待洗衣物、探望祖父母、生日派對、體育活動、親師懇談會、睡前故事，及週末的家庭時光。他們覺得過度關注自己的快樂似乎不太恰當，只要還不至被診斷出憂鬱症，最好安靜地忍耐度過。

但有些夫妻就算這麼做，不令人樂見的情境還是一再對他們施以棒喝，每天展開無數的協商，每次協商都烙印著誤會的痛苦，鮮少再有平靜安詳的時刻。要求和失望輪番上演，卻沒有甜蜜的滋潤予以彌補。但儘管如此，他們也無法想像一旦分開了，財務問題怎麼辦，犧牲將十分慘重。假如分開代表要搬進破舊的租屋又身無積蓄，這麼做真的值得嗎？這種思考令人茫然，甚至幾近可笑，就連想到以後只能與孩子相處一小段時間，也讓人無法忍受。

我們這一代的婚姻都以孩子為中心。一個人必須多自私，才會任性地不盡力給予孩子最好的成長環境？離婚形同個人的失敗，尤有甚者，離婚還辜負了孩子。相較於被配偶誤解或漠視，我們在人生中遭遇的逆境更多，填飽肚子、有屋頂遮蔭、照顧孩子健康……想到這些，執著於婚姻的不美滿簡直令人難為情，這根本是富人才有的煩惱吧。

不少人用這套想法使自己或另一半感到愧疚。有一對夫妻，他們為每件小事爭吵，太太抱怨丈夫「消極」，丈夫抱怨太太「永遠不滿意」。但吵著吵著丈夫會額外補上一刀，說他們什麼都有了，他們住在全世界最美的地方，她還不能滿足現況，真是荒唐。這是沒用的爭論。太太做不到，先生也同樣做不到。因為人與伴侶的情感互動會渲染眼中看到的世界，能夠「改變」，對親密關係來說是一大成就，但得來不易，也不見得做得到。

不過只要不一味把改變當作互相苛責的教鞭，想想所珍惜的事、承認所擁有的好運，的確是很具建設性的指引兼動力。孩子也可以是重新面對婚姻、為婚姻多努力一下的絕佳理由，金錢也是，尤其如果有孩子要撫養，金錢則更形重要。對很多人來說，負擔兩個住處將耗盡孩子讀大學、度假、買衣服、甚至看醫生的資源，無論對孩子，或對一個人能不能善盡親職，離婚的情感和金錢代價都很現實。有時正是對孩子的責任和金錢的限制，讓人在一段婚姻中撐得夠久，得以發覺婚姻還有可挽回的餘地。只要這個想法能鼓勵你走下去，那麼利用這個想法也無妨。

即使愛意黯淡到威廉和派蒂那種地步，依然可能重新點燃。也許某一方已經走到無可挽回的盡頭，決定追尋其他道路，也有些時候努力來得太少也太遲，但如果還有一丁點自我察覺和自我負責的意願，兩人心意相通的機會還是可能從三十天發生一次，變成二十天或十天發生一次。

「這兩星期我覺得情況好一點，你覺得呢？」「是的，我也覺得。」「你覺得今天還可以保持結婚狀態嗎？」「我還可以。」「我也是。」只要還能進行基本的對話，就還有希望。如果雙方能思考自己的責任、尋求真誠理解、願意盡力改變，關係就有機會懸崖勒馬，你也有機會再度對你選擇結婚的人感到親近。

＊＊＊

過去這兩年來，貝琳達不斷苦思與丈夫共度餘生的意義何在。「他真的只想一個人獨處。」她說，「他不想讓我失望，甚至很配合我。但我覺得那只是因為他這麼做，我就不會多過問他的事。」

貝琳達十五年前第一次來找我，當時她對婚姻感到憤慨而寂寞。沒有孩子以前，她和丈夫賈斯汀感情融洽，大抵因為兩人都很獨立自主。生了孩子代表需要更多的依賴，事實證明這是一道難過的關卡。她很失望賈斯汀對於分擔育兒重任和喜悅並沒有多大興趣。

多年前接受諮商之後，她認為彼此有許多共同回憶、相處也算和睦，更別說往後還需要齊力照顧幼小孩子，因此她決定努力讓婚姻走下去。她全心投入社團、交友圈，以及孩子的學校活動，同時繼續稅務律師的工作，儘管辛苦，但工作為她帶來很多回報。

現在，五十五歲的她來找我，是因為她的好友艾莉絲剛剛結束了一段婚姻。艾莉絲五十一歲了，外表年輕得令人羨慕。「我不知道為什麼這麼震撼。」貝琳達說。她們從念幼稚園起就是好朋友，她們一共有六個女人死黨，每年都一起吃飯慶生。「部分的我覺得有這種反應很合理。我的意思是，嘉莉正在接受第二輪化療，路易絲的兒子海洛因成癮，但艾莉絲卻忙著慶祝她重獲自由。但我也知道我是見不得別人好。我嫉妒艾莉絲有堂皇的理由可以離婚，」——艾莉絲的丈夫「性愛成癮」——「還看起來這麼無辜，渾身散發一種什麼也沒做錯的氣息，並強調她忍到孩子自立了才離婚。她可憐兮兮地說：『我發覺我受不了和孩子分開。』好像那是多麼深的體悟。她是我認識的朋友裡最不諳人心的一個，現在卻要回學校進修，當個心理諮商師。」

我一面聽貝琳達說話，一面意外她露出了如此毫不掩飾的情緒，情緒失控竟然讓她這麼心煩。「你知道我是個**行動派**，不會成天空想，」她說，「但這陣子我的心思都被艾莉絲的事給佔據了，嚴重到我會聽芭樂鄉村歌、看垃圾電視節目發呆。」那種違和的畫面讓我不禁笑了出來，因為貝琳達的打扮總是顯得有些端莊——絲巾、大小適中的金圈耳環、沒能完美修飾腿型的低跟鞋。我發現自己在腦中替她穿衣打扮，心想她是不是該解放過度暗沉的髮色了。我希望她覺得自己每一吋都和艾莉絲一樣迷人，我的競爭心忍不住代她出頭。她有一張纖細的瓜子臉，藍眼睛慧黠明亮，上了年紀別添韻致。但是她並不熱中自我表現，她怎麼會把心思展露在裙角？她打從內心是個觀察者，任何賣弄都令她難為情。

我認識貝琳達夠久，看得出她偏好觀察乃至於自我壓抑的習慣，在她所哀嘆的婚姻互動中也參了一腳。而她丈夫賈斯汀一直是個正派男人，他們跳著婚姻的舞步近三十年了。貝琳達搖擺不定，時而試著與賈斯汀分開，時而努力吸引他關心卻語帶譴責，傳達出一種他令她失望的態度。

賈斯汀和很多男人一樣，不為所動地忠於婚姻、專一於貝琳達，但情感上已經拉開了一小步，這一小步既是為了自我保護，也是為了冷靜接納並保有自在的狀態。我想像他或許是看出把婚姻難題區隔開來是有益處的，而且肯定這樣的好處，他覺得婚姻目前還算走得下去，因為他能從事別的興趣而相對不受到妨礙。但是，貝琳達把他這種態度視為一種拒絕。

貝琳達跟我談到對艾莉絲的反應時，她承認近距離看到有人興奮地期待新未來讓她很羨慕。她另一個朋友也剛恢復單身，她老公因心臟病發猝逝，她雖然悲傷不已，卻坦承結束一段長久無性的婚姻是一種解脫。貝琳達心疼這位朋友，但不羨慕。最後貝琳達意識到她覺得艾莉絲沒有吃夠苦頭。

但貝琳達也知道，艾莉絲未來的路不好走。貝琳達自己並不特別想恢復單身，也不嚮往與不同的人發生性關係。艾莉絲的處境讓貝琳達如此動搖，是因為這似乎支持了一種論點：獨立過活才是堅強勇敢的表現。貝琳達在婚姻裡裹足不前這麼長時間，幾乎以為有沒有婚姻都無所謂了，但她知道如果離婚會失去很多東西，包括財務安全、生活水準、舊日回憶、圓滿家庭的樂趣、還有與人的肢體接觸。

我們知道包含銀髮離婚在內，離婚大多是由女方提出的，而且通常不會後悔這個決定，但說到財務困境、孤獨和憂鬱的經驗則有紛雜的面向。五十幾歲離婚的女性有三分之一表示，離婚最棒的事就是「不必再顧慮另一個人」。也有三分之一的人說，離婚後最困擾的事是「做事沒有伴」。已婚女性有百分之六十九表示會每天親吻，獨身女性這樣做的只有百分之六。

一般人由於渴望脫離婚姻的痛苦，有時會低估失去某些東西的痛苦。貝琳達謹慎地衡量這一切，所以才不滿地觀察到所謂解放的情節都太過簡化。「大家好像覺得只要離開就會找到更好的。到底更好的在哪？很多人說，他們寧可單身也不想在婚姻裡孤單，但我覺得一旦離婚，我可能既單身又孤單，至少睡覺時身邊少了一個溫暖的身體。」

看到她為了要留下或離開苦惱不已，我問她能否在這兩個月假裝當個婚姻裡的模範生。這項實驗很有幫助，一則看她能不能做到，二則可以看出行為的改變，能否讓她感到更多愛意，還是會引起恐慌，讓她領悟到這下子沒理由脫身了。

貝琳達嘗試了這個辦法，還統整出她生氣的各種原因和觸發點。她意外發現，很多原因都與賈斯汀的力不從心或老化有關，而非他長年以來的內向性格或情感不外顯所造成。我們討論到她的抱怨並無固定模式，她也注意到這點，開始試著用友善態度對待先生，這多少令她的心情平靜下來。但是她最大的問題不在於負面行為，而是她傾向放棄努力，聽天由命。

「如果可以神奇消除婚姻裡令人失望的回憶，妳覺得妳一早醒來會喜歡他嗎？」我問。婚姻要走得順利，妳至少**心中**要喜歡與另一半相處，哪怕這份好感在經年累月下已經逐漸稀釋。有時她的確喜歡他，他們為同一件事發笑，一起為孩子的成就感到開心。不過在這種時候，她心裡也升起某種念頭，告訴她不能因為這種時刻而屈服。她說，她「不想再受傷」，她會在心中重演過去每個她向賈斯汀敞開心房卻換來失望的場景。

但我發覺，她還感受到某種更為深層、難以言明的事情。貝琳達往往把努力放下對賈斯汀的依賴看作一種自我保護，那其實奠基於一種不滿的心情。她必須認清這股不滿並非來自於賈斯汀，也不能靠賈斯汀化解。

我們重新檢視了她在人生早期就種下的傷痛；此外，理想與現實間也不免有差距。她懷抱一種想法，覺得她內心某處有一個珍貴版本的她，而她先生沒能讓那個「她」展露出來。貝琳達為「再無其他機會」感到哀傷。但她反覆思索應該留下或是離開——她對這件事的猶豫不決，也是避免最終做出艱難抉擇的方法。

我們的諮商內容有部分就在於幫助她把對丈夫的不滿，與對人生有限的不滿分開來看。我趁著氣氛輕鬆時跟她分享，女性比較容易為離婚而責怪另一半的行為，男性則比較多想留在婚姻裡，比較不會為婚姻問題責怪妻子。「但男人實際犯的錯明顯比較多，不是嗎？」她開玩笑著說。把流逝的人生怪罪在丈夫頭上再自然不過，她花了很多時間思考，才漸漸學會要拿為未來的現實來衡量此刻的情況，而不是拿過去的希望來衡量此刻的情況。一旦學會質疑自己用來佐證不滿的故事之後，她對目前的生活也比較滿意了；修改自己的故事感覺近似於死亡，但也像一種甦醒。

內省讓她的觀點有了細微的改變。她意識到，她對丈夫的病痛感到惱怒，是為了轉移自己的焦慮。她注意到每次挑剔丈夫的毛病，自己總會做起白日夢，幻想過上更好的生活，接著才發覺她是拿幻想和現實做比較。放下不滿代表了面對現實、接受人生只此一遭，身處一段活生生的關係裡，有時艱辛、有時失望，但充滿意義，這種感覺又回來了。

「我在工作上犯了個錯，」貝琳達跟我說，「我擔心造成不好的後果，第一個念頭就是打給賈斯汀。要是以前我會克制這種想法，但現在我不再啟動心理機制來保護自己，反而享受這種向他求助的感覺，甚至為此覺得感激。我後來打了電話給他，特別把聲音放輕，只是簡單說我需要他幫忙，他也盡力幫我了。我覺得跟他親近多了。」

她意識到自己多麼執著把婚姻視為她人生的核心問題。把心思從一件件瑣碎小事拉開，選擇把自己和賈斯汀看作相配的一對，對她來說是很大的解脫。她的失望並未消除，可能永遠都在，但當她不再用一種好像他早已令她失望的態度對待丈夫，他也樂於配合，而且沒有任何想趁機還以顏色的意思。換作過去，她可能會把這當成他不夠在乎的證據，但此刻她除了慶幸，甚至還有點欣賞他不記仇的個性。

「我最近在剪輯孩子小時候拍的舊影片。」貝琳達說，「我有好多他們可愛的影片，從兩歲和四歲，到四歲和六歲，再到六歲和八歲。我一面看一面想起當時心中的小劇場，不是在埋怨我的小姑，就是在對我老公生悶氣。我心想，這麼多美好時光就在我鑽牛角尖的時候流逝了，我為那些事分心，沒看見眼前的奇蹟。天知道我多麼後悔。所以我告訴自己，如今唯一的辦法就是好好睜開眼睛看著**現在**的奇蹟。」

＊＊＊

人生只能往前進，但自我認識需要時間和經驗。我們每個人都懷著充分合理的希望步入婚姻，希望以原本的模樣被對方愛著。我們有權期待愛，也有責任付出愛，這是人在婚姻核心締結的神聖契約。無論順境逆境，我們努力承諾、尊敬、呵護、牢記的就是這件事。如果要我給每對新婚夫妻、每對新手父母、每個奔波於工作與家庭之間的人一個建議，那就是**別讓這顆心凋萎**。一旦死去，一旦你關上心房，要重新打開**真的**很難，很可能再也辦不到了。這就跟生活裡所有事情一樣，及早努力好過於日後追悔。每一天都有必須放寬視野，把眼光放在你希望發生的事情上，那就是付出愛與接受愛。

如果不幸婚姻凋萎，我不認為原因只出在忽視或犯錯。有時婚姻會凋萎，是因為除非伴侶之中有一方做出極大犧牲，否則就維持不下去。有時，雙方的協議核心本就是有缺陷的，比如說：**我會忍受你的暴力，只要你永遠不離開我。你如果愛我，我想做什麼都應該讓我做。只要互不干涉，我們就可以繼續在一起**。這樣的婚姻或許可能維持，但代價恐怕極高。有些人覺得值得，有些人則不這麼認為。然而，這些事關情感、道德與生存原則的決定，判斷標準絕對因人而異，無法只憑普世原則來下定論。

父母相愛且能善待彼此與孩子，在這樣的家庭中長大的人，步入婚姻生活會有莫大優勢，真的可說是贏在起跑點。他們比較不會覺得事情出錯是自己的責任，比較能相信自己的感受是準確合理的指標，不需要修正，也不需在事後加以批判。他們不用花這麼多時間原諒自己表現出人性。

相反地，在情感失調或留下分離傷痕的家庭中長大的人，不曾就近觀察過有一種可行甚或理想的模式，可以用來調合情感滿足與家庭生活。他們有很高的機率重蹈昔日的混亂，或者屈就於以孩子為重的「安全」婚姻。但是為求穩定而壓抑的感受，日後依然可能動搖他們。生長在快樂家庭的孩子，他們內心和頭腦自然而然學到情感關係的課程，不像其他人需要有意識地學習，經歷意向明確的一段路，才能走向自我整合。

即使一段婚姻關係大抵良好，我們也不見得總是快樂。婚姻將我們磨練成一個更成熟、更慈悲的人。婚姻提供我們一個機會，近距離檢視自己如何對待另一個人。我們看著心靈化為行動，無論最惡劣或最善良的意向都表露無遺。照這個觀點，如果我們都無法確定自己睡得飽、吃得好、運動充足，是否養成某種形式的反省、祈禱或冥想習慣了，又怎麼能判斷婚姻將來的可行性呢？情緒和身體把我們驅向西趕向東，我們經常搞不清現在的情緒是什麼造成的，就近責怪周圍的人是那麼容易。不幸在婚姻裡，這個人往往是我們的配偶。

對婚姻再怎麼怨聲載道，很多人都會把情緒放在一邊，盡可能專心維持孩子的幸福與安全感。在很多人眼裡，給孩子一個好的童年，是家庭生活最寶貴的目標。個人的情感矛盾正是在這點與「離婚對孩子不好」這條大家眼中的普世原則發生了衝突。評估這條原則時有必要記住，離婚要處理得好，需要的人際互動技巧與婚姻一模一樣。如果舊有的失調模式不變，**再加上**離婚，很可能給孩子造成更多的壓力。

因此決定離婚的同時，應該許諾盡到更好的職責，而不是變差。這個要求很高，對被留下的一方來說更是困難，需要動用每一分的成熟。但你的行為對孩子將產生天差地別的影響，如果處理得好，你的自我觀感會改善很多，覺得自己變得更有用、更有能力，更以你所成為的人自豪。

對孩子來說，有幾個想法或許能提供幫助。經歷過父母離婚的人當上爸媽以後，對於讓孩子遭遇離婚，會特別感到痛苦而歉疚。這時不想離婚的人可能會不惜一切避免婚姻破局。如果你的父母始終在一起，你可能覺得離婚會把你享受過的好處從孩子身上奪走。無論哪種情況，你都會對離婚抱持著悲慘的想像，如果你是被留下的一方，還會讓你找到理由繼續對離開的另一半生氣。

為了孩子想順利通過離婚的關卡，你必須認清腦袋裡的悲劇畫面，只是一個粗略勾勒現實的觀點，讓你看不見重要細節。孩子此刻最需要的是你表現出敏銳和協調性，頭腦清楚地關注眼前的事務，不被粗率的好壞之分、受害者與加害者之分給蒙蔽。你最主要的任務，是管理好自己的情緒，才能繼續體貼關心孩子。離婚對孩子有非常多不同的影響，它可以是可怕的夢魘，也可以是複雜但必要的改善之道。**這取決於你怎麼處理**。

離婚後一開始可能很難熬。調查顯示，離婚後第一年通常混亂且痛苦，雖然度過這段期間之後，許多人會感到滿足。適應現況的過程中，什麼都可能出錯。我擔心的是接下來的問題。比方說，父母一方為了消除罪惡感，可能不希望聽到孩子表達失去另一方的難過或焦慮。父母有可能過度沉浸於心事，沒能幫助孩子解決生活在兩個家之間必然擔負的不便和現實顧慮。

此外，若牽涉到父母的戀愛對象、繼父母、再婚家庭，更是極為複雜，我也擔心父母會輕易掩蓋過去。有時剛離婚的人很高興也寬慰人生又找到了愛，因此期盼孩子也有同樣的感受。但是與新對象交往，不免伴隨著情感糾葛，為了自己和孩子好，請慢慢來，認清你是否因為急就章而忽略了某些警訊。給新戀情一點養成的時間，也給自己一些空間，觀察你們能否對話、互相理解、攜手共度難關。

你的目標並不只是找到一個人去愛，也是為孩子選擇一個理想的繼父母——這個人必須溫暖、關懷、安全，不帶威脅也沒有佔有欲，不至陷入各事其主的紛爭，也不會偏袒自己的孩子。研究指出，離婚並不只是**程序**這麼簡單，重點在於導向離婚的原因，以及離婚之後的發展。每個階段你都應該為孩子找出最深思熟慮、最同情體貼的方法。

我們都聽過最壞的發展。那些駭人的離婚案例裡，父母的自戀、嫉妒和憎恨導致漫長折磨的監護權大戰。但另一方面，離婚能不能對孩子形成好處？《良性離婚》（*The Good Divorce*）一書的作者亞恩斯（Constance Ahrons）肯定這點。父母可能因此恢復至健康的身心狀態，更能專注地關心孩子；孩子可能生活在和諧的家庭環境，也有機會向更好的榜樣學習親密關係，而且萬一父母一方心神不寧或身心失衡，另一方的家庭可以是清醒的避風港。

我常聽到一種陳腔濫調說，孩子「不在乎父母快不快樂」。我認為孩子在安全、穩定、規律的環境下才能成長健全，父母如果能避免自己的不快樂干擾孩子的生活，那自然是好的。但是就像孩子對父母細微的爭吵極其敏感，他們對於父母快不快樂也高度敏感。

每個成長背景經歷過父母離婚之痛的個案來找我，都是由別人代為訴說他們父母婚姻的困難。這些孩子成年以後，有的因為自己過得比父母好，而懷有罪惡感，有的則建構出一段婚姻，重演當初讓父母的婚姻走不下去的悲慘細節。父母一方如果有勇氣追求更快樂的生活，對孩子是真正有好處的。有鑑於我們在小說、電影和現實中看過太多自戀、自圓其說的離婚故事，我不太願意為離婚背書，我擔心本意遭到曲解。但我認為，害怕被貼上自私標籤，會讓人不敢誠實地探索自己的想法、不敢照顧自己的情緒，這並非好事。

有的人未經內省便離開婚姻，幾乎什麼也沒學到，更為未來種下毀滅的因子。也有人留在婚姻裡而毫無內省，對於關係的改善不抱希望。留下或者離開，各自都有健康和不健康的方式，兩者仰賴同樣一套基本能力，即我們從前面討論到現在的自我覺察、自我負責和情緒管理。

有時我們會欺騙自己。我們厭倦繼續現在的困境，又不確定是怎麼讓情況演變至此，隱約希望有個逃生策略，讓我們能從誓約中脫身。這個可能是存在的，但是代價與日俱增，畢竟沒有哪段長久的關係不是在地球上或在現實裡運作的。這也代表在這一段關係裡面臨的許多相同挑戰，在下一段關係中也會出現。

最後一個想法是：有篇研究調查了許多相對滿意的伴侶，發現他們的婚姻衝突最後多半「未解決」，至少在一方看來是這樣。就算某個衝突「解決了」，也很少促成實際可行且雙方同意的改變。我們常把解決衝突當成婚姻和諧的必要前提，但對這些相對滿意的伴侶來說，要緊的不是衝突解決，或有沒有達成協議，重要的是**理解**。伴侶在互動之後是否感覺受到理解，才是決定發生問題的行為模式是否留下負面影響的要因。

在我看來，這篇研究點出了快樂的夫妻會吵架，不快樂的夫妻也會吵架。快樂的夫妻並未解決衝突，不快樂的夫妻也未解決衝突。快樂的夫妻並未達成協議，不快樂的夫妻也未達成協議。真正的差別在於，彼此是否想要理解對方。所以，無論你快不快樂、已婚或離婚，還是正卡在兩者之間，都從理解做起吧。

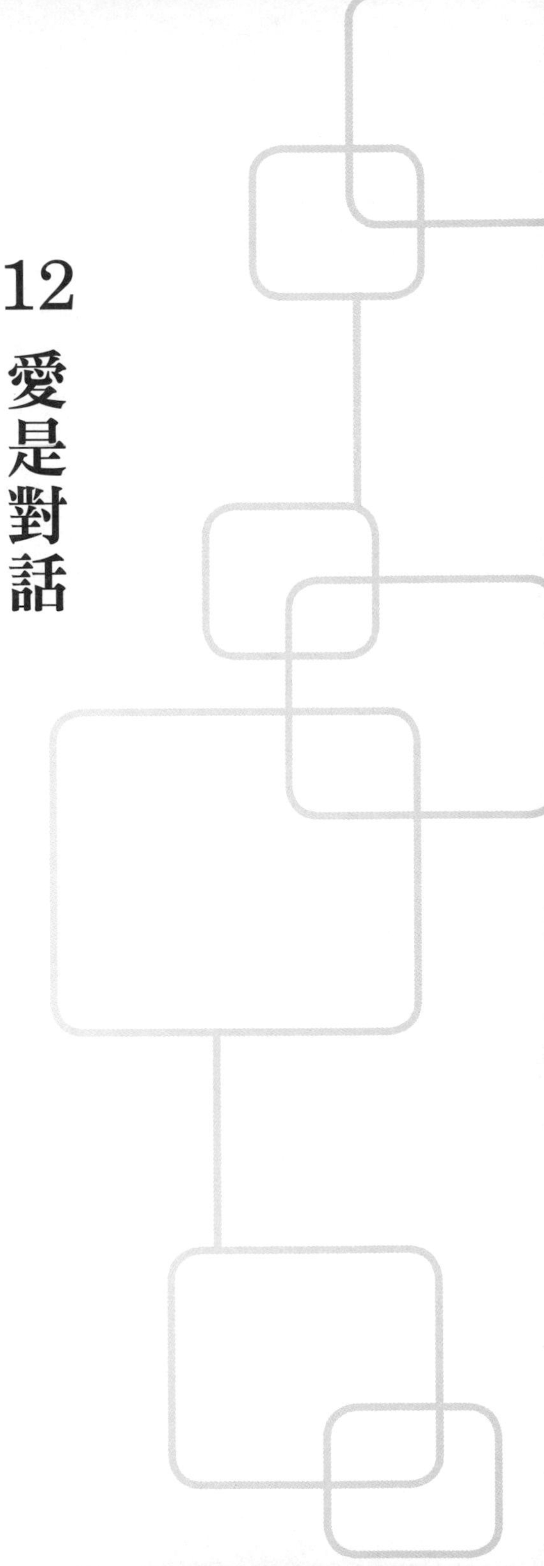

12 愛是對話

一段良好的關係裡，早年的幸福時光會化為美好記憶與心靈依託繼續存在，不請自來，發揮驚喜，但最要緊的還是，愛除了初識的甜蜜，還有什麼可能？我認為無非就是充滿回饋、親密且真實的對話。我們並不是因為心有靈犀、在全然理解對方的情況下在一起，爾後因為衝突與差異才漸行漸遠，不是這樣。我們是因為熱情衝動而在一起，而後經由不斷對話，一個身體對另一個身體，一個頭腦對另一個頭腦，一顆心對另一顆心，一步步走向愛。那些我們用來與彼此交流的對話，就是愛。

你還年輕，愛上了一個想和他結婚的人。身體感受到強烈的吸引力是一定的，但更奇妙的是和他說話的感覺簡直近乎神奇。感覺時間短促又漫長，每一秒都珍貴。你不用費力就對他充滿興趣，有無窮的好奇心。你想要深入認識他，了解你現在所愛的這個人。你們的對話遠不只是為了傳遞資訊，裡頭還有抑揚頓挫，有節奏、有熱度、有沉默。偶爾爆出的笑聲，預料之中的停頓，熱情的字句滔滔不絕。那是一場美味、愉悅的全身饗宴。

而今你們在這裡，十年或十五年或二十年過去了。家庭生活充滿了要求。孩子與他們的娛樂限制了你們和對方說話的時間，還增加了有待商量的話題。家事排擠情感，壞習慣造就重複的嘮叨。你們內心溫柔的聲音喃喃低語，「去跟他說話吧」或「我需要她」，但聲音都被失望挫折或待辦事項的雜音給淹沒了。再繼續盼望對話可以導向分享和有意義的連結，感覺簡直像個傻子。你發現自己到處尋找一個解釋，想搞清楚你失去了什麼。你傷感地回顧早年相愛的幸福時光，想不通是不是你們終究太不一樣了。

時間慢慢過去，你感覺得到時間流逝。你們之間交換的話語老套重複、毫無意義，漸漸一點一滴榨乾你們剩餘的生命力。如果以後對話都會是這個樣子，你寧可去蒔花藝草，煮一桌好菜，或看一場足球。你們甚至真的還渴望說話嗎？是不是兩個人都任由說話的渴望凋萎了？可能吧。但如果說實話，你其實不這樣想。你內心深處依然嚮往找到方法，尋回你們曾經共有的那些滋潤心靈的美好對話。

我談到的種種自我認識和對話技巧，都是希望幫助你達成這個目標。截至目前的篇章，我鼓勵大家省視內心，特別是感覺事態緊迫、艱難，甚或死氣沉沉的時候。這種時候，如果我們允許自己放鬆防備，就有機會獲得金環式的體認。

我們鼓起勇氣，把感受放進關係裡的共享空間，一起思考兩人所面臨的難題。在這個空間裡，我們不會草率，而是認真看待我們的情緒。我們不會拋棄、略過或忘懷我們的感受，我們會想辦法提升表達情感的技巧。

我在前文討論過自我覺察（我明白我所做的事）和自我負責（我正在努力改變）的神奇力量，幾乎能讓任何婚姻互動從僵持轉變為合作。培養同情、好奇、自制的能力，我們就能用更豐富生動的方式說話與傾聽。

一段良好的關係裡，早年的幸福時光會化為美好記憶與心靈依託繼續存在，不時出現，不請自來，發揮驚喜。但最要緊的還是，愛除了初識的甜蜜，還有什麼可能？那無非就是充滿回饋、親密且真實的對話。

我們並不是因為心有靈犀、在全然理解對方的情況下在一起，爾後因為衝突與差異、因為重申自私的要求才漸行漸遠，不是這樣。我們是因為熱情衝動而在一起，而後經由不斷對話，一個身體對另一個身體，一個頭腦對另一個頭腦，一顆心對另一顆心，一步一步走向愛。那些我們用以與彼此交流的對話，**就是愛**。

＊＊＊

瑪莉露六十八歲，最近被診斷出罹患乳癌。她先生奈德六十七歲，已經退休，原本經營一家地方書店，小店靠他維持了很久，直到終於被網路書店吞沒。一身工作服的他，臉上白鬍子摻雜著灰鬚，在他們以垃圾妝點的小屋子裡悠閒度日，怡然自得。瑪莉露有一股腳踏實地的務實活力，白髮剃得很短，聲音粗糙。放眼她往後的抗癌治療，再回想三十五年的婚姻，他們重新感受到愛，再度為對方吸引。

「以前還年輕，有很多煩惱，我們幾乎各過各的。」瑪莉露說，「在最谷底時，我們各自都和別人發生了關係。誰知道為什麼？傷痛、氣憤、報復。喝酒當然也少不了。可是結果你發現，就算與別人發生關係，你還是拋不下愛。」她笑道。「愛還是在那裡，始終神秘難解。我們不是天生佳偶，只是在某天學會了尊敬愛。你不會無時無刻都快樂，但擁有彼此比什麼都有意義。」

「在那些難熬的日子裡，共同好友對我們的幫助比什麼都大。」奈德說，「我們稱他們『部落族人』。這些朋友看得見我們各自的優點，那些優點我們自己反而看不見。他們幫助我們不讓怨恨淹沒了善良。」

「我和第一任妻子常常發生危機。我總是想辦法解決，耗盡力氣。想到要離開就讓我痛不欲生，但留下來，我也痛不欲生。一位心理諮商師拯救了我的人生，我開始學習一段健康的關係是什麼感覺。遇到瑪莉露時，她也有自己的危機，但她不會表現得一副「那全都是我的錯」的樣子。她有時很難相處……」泰德說道。

「我有嗎？」她說。

「但至少我們可以談。」

「有時候啦。我們是**慢慢學會**怎麼談的，一點一滴，一磚一瓦。」

「對啦，但要是你不願意聽，我也不會想到要怎麼說。」他說。

「因為我也想學會怎麼傾聽。」

他們交換了一抹微笑。

「說事情從此變得一帆風順就太過簡化了。」奈德說，「同樣的爭執還是三天兩頭出現，真要說有什麼改變，那就是多了一種感覺，心裡知道與其吵這些老問題，還有更好的事可做。」

「不過，我們之間還是有嚴肅的對話。這些話很久以前就能講，只是現在講出來感覺沒那麼危險。」

「的確。要是看到苗頭不對，我就會引述《伊尼亞德紀》（*The Aeneid*）中我最愛的詩句：『也許有一天，憶起今日之事也是一大喜悅。』」

「你看看我，都快七十了。」瑪莉露嘆道，「但也才體會到，人居然要花上這麼長的時間才能長大。我們現在是大人了，我們總算替自己想通了。為彼此在一起感到開心，好好對待彼此，真正重要的也就這些了。」

我們都擅長伴侶之間的對話嗎？不盡然，不過沒有關係。中年之後阻礙人改變的高牆，就是以為自己早該知道要什麼了。事實上，接受自己不知道該怎麼做，才是學習新事物的第一步。我們不必是專家，我們從沒來過這裡，重要的是有學習的意願，而且這份意願可以成真，只要我們不斷努力進行三種對話，直到告別人世的那天。

一、不斷與對方進行困難（及輕鬆）的對話。

輕鬆的對話是家庭生活喜悅的來源。幽默笑話、熟悉的習慣、與孩子共度的時光、關心問候、你們獨有的語言、調皮的性暗示、關愛的字眼。永遠不要忽略輕鬆的對話，不要為了一日的煩惱犧牲掉快樂的時光。婚姻把為小事生氣、親密的性愛、無聊的家事、刺激的冒險、痛苦的疏離、溫暖的感情全部容納在一起，即使順遂時，婚姻也是這個樣子。那麼不如乘風破浪，享受變化吧。

困難的對話在信任且安心的氛圍下比較容易進行，但不管怎樣，總得拿出勇氣。最初，你可能覺得宛如置身亞馬遜雨林，拿著鈍器劈荊斬棘。但你最好**現在**就開始斬斷荊棘，因為困難的對話很少變得容易。

如果你嫁娶的是一個習慣逃避的人，哪怕你的策略笨拙，也別放棄嘗試建立連結。如果另一半容易情緒激動，不妨心懷同情但態度堅定地說：「只要你態度緩和一點，我會聽得更明白，也能好好回應。」萬一你們幾乎想不起親密的感覺呢？那就從**這件事本身**開始對話吧。真誠談論你們感受到的疏離，有助於你們把這件事視為共有的問題，這樣可以將你們拉近一點，至少能幫助你們找到一條前進的路。

肢體動作也很重要。一個擁抱、幫忙跑腿一趟五金行，也是一種溝通媒介，不要對此嗤之以鼻。言語對話適用於細述複雜的情感，但不足以表達愛意。要求人說出準確無誤的字句（或做出準確無誤的動作）證明自己奉獻了真心，完全是一道陷阱。

對珍妮來說，保持對話並不代表很多話要三思之後才能開口，而是代表保持與丈夫的交流——用她的話來說，就是「騎在馬上握好轠繩」，走過無比艱辛的四十年婚姻。

我們晤談的時候，她先生剛過世。她告訴我，他們的婚姻之初是多麼混亂，包括激烈的爭吵、他時好時壞的賭癮、幾乎沒錢可用的生活。問她是否曾經覺得乾脆離開比較健康？她說，「我不能這樣對孩子。有陣子這是我唯一可以依靠的念頭。有時我真的很恨他，不過不管好壞，我們之間還是存在著很多的愛。這就是《聖經》上說的，『神配合的，人不可分開』吧。他在某方面也是受了苦的人，有時也實在讓我吃了很多苦，但我愛他。現在他走了，我為我們的成就感到驕傲。我們一再回頭想辦法，我們很堅持這麼做。這四十年間，許多人遇到我會想，她何必還和那個人在一起？我自己也這樣想過！但我太固執了。」她露出微笑。「我聽過某個女演員說，她不想動整型手術，因為她太想知道老了以後會長成什麼樣。我的婚姻在我眼裡也是這樣，我始終好奇我們會走向哪裡。」

二、不斷與自己對話。

想要讓關係活著，處於關係裡的個人也必須活著。我們追求自由的動力十分寶貴——不是脫離他人的那種自由，而是探索情感生活的自由。有時我們到了中年才開始與這一部分的自己做朋友。想像力、幻想、創意、追求美感與智性的樂趣、社會行動，全都是個性的一面，值得受到關注與發揚。你絕對不會希望整個心思都被婚姻佔據。

別低估獨處的價值。坎妲五十歲，與她的伴侶麗莎在一起七年。「兩年前，我失去了一個好朋友。」坎妲告訴我，「我腦中冒出一個念頭，我想走一趟聖雅各朝聖之路到聖地牙哥康波斯特拉（Santiago de Compostela）。我存夠了錢和年假，走了整整五星期。我只想一個人走，我希望有時間獨處，我想放慢生活步調。兩個人能夠分開而不感到害怕，實在非常重要。獨處時，我有機會思考我有沒有善待自己。我對麗莎哪裡不好，就是對自己哪裡不好。我若想拉近與她的感情，最好先想辦法拉近與自己的感情。」

「日復一日，我走了一公里，再走一公里，旅程先是帶給我孤獨，最終卻引領我親近人群。我在半路遇到一對退休夫婦，跟他們同行，要是麗莎在我身邊，我可能沒辦法那樣子認識他們。現在他們是我們的好朋友。透過獨處，我為我們的關係帶來了新的人物和新的趣味。」

三、**不斷與文化對話**。

個人主義文化盛行下，團體歸屬感普遍低落，伴侶關係可能看似一片孤獨汪洋中的救生筏。事實上，伴侶關係在共同體的支持下最能欣欣向榮。所謂共同體是一個供我們表現共通人性、滋養彼此需求的地方，因此，共同體往往有個內隱或外顯的精神核心，這點並非偶然。共同體營造出一種豐足、感恩的氛圍，擴及乃至超越了我們的家庭領域，幫助我們與其他比我們更明瞭感情關係的人建立連結。

我有個二十一歲結婚、三十五歲離婚的朋友說：「長者有智慧，可以當我們的導師，甚至看得出我們什麼時候需要情感力量，什麼時候自尊心薄弱。」理想上，共同體是我們分擔負荷、支持他人、也接受支持的地方。

我們也需要反思身處的文化，並與之對話。社會文化對於愛情、婚姻、家庭生活的迷思，有時相當虛假而且累人。假如我們輕信文化迷思，有時會反過來用迷思擺佈我們應該實際去愛的人。廣告把愛情和家庭溫暖化為消費刺激並藉此控制我們——刷信用卡和性興奮的畫面並置，渡假廣告裡穿得暖烘烘的一家三口站在人造雪堆中，露出牙齒過分潔白的笑容。

源源不絕的科技產品分散了我們的注意力、打斷對話、拆碎意識，甚至鑽入夢中。更慘的是，進入數位年代，工作變成全天候無休的一件事，不只威脅著勒索家庭生活，還不知不覺間入侵臥房，因此我們必須隨時保持警覺。

我們四周也圍繞著許多可疑的大眾心理學觀念，而且相當流行，多半關於兩性，也有一些談及婚姻與性的主題。與伴侶一對一的對話可以把你從「做愛應該這樣」或「戀愛必須那樣」等偽裝成科學事實的公式中解放出來。婚姻之美就在於它只限於兩人之間，你和你的伴侶有機會一起思考，**對你們來說**什麼能夠帶來滿足。

儘管各種內容標題吵吵嚷嚷，唯恐天下不亂，很多伴侶仍靜靜過著自己的生活，發掘性愛的樂趣，親暱地對待彼此，數十年如一日。他們之所以做得到，是因為他們經由本書探討過的方法，已然掌握了相處的藝術。

反思文化也代表信任個人經驗勝於社會規範，這包含用非傳統的方式經營你的婚姻，或者決定離婚。

喬治有一天找我喝咖啡聊天，提到他的離婚申請書一年前終於通過了。「我過了一陣子才意識到這是什麼意思。」他說，「但自從我和崔莎不再費勁在一起，我們反而找到了一種新的方式跟對方說話。我們開始把注意力放在自己真正的感受，另一個人經歷的事情也比較感興趣了。」

「無法為孩子示範相愛的婚姻，我們永遠為此感到遺憾。但另一方面，比起我父母離婚那種畫面，我們已經減少很多尖酸的攻擊了。偶爾我們還是意見不合，但我們不再像沒有離婚之前那樣火山爆發。我相信這樣對孩子比較好。他們終於能做他們原本該做的事，關心自己的生活，不用成天捲入我們的紛爭。」

喬治很遺憾未能替孩子實現家庭美滿的夢想，但他有勇氣面對自己對汙名和失敗感的恐懼，做出認為適當的決定。他和崔莎透過相互尊重的真誠對話所促成的安全感，也代表他們的成功，他們的確應該為此自豪。友好的離婚可能比某些婚姻更像「婚姻」：「我們雖然不住在一起了，」喬治說，「不過照顧孩子的時候，我們還是真正的夥伴。」

我們正是透過對話學到感情關係的基本事實：我可以嘗試理解你的想法和感受，而不至於脫離我自己所經驗到的現實。對話需要時間和耐心，唯有努力沉澱心情、容忍困惑、保持接收，對話才能開展。當我們相信自己的看法不會被取代、對方會看見並肯定我們，對話才能豐富蓬勃。

促進伴侶幸福的引擎要及早發動，並且時時開啟。向內加深，投入心力編寫你的共同故事。向外拓廣，經營友誼並培養興趣。想尋求團體歸屬感與心靈支柱，可以上教會。找不到對話的方法，可以找心理諮商。

只要你曾經愛過另一半，盡你所能挖出情感的餘燼，重新搧風助燃吧。不要用失衡的敘述哄騙自己，讓自己像夢遊者一樣醒不過來，比如聲稱沒有婚姻是快樂的，或孩子不會發覺父母吵架，或脫困的唯一辦法只有喝酒或埋首工作……這些自我催眠的策略只會讓你疏遠你的人生和你的伴侶。你只有這麼一個伴侶，也只有這麼一次人生。

* * *

在最好的狀態下，婚姻是兩個人之間活生生會呼吸的產物。只要你準備好願意對話，很多事情都可能發生。你們會互相傾聽、共同探索、一起發明，合力編寫劇本，達成屬於你們的協議。任何方法都有得失，無論前人是否用過。沒有哪種選擇能帶來萬無一失的圓滿。容許獨處的時間、各自渡假、劃定彼此同意的隱私範圍——任何可能性都是合理的。你會在過程中學習認識你自己和你的婚姻。

好消息是，你越清楚在伴侶關係裡想要什麼，越能夠自在享受。無論一段關係是什麼模樣，相愛的定義之一或許就是：「我想認識你。我在乎我們之間接下來會發生什麼事。」沿路也許沒有路標指引，但敞開心胸去探索，就能引領我們回到一個更真實、更深層意義上的家。

如果說，人到了中年在顛簸之餘也有所回報，那麼就是越過重重險阻之後，人生變得開闊也更明朗了。思考過如何做自己，同時與人保持相愛的聯繫，讓我們來到親密與探索、承諾與自由之間和諧的平衡點。我們把心思投入這段感情，所有辛勞和困難的對話，現在都不可思議地有了回報。我們走出瓶頸，帶著完整的靈魂與完整的自我活下去。

愛是對話——與另一半當然如此，但與其他所有我們在乎的人事物，也是一樣的道理。總是有不同的觀點出現，總有新的方法去傾聽。你不知道接下來會發生什麼事，你不可能知道。這世界還是一個全新的世界。

謝辭

我深摯感謝許多人長年來對我的信任，讓我擔任他們的諮商治療師。反省自己並有所改變很需要勇氣，能夠傾聽你們的故事，協助你們寫下新的故事，我與有榮焉。為了寫這本書，許多人接受訪問吐露個人經歷，希望對其他人提供幫助，我感激這些人的慷慨與直率。

我的治療師同事在我與中年瓶頸的複雜臨床案例搏鬥時，始終是我的智囊團，給與我諸多的鼓勵和挑戰。我要獻給書寫團隊成員一個大大的感謝，感謝他們深刻的評論與熱烈的興趣：Richard Almond、Joseph Caston、Marilyn Caston、Dianne Elise、Sam Greson、Peter Goldberg、Erik Hesse、Mary Main、Deborah Melman、Shelly Nathans、Harvey Peskin、Tsipora Peskin、Carolyn Wilson、Mitchell Wilson，及已故的 Robert 和 Judith Wallerstein 夫婦。我由衷感謝我的臨床治療師同事 David Frankel 和 Dawn Smith，我們相互傳達信任與關心。

感謝許多同事、學者與不同領域的專業人士貢獻他們的時間和專業：他們的研究助理當中，我特別感謝 Adrianne Lange 提供了對嬰兒發育的知識，並且細心審閱許多章節。

要是沒有我的經紀人 Tina Bennette 提供我務實、鼓勵和遠見，這本書不會存在。Tina 是我這輩子遇過最好的人，我知道這麼想的不只我一個。她是活力育成的表率，我深深感謝她總是不遺餘力地奉獻想法與支持。她的品格及耀眼才華，是一個作者遇上瓶頸和難關時最好的解藥。

我非常幸運能與我的編輯 Collin Harrison 共事。Collin 是一位真正的編輯，這本書每一頁都感受得到他的人性、洞見和美感。就像他老愛掛在嘴巴上的，每本書都是一段歷程。我深深感謝他讓這段歷程充滿樂趣，偶爾還很爆笑。我也感謝 WME 公司的 Svetlana Katz，與 Sribner 出版社所有優秀的專業工作者，包括 Susan Moldow、Nan Graham、Roz Lippel、Jaya Miceli、Brian Belfiglio、Dan Cuddy、Steve Boldt 和 Sarah Goldberg.

為了他們堅定的支持和友誼，我衷心感謝。我無法想像我的人生少了我哥哥 Peter 和姊姊 Colette 會怎麼樣，他們是我長年不變的聊天夥伴，我至今依然信賴他們細膩的感受和敏銳的覺察。我感激 Becker 家族和 de Marneffe 家族的眾多親戚，謝謝他們一貫的慷慨和體貼，尤其感謝我的父母 Nancy Ferranti 和 Francis de Marneffe，他們給了我不變的愛。雖然他們很早就離婚，引發我對哪些條件能讓婚姻走下去的好奇，但他們後來各自再婚，與我親愛的繼父繼母的婚姻都很長久，為我提供了一些珍貴答案。

我要將最深的愛意與感謝獻給我的丈夫和孩子。給蘇菲、亞力克斯、尼可拉斯，謝謝你們的友愛、聰明、貼心，還有善良的個性，也謝謝你們為我們兩夫妻的生活帶來無限喜悅和意義。能養育你們並看著你們成長，是我無上的榮幸，而今能和長成青年的你們和睦相處，更是難能可貴的禮物。希望在未來的路途上，這本書能帶給你們一些微小的助益。

給泰瑞，謝謝你與我分享的一切——那些歡樂、幽默、鼓勵、溫柔、孩子和愛。到現在幾十年了，你仍是我最特別的朋友。我和你結婚有十二個理由，現在已經增加到一千兩百個。我不知道這一生我有沒有辦法全數表達出來，但我相信對話，我永遠不會停止嘗試。

參考資料

一、顛簸中年

- 人到了六十五歲會比四十五歲快樂：D. Blanchower and A. Oswald, “Is well-being U-shaped over the life cycle?,” *National Bureau of Economic Research,* Working Paper 12935 (2007), http://www.nber.org/papers/w12935
- 「當今世上有一個公開的祕密」：S. Cavell, *The Pursuit of Happiness* (Cambridge, MA: Harvard University Press, 1981), 141.
- 對戀愛的論述前後不一：A. J. Cherlin, *The Marriage-Go-Round* (New York: Vintage, 2009), 32; E. Illouz, *Consuming the Romantic Utopia* (Berkeley: University of California Press, 1997), chap. 5, esp. 179-80.
- 現有的婚俗已經不多：見 S. Coontz, *Marriage, a History* (New York: Penguin, 2006), 282.
- 基督教保守人士離婚的比例比其他人更高：J. Glass and P. Levchak, “Red states, blue states, and divorce: Understanding the impact of conservative Protestantism on regional variation in divorce rates,” *American Journal of Sociology* 119, no. 4 (2014): 1002-46; A.J. Cherlin, *The Marriage-Go-*

Round, 135.

- 過去二十年的人口統計研究：A.J. Cherlin, "Demographic trends in the United States: A review of the research in the 2000s," *Journal of Marriage and Family 78*, no. 3 (2010): 403-19; R. D. Putnam, *Our Kids: The American Dream in Crisis* (New York: Simon & Schuster, 2015), chaps. 1 and 2.
- 當個稱職父母的目標：National Marriage Project, *State of our Unions, 2010* (Charlottesville, VA: University of Virginia), www.stateofurunions.org; K. S. Hymowitz, *Marriage and Caste in America* (Chicago: Ivan R. Dee, 2006)
- 「代替不了相親相愛的父母」：W. Bion, *Learning from Experience* (New York: Rowman and Littlefield, 1983), 128.
- 真誠心靈結合的婚姻：W. Shakespeare, Sonnet 116.
- 情感構成人認知意義的核心：D. Meltzer, "The Kleinian Expansion of Freud' s metapsychology," *International Journal of Psychoanalysis* 62 (1981): 182.
- 自我奠基於情感，情感又發生於身體：參見 A. Damasio, *Self Comes to Mind: Constructing the Conscious Brain* (New York: Pantheon, 2010); J. Panksepp, *Affective Neuroscience: The Foundations of Human and Animal Emotions* (New York: Oxford University Press, 2005); W. Porges, *The Polyvagal Theory: Neurophysiological Foundations of Emotions, Attachment, Communication, and Self-Regulation* (New York: Norton, 2011).
- 鴿子才得以飛翔：感謝 Alessandra Lemma 提供此比喻。見 P.W. Bruno, *Kant's Concept of Genius:*

Its Origin and Function in the Third Critique (New York: Bloomsbury, 2010), 126.

- 認知是在人際關係當中建構起來的：參見 D. Siegel, *The Developing Mind*, 2nd ed. (New York: Guilford, 2012); P. Fonagy, H. Steele, M. Steele, G.S. Moran, and A.C. Higgitt, "The Capacity for understanding mental states: The reflective self in parent and child and its significance for security of attachment," *Infant Mental Health Journal* 12, no. 3 (1991): 201-18.; J. Holmes and A. Slade, *Attachment for Therapists: From Science to Practice*, (Thousand Oaks, CA: Sage Publications, 2017), 34.
- 心理學已有長足進展：列舉幾篇重要文獻如下：J. J. Gross (ed.), *Handbook of Emotion Regulation*, 2nd ed. (New York: Guilford, 2014); Siegel, *Developing Mind*; L. Bloch, C. M. Haase, and R. W. Levenson, "Emotion regulation predicts marital satisfaction: More than a wives' tale," *Emotion* 14, no. 1 (2014):130-144; A. N. Schore, *Affect Regulation and the Repair of the Self* (New York: Norton, 2003); P. Fonagy, G. Gergely, E. L. Jurist, and M. Target, *Affect Regulation, Mentalization, and the Development of the Self* (New York: Other Press, 2002); M. Mikulincer and P. Shaver, *Attachment in Adulthood: Structure, Dynamics, and Change*, 2nd ed. (New York: Guilford, 2016).
- 情感會向我們暗示什麼是重要的：J. J. Campos, E. A. Walle, A. Dahl, and A. Main, "Reconceptualizing emotion regulation," *Emotion Review* 3 (2011): 26-35.
- 以伴侶為主題獲得的關注較少：例外包括 Ellyn Bader 和 Peter Pearson 的文章，*www.*

couplesinstitute.com; M. Schulz, M. K. Pruett, P. K. Kerig, and R. D. Parke, *Strengthening Couple Relationships for Optimal Child Development* (Washington, DC: American Psychological Association Press, 2010).

- 他們最自豪的成就是婚姻：L. L. Carstensen, *A Long Bright Future* (New York: Broadway Books, 2009), 120.
- 有致命缺陷的婚姻：該詞為心理學家兼性治療師 Barry McCarthy 所創。B. McCarthy 訪談，September 19, 2016.

二、中年危機史

- 十七世紀發明「童年」概念，二十世紀初「青春期」概念萌芽：W. Kesson, "The American child and other cultural inventions," *American Psychologist* 34, no. 10 (1979): 815-20; J. J. Arnett, "Adolescent storm and stress, reconsidered," *American Psychologist* 54, no. 5 (1999): 317-26.
- 白人男性壽命：https://www.cdc.gov/nchs/data/hus/2010/022.pdf.
- 多個成年發展階段：E. Erikson, *Childhood and Society* (New York: Norton, 1950).
- 一九六五年題為〈死亡與中年危機〉的論文：E. Jaques, "Death and the midlife crisis," *International Journal of Psycho-Analysis* 46 (1965): 502-514.
- 喬治・維倫、羅傑・顧德與丹尼爾・李文森：G. E. Vaillant, *Adaptation to Life* (Boston: Little, Brown, 1977); R. L. Gould, *Transformations: Growth and Change in Adult Life* (New York: Simon

& Schuster, 1978); D. J. Levinson, *The Seasons of a Man's Life* (New York: Ballantine, 1978); G. Sheehy, *Passages* (New York: Dutton, 1976).

- 一九六六年到一九七九年間，美國人離婚率增加兩倍：S. Coontz, *Marriage, a History*, 261.
- 「懶惰邋遢，又不會操持家務」：Levinso, *Seasons of a Man's Life,* 117-118.
- 「一個特別的女人，幫助他整頓人生」：同前引書，169.
- 從「迷人的二十八歲新婚嬌妻」變成：同前引書，310-11.
- 「破壞了他早先對她的完美印象」：同前引書，308.
- 崔西學起〔瓊安〕做事的方法，約束生活只為讓她快樂：同前引書，311.
- 成年心理發展化為浪漫體裁文類：見 K. Murray, "Literary pathfinding: The work of popular life constructors," in *Narrative Psychology: The Stories Nature of Human Conduct*, ed. T. Sarbin (New York: Praeger, 1986), 276-92.
- 「種種虛假的安全感」：G. Sheehy, *Passages* (New York: Dutton, 1976), 251.
- 霸道的丈夫或磨耗心力的小孩：G. Sheehy, *Sex and the Seasoned Woman* (New York: Random House, 2006), 194.
- 「浪漫、興奮、渴望」：S. Shellenbarger, *The Breaking Point* (New York: Henry Holt, 2004), 37.
- 「從飄飄欲仙滑向黑暗絕望」：同前引書，38.
- 「舊的價值觀和行為準則漸漸失效」：同前引書，9.
- 「拋棄她三十年來得之不易的成就」：同前引書，9-10.

- 「積極表達個人的失落感」：同前引書，13.
- 表現為英雄的追尋：「英雄之旅」衍生自 J. Campbell, *The Hero With A Thousand Faces*. (Novato, CA: New World Library, 2008).
- 「重燃內心的熱情」： Shellenbarger, *Breaking Point*, 46.
- 職場性別偏見造成的損失：參見 J.C. Williams, *Reshaping the Work-Family Debate* (Cambridge, MA: Harvard University Press, 2010).
- 釐清自己在意的事：參見 R. Josselson, *Revising Herself: The Story of Women's Identity from College to Midlife* (New York: Oxford University Press, 1996).
- 超過三分之一提到情緒暴力： Austin Institute for the Study of Family and Culture, "Relationships in America" (2014), http://relationshipsinamerica.com/marriage-and-divorce/what-reasons-do-divorcees-offer-for-leaving.
- 「人物虛構大師」： N. Gibbs, "Midlife Crisis? Bring It On!" Time, May 16, 2005, 53.
- 「去除情感壓抑」： G. Labouvie-Vief and M. R. DeVoe "Emotion regulation in adulthood and later life: A developmental view," in *Annual Review of Gerontology and Geriatrics: Focus on Emotion and Adult Development*, series ed. M. P. Lawton and volume ed. K. W. Schaie (New York: Springer, 1991), 17: 181.
- 「把諸多對立的作用結合起來，有時候方法不免造成悲劇」： G. Labouvie-Vief, L. M. Chiodo, L. A. Goguen, M. Diehl, and L. Orwoll, "Representations of the self across the lifespan," *Psychology and*

Aging 10 (1995): 405.

- 「內心狀態，因矛盾而感到不安和茫然」：C. Magai and B. Halpern, "Emotional development during the middle years," in *Handbook of Midlife Development*, ed. M. E. Lachman (John Wiley, 2001), 315. 原文即使用斜體。
- 中年旅程應該使「越少人受傷越好」：G. Sheehy, *Pathfinders* (New York: William Morrow, 1981), 41.
- 心理學家丹．麥克亞當斯的論點：D. McAdams, *The Redemptive Self: Stories Americans Live By* (New York: Oxford University Press, 2006).
- 深沉安心的安全狀態：C. Cole 訪談，August 17, 2016.
- 研究明確指出：參見 C. P. Cowan and P. A. Cowan, *When Partners Become Parents* (New York: Basic Books, 1992); E. Lawrence, A. D. Rothman, C. J. Cobb, M. T. Rothman, and T. N. Bradbury, "Marital satisfaction across the transition to parenthood," *Journal of Family Psychology* 22 (2008): 41–50.
- 題為〈睡出好關係〉的研究論文：H. M. Maranges, and J. K. McNulty, "The rested relationship: Sleep benefits marital evaluations," *Journal of Family Psychology* 31, no. 1 (2017): 117–22.
- 回頭面對彼此：J. M. Gottman and N. Silver, *The Seven Principles for Making Marriage Work* (New York: Three Rivers Press, 1999), chap. 5.
- 「中年危機」觀念何以持續這麼久：參見 J. Heckhausen, Adaptation and resilience in midlife,

Handbook of Midlife Development, ed. Lachman, 345–94.

- 但你會向前走，你非向前走不可：Cherlin, *Marriage-Go-Round*, 31–32.
- 「個人主義婚姻」、「速食婚姻」、「離婚以明志」：分別引自 Cherlin, *Marriage-Go-Round*; W. Doherty, *Take Back Your Marriage*, 2nd ed. (New York: Guilford, 2013); and B. D. Whitehead, *The Divorce Culture* (New York: Vintage, 1998).
- 一味壓抑並非管理情緒的上策：參見 E. A. Impett, A. Kogan, T. English, O. John, C. Oveis, A. M. Gordon, and D. Keltner, "Suppression sours sacrifice: Emotional and relational costs of suppressing emotions in romantic relationships," *Personality and Social Psychology Bulletin* 38, no. 6 (2012): 707–20.
- 對男性成年心理發展歷時最長的研究：哈佛大學的成年發展研究，又稱格蘭特研究，是 George E. Vaillant 多本著作所根據的基礎，包括 *Triumphs of Experience* (Cambridge, MA: Harvard University Press, 2012); 也可見 R. Waldinger, "What makes a good life? Lessons from the longest study on happiness," https://www.ted.com/talks/robert_waldinger_what_ makes_a_good_life_lessons_from_the_longest_study_on_happiness?language=en.
- 近來的統計分析顯示：R. J. Waldinger and M. S. Schulz, "The long reach of nurturing family environments: Links with midlife emotion-regulatory styles and late-life security in intimate relationships," *Psychological Science* 27, no. 11 (2016): 1443–50.

三、親密的愛與性

- 置身於這樣的婚姻並不健康：參見 J. K. Kiecolt-Glaser and T. L. Newton, “Marriage and health: His and hers,” *Psychological Bulletin* 127, no. 4 (2001): 472–503.
- 讀遍當紅兩性專家的書：參見 E. Perel, *Mating in Captivity* (New York: HarperCollins, 2005).
- 「無論男女都有非常多人」：H. V. Dicks, *Marital Tensions: Clinical Studies Toward a Psychological Theory of Interaction* (New York: Basic Books, 1967), 36.
- 另一半會挺身而出，幫忙共同調節關係：J. A. Coan, H. S. Schaefer, and R. J. Davidson, “Lending a hand: Social regulation of the neural response to threat,” *Psychological Science* 17 (2006): 1032–39.
- 太投入或者太疏遠孩子的情緒感受：Fonagy et al., *Affect Regulation*, 38; B. Beebe and E. McCrorie, “The optimum midrange: Infant research, literature, and romantic attachment,” *Attachment: New Directions in Relational Psychoanalysis and Psychotherapy* 4, no. 1 (2010): 39–58.
- 有一個思慮周到的和善大人：Fonagy et al., *Affect Regulation*, 4.
- 這種行為稱為「反映功能」：Fonagy et al., “Capacity for understanding mental states”；A. Slade, “Parental reflective functioning: An introduction,” *Attachment and Human Development* 7, no. 3 (2005): 269–81.
- 「願意不加防備地投入情感」：Slade, “Parental reflective functioning,” 271.

- 一段「足夠良好」的關係：D. Winnicott, *The Child, the Family, and the Outside World* (New York: Perseus Publishing, 1992); D. de Marneffe, *Maternal Desire: On Children, Love, and the Inner Life* (New York: Little, Brown, 2004), 81; E. Tronick, "Emotions and emotional communication in infants," *American Psychologist* 44, no. 2 (1989): 112–19.
- 我們在內心發展出相同的能力：Holmes and Slade, *Attachment for Therapists*, chap. 4.
- 「如何經驗及感受這些情緒」：J. J. Gross, "The emerging field of emotion regulation: An integrative review," *Review of General Psychology* 2 (1998): 275, doi:10.1037/1089-2680.2.3.271.
- 代替「我是壞孩子」的想法：此案例出自 M. Main, "Metacognitive knowledge, metacognitive monitoring, and singular (coherent) vs. multiple (incoherent) model of attachment: Findings and directions for future research," in *Attachment Across the Life Cycle*, ed. C. M. Parkes, J. Stevenson-Hinde, and P. Marris (New York: Routledge, 1993), 136–37.
- 正念是一個培養自覺的有效技巧：參見 J. Kabat-Zinn, *Full Catastrophe Living* (New York: Bantam, 2013).
- 你當然不可能一面吵架還一面反省：D. B. Wile, *After the Honeymoon*: *How Conflict Can Improve Your Relationship* (Oakland, CA: Collaborative Couple Therapy Books, 2008), 191–212; R. W. Levenson, interview, October 11, 2016.
- 如朋友般相處，接住對方投來的球：J. M. Gottman and N. Silver, *What Makes Love Last?* (New York: Simon & Schuster, 2012), chap. 3.

- 陷在負面的情緒反應：J. Gottman, *The Science of Trust: Emotional Attunement for Couples*, (New York: Norton, 2011), chaps. 2 and 3.
- 也不會顧慮怎樣對自己最好：C. F. Camerer, *Behavioral Game Theory: Experiments in Strategic Interaction* (New York: Russell Sage, 2003), 11, 引用於 Gottman, *Science of Trust*, 69–70.
- 比起「由上至下」的方法，不妨試試「由下而上」的對策：D. Siegel, *The Neurobiology of We* (Louisville, CO: Sounds True, 2011), chap. 7.
- 是社會的錯：參見 L. Kipnis, *Against Love: A Polemic* (New York: Vintage, 2004).
- 社會生物學者很快也指出這一點：例如 H. Fisher, *Why We Love: The Nature and Chemistry of Romantic Love* (New York: Henry Holt, 2004).
- 「從精神結構本身的壓力下解放」：S. Mitchell, *Can Love Last? The Fate of Romance over Time* (New York: Norton, 2002), 85.
- 表現不重要，態度才是關鍵：McCarthy 訪談。
- 「『以愛的架構包容恨』的能力」：Dicks, *Marital Tensions*, 31.

四、婚姻故事

- 「因此也可以被故事塑造」：J. Gottschall, *The Storytelling Animal* (New York: Houghton Mifflin, 2012), 56.
- 個人認同本身就採用故事的形態：D. P. McAdams, “The psychology of life stories,” *Review of*

General Psychology 5, no. 2 (2001): 101.

- 在文化中是青年期的首要目標：Erikson, *Childhood and Society*. 見 McAdams, *Redemptive Self*, chap. 3.
- 人生是否令人滿足，取決於能否述說一段有意義的故事：D. P. McAdams, "Generativity in midlife," in *Handbook of Midlife Development*, ed. Lachman, 395–443.
- 「把某個故事繼續發展下去的能力」：A. Giddens, *Modernity and Self-Identity: Self and Society in the Late Modern Age* (Stanford, CA: Stanford University Press, 1991), 54. 引用於 McAdams, "Psychology of life stories," 112.
- 「盡是老套劇情」：E. Schachtel, *Metamorphosis* (New York: Basic Books, 1959), 288. 引用於 M. Skura, "Creativity: Transgressing the limits of consciousness," *Daedalus* 109, no. 2 (1980): 128.
- 當一對怨偶分手：D. Vaughn, *Uncoupling* (New York: Oxford University Press, 1986), 5; Doherty, *Take Back Your Marriage*, 120.
- 他們依然需要有一個故事來自圓其說：Vaughn, *Uncoupling*, 5, 28–30.
- 誤把廣告標語當成個人經驗：Wile, *After the Honeymoon*, chap. 12.
- 「選擇性抄襲」：McAdams, "Psychology of life stories," 16.
- 故事情節相互矛盾：Cherlin, *Marriage-Go-Round*, chap. 5, esp. 135.
- 如哲學家齊克果所言：M. Austin, "We get to carry each other: U2 and Kierkegaard on authentic love," *Philosophy Now* 64 (2007), https://philosophynow.org/issues/64/We_Get_To_Carry_Each_

Other_U2_and_Kierkegaard_on_Authentic_Love; M. Austin, interview, May 10, 2016.

- 「明知不可能，依然執著」：Illouz, *Consuming the Romantic Utopia*, 175–76.
- 「天啟」、「探索」、「命運的轉折」：McAdams, "Psychology of life stories," 114.
- 故事通常呈現三種基本形態：K. J. Gergen and M. M. Gergen, "Narrative form and the construction of psychological science," in *Narrative Psychology*, ed. Sarbin, 27–28.
- 冒險與休息的橋段輪流推動：引自 K. E. Scheibe, "Self-narratives and adventure," in *Narrative Psychology*, ed. Sarbin, 133.
- 相當多對伴侶表示對彼此一直有強烈感情：B. P. Acevedo and A. Aron, "Does a long-term relationship kill romantic love?," *Review of General Psychology* 13, no. 1 (2009): 59–65.
- 心理學者稱之為「共同故事」：J. A. Singer and K. Skerrett, *Positive Couple Therapy: Using We-Stories to Enhance Resilience* (New York: Routledge, 2014).
- 以「內隱記憶」的形態保存下來：Siegel, *Developing Mind*, 393–94.
- 我們的大腦就是一部「預期裝置」：同前引書，53.
- 「我們只是掉進根深蒂固的狀態」：同前引書，55.
- 透過從前的情感濾鏡：Mikulincer and Shaver, *Attachment in Adulthood*, 110–12.
- 「敘事自我」於焉誕生：D. Stern, *The Interpersonal World of the Infant* (New York: Basic Books, 2000), xxv.
- 所有嬰兒與照顧者的組合都會呈現四種類型的其中一種：見 M. Main, "The organized categories

of infant, child, and adult attachment: Flexible vs. inflexible attention under attachment-related stress," *Journal of the American Psychoanalytic Association* 48 (2000): 1055–95; E. Hesse and M. Main, "Disorganized infant, child, and adult attachment: Collapse in behavioral and attentional strategies," *Journal of the American Psychoanalytic Association* 48 (2000): 1097–127.

- 照顧者對孩子尋求依附的行為若有敏銳的覺察和回應：de Marneffe, *Maternal Desire*, chap. 3.
- 同時表現出驚嚇和恫嚇的行為：Hesse and Main, "Disorganized infant, child, and adult attachment," 1112–13.
- 孩子尚在發展中的自我故事就能順暢整合：Mikulincer and Shaver, *Attachment in Adulthood*, 219–20.
- 在安全依附關係裡：Siegel, *Developing Mind*, 374.
- 父母否定、扭曲孩子的故事：D. Stern, *Diary of a Baby* (New York: Basic Books, 1992), Part V.
- 在自我與依附對象之間發展出的互動模式有許多問題：Main, "Metacognitive knowledge," in *Attachment Across the Life Cycle*, ed. Parkes, Stevenson-Hinde, and Marris, 127–59.
- 利用一項名為成人依附訪談的研究工具：M. Main, N. Kaplan, and J. Cassidy, "Security in infancy, childhood, and adulthood: A move to the level of representation," in *Growing Points of Attachment Theory and Research. Monographs of the Society for Research in Child Development* 50 (1–2, serial no. 209), ed. I. Bretherton and E. Watters (University of Chicago Press, 1985), 66–104.
- 被評估為「安全—自主型」的成人：Main, "Organized categories of infant, child, and adult

attachment," 1055–95.

- 依附關係研究者口中所謂「爭取得來」或「演化出來」的安全感：E. Hesse, "The Adult Attachment Interview: Protocol, method of analysis, and selected empirical studies, 1985–2015," in *Handbook of Attachment: Theory, Research, and Clinical Applications*, 3rd ed., ed. J. Cassidy and P. Shaver (New York: Guilford, 2016), 553–97.
- 治療師或某個適時出現的重要他人給予的情感支持：R. Saunders, D. Jacobvitz, M. Zaccagnino, L. M. Beverung, and N. Hazen, "Pathways to earned security: The role of alternative support figures," *Attachment and Human Development* 13, no. 4 (2011): 403–20.
- 以社福機構扶養之孩童為對象的研究：M. Rutter, D. Quinton, and J. Hill, "Adult outcome of institution-reared children: Males and females compared," in *Straight and Devious Pathways from Childhood to Adulthood*, ed. L. N. Robins and M. Rutter (Cambridge, UK: Cambridge University Press, 1990), 135–57.
- 童年時期遭受家暴的媽媽：B. Egeland, D. Jacobvitz, and L. A. Sroufe, "Breaking the cycle of abuse," *Child Development* 59, no. 4 (1988): 1080–88.
- 結婚和當上父母：Mikulincer and Shaver, *Attachment in Adulthood*, 142.
- 伴侶彼此間的安全依附：N. Mehta, P. A. Cowan, and C. P. Cowan, "Working Models of Attachment to Parents and Partners: Implications for Emotional Behavior Between Partners," *Journal of Family Psychology* 23 (2009): 895–99.

- 成人依附訪談的特出之處：Siegel, *Neurobiology of We*, chap. 3
- 「思考感受以及感受思考的能力」：Slade, "Parental reflective functioning," 271.
- 想像一名年輕女子為了生不生小孩而傷透腦筋：由衷感謝 Erik Hesse 提供此例。
- 調適及緩和情緒的能力：見 Siegel, *Developing Mind*, 36, 373.
- 光是能意識到自己正在說故事：同前引書。M. Linehan, *Cognitive-Behavioral Treatment of Borderline Personality Disorder* (New York: Guilford, 1993); L. F. Barrett, J. Gross, T. C. Christensen, and M. Benvenuto, "Knowing what you' re feeling and knowing what to do about it: Mapping the relation between emotion differentiation and emotional regulation," *Cognition and Emotion* 15, no. 6 (2001): 713–24; M. Jay, *Supernormal: The Untold Story of Adversity and Resilience* (New York: Twelve, 2017), 243.
- 混亂和僵化是情緒失調的指標：Siegel, *Developing Mind*, 28–29, 361–64.
- 對愛、溫柔、感情未被滿足的渴望：S. M. Andersen, R. Miranda, and T. Edwards, "When self-enhancement knows no bounds: Are past relationships with significant others at the heart of narcissism?," *Psychological Inquiry* 12, no. 4 (2001): 198.
- 為自己的感受承擔責任與歉疚：見 H. Loewald, "The waning of the Oedipus complex," in *The Essential Loewald: Collected Papers and Monographs* (Hagerstown, MD: University Publishing Group, 2000).
- 精神分析治療師稱之為「第三空間」：S. Ruszczynski, " 'The marital Triangle' : Towards 'triangular

space' in the intimate couple relationship," *Journal of the British Association of Psychotherapists* 3 (1998): 33–46; Gottman, *Science of Trust*, chap. 5.

- 平行的獨白：H. Hendrix, *Getting the Love You Want* (New York: St. Martin's Griffin, 2008), 146.
- 要順利引導伴侶對話：談論「伴侶對話」最好的一本書是 Wile, *After the Honeymoon*.
- 「樂得鬆一口氣」：J. Gottman, *Science of Trust*, 65.
- 「說故事免不了會有一個道德立場」：J. Bruner, *Acts of Meaning* (Cambridge, MA: Harvard University Press, 1990), 51.
- 敘述可能發展而非既定事實：J. Bruner, *Actual Minds, Possible Worlds* (Cambridge, MA: Harvard University Press, 1987), 26.

五、外遇、調情與幻想，不容小覷

- 對於受傷的另一半來說，外遇牽涉到太多事情：受傷的另一半（hurt partner）與不忠的另一半（unfaithful partner）兩詞引自 J. A. Spring, *After the Affair* (New York: William Morrow, 2012).
- 經受著創傷影響：D. H. Baucom, D. K. Snyder, and K. C. Gordon, *Helping Couples Get Past the Affair* (New York: Guilford, 2009).
- 「雙方互相同意另一方是一個值得愛的人」：Dicks, *Marital Tensions*, 36.
- 外遇時常發生在經歷失落：參見 S. Nathans, "Infidelity as a manic defense," *Couple and Family Psychoanalysis* 2 (2012): 165–80.

- 抵擋失序的衝動：見 M. Cohen, *Sent Before My Time: A Child Psychotherapist's View of Life on the Neonatal Intensive Care Unit.* (London: Karnac, 2003), 69.
- 已故治療師雪莉．葛拉斯的著作：S. Glass, *Not"Just Friends"* (New York: Free Press, 2003).
- 最後並不會與外遇的對象結婚：E. M. Hetherington and J. Kelly, *For Better or Worse: Divorce Reconsidered* (New York: Norton, 2002), 3.
- 深戀感或新關係能量：D. Tennov, *Love and Limerence: The Experience of Being in Love*, 2nd ed. (Chelsea, MI: Scarborough House, 1998).
- 「可能會適合多夫多妻或關係無政府主義」：與 Y. Alkan 的私人談話，July 17, 2016.
- 跟很多女性交換伴侶者一樣，她也是雙性戀：E. M. Fernandes, "The swinging paradigm: An evaluation of the marital and sexual satisfaction of swingers," *Dissertation Abstracts International* (2009), DAI-B 70/05.
- 「魅力＋阻礙＝興奮」：J. Morin, *The Erotic Mind* (New York: HarperCollins, 1995), 72.
- 我唯一不變的顧慮與孩子有關：社會學觀點可參見 E. Sheff, "Strategies in polyamorous parenting," in *Understanding Non-Monogamies*, ed. M. J. Barker and D. Landridge (New York: Routledge, 2010), 169–81.
- 把對性的想法整合成共享的經驗：參見 M. E. Metz and B. McCarthy, *Enduring Desire* (New York: Routledge, 2011), 107; Morin, *Erotic Mind*; I. Kerner, interview, July 19, 2016.
- 幻想各種事情，從性愛到食物、睡眠：T. D. Fisher, Z. T. Moore, and M. Pittenger, "Sex on the

brain? An examination of frequency of sexual cognitions as a function of gender, erotophilia, and social desirability," *Journal of Sex Research* 29 (2012): 69–77, doi:10.1080/00224499.2011.565429.

- 為現實「賦予魔力」：S. Mitchell, *Relationality: From Attachment to Intersubjectivity* (New York: Routledge, 2003), 24.
- 實際上所有性愛專家都同意：參見 B. Zilbergeld, *The New Male Sexuality*, rev. ed. (New York: Bantam, 1999); L. Barbach, *For Yourself: The Fulfillment of Female Sexuality* (New York: Signet, 2000); E. Nagoski, *Come as You Are* (New York: Simon & Schuster, 2015).
- 每個人生成欲望的形式各有不同：Nagoski, *Come as You Are*, chap. 7.
- 「神經化學物質的調配」：Kerner, interview, July 19, 2016.
- 哪些誘因真的能挑起另一半的衝動和性欲：S. J. Dawson and M. L. Chivers, "Gender differences and similarities in sexual desire," *Current Sexual Health Reports* (December 2014): doi:10.1007/s11930-014-0027-5.
- 「獨立的性衝動狀態」：S. Sarin, R. M. Amsel, and Y. M. Binik, "Disentangling desire and arousal: A classificatory conundrum," *Archives of Sexual Behavior* 42 (2013): 1079–100, doi:10.1007/s10508-013-0100-6.
- 與性愛的調和互相牴觸：M. Meana and S. E. Nunnink, "Gender differences in the content of cognitive distraction during sex," *Journal of Sex Research* 43, no. 1 (2006): 59–67.
- 方向不在於道德觀念，反而比較接近美學標準：I. Z. Hoffman, "Poetic transformations of erotic

experience: Commentary on paper by Jody Messler Davies," *Psychoanalytic Dialogues* 8, no. 5 (1998): 791–804.

- 兩百五十萬個成人網站：O. Ogas and S. Gaddam, *A Billion Wicked Thoughts* (New York: Dutton, 2011), 8.
- 網路交易總量的百分之三十五：I. Kerner, "The case for porn," *Psychotherapy Networker* (January/February 2016): 21.
- 使用色情影片算不算「外遇」：參見 R. Douthat, "Is pornography adultery?," theatlantic.com, October 2008, http://www.theatlantic.com/magazine/archive/2008/10/is-pornography-adultery/306989/.
- 創造出他們所害怕的祕密：Morin, *Erotic Mind*, 293.
- 「核心性欲主題」：同前引書，292–93 and chap. 5.
- 勉強忍耐接受男性伴侶使用色情作品：M. N. Resch and K. G. Alderson, "Female partners of men who use pornography: Are honesty and mutual use associated with relationship satisfaction?," *Journal of Sex and Marital Therapy* 40 (2014): 410–24.
- 對色情保持誠實的氛圍能減輕煩惱：同前引書，420.
- 色情作品使用者有百分之三十是女性：Kerner, "Case for porn," 21.
- 更願意嘗試新事物，更敢說出口性愛需求：J. M. Albright, "Sex in America online: An exploration of sex, marital status, and sexual identity in internet sex seeking and its impacts," *Journal of Sex*

Research 45 (2008): 184.

- 比起伴侶一方（通常是男性）獨自觀看，平均而言帶給伴侶更大的滿足：A. M. Maddox, G. K. Rhoades, and H. J. Markman, "Viewing sexually-explicit materials alone or together: Associations with relationship quality," *Archives of Sexual Behavior* 40, no. 2 (2009): 441–48; J. C. Manning, "The impact of internet pornography on marriage and the family: A review of the research," *Sexual Addiction and Compulsivity* 13 (2006): 131–65.
- 克納博士請諮商者進行一趟「色情之旅」：Kerner, "Case for porn," 43; I. Kerner 訪談 , July 19, 2016, and August 1, 2016.
- 把可共享的清單列得更長：Kerner 訪談 , July 19, 2016.
- 女性比較容易有反應：Ogas and Gaddam, *A Billion Wicked Thoughts*, 19, 255.
- 「那是一片人造荒漠」：Kerner, "Case for porn," 21.
- 百分之四十三從遊戲內的性愛獲得較大滿足：LMU Newsroom, "Studies: Online Relationships Better than Real Life," August 12, 2010 http://newsroom.lmu.edu/2010/08/12/studies-online-relationships-better-than-real-life/; R. L. Gilbert, M. A. Gonzalez, and N. A. Murphy, "Sexuality in the 3D internet and its relationship to real-life sexuality," *Psychology and Sexuality* 2, no.2 (2011): 107–22.
- 青春期就已經在內心確立：G. E. Brannon, "Paraphilic disorders clinical presentation," medscape.com, December 3, 2015, http://emedicine.medscape.com/article/291419-clinical.

- 如果說感情市場會秤量性身分的話：Ogas and Gaddam, *A Billion Wicked Thoughts*.
- 侷限於特定（社會認可的）差異：M-J. Barker, “What does a queer relationship look like?,” rewriting-the-rules.com, accessed July 25, 2016, https://rewritingtherules.files.wordpress.com/2016/02/queerrelationshipzine.pdf.
- 腦袋裡出現二十二歲假奶啦啦隊員跳舞：D. Zillman and J. Bryant, “Pornography’ s impact on sexual satisfaction,” *Journal of Applied Social Psychology* 18 (1988): 438–53; Albright, “Sex in America online,” 175–86.
- 對於「A片成癮症」這個概念是否成立，現有的共識還很少：A. Duffy, D. L. Dawson, and R. Das Nair, “Pornography addiction in adults: A systematic review of definitions and reported impact,” *Journal of Sexual Medicine* 13, no. 5 (2016): 760–77.
- 每週觀看十一小時以上的A片：A. Cooper, D. L. Delmonico, and R. Burg, “Cybersex users, abusers, and compulsives: New findings and implications,” *Sexual Addiction and Compulsivity: The Journal of Treatment and Prevention* 7 (2000): 5–29.
- 即便有害結果持續累積：American Society of Addiction Medicine, “Public policy statement: Definition of addiction,” August 15, 2011, http://www.asam.org/quality-practice/definition-of-addiction.
- 消解壓力、創造情感距離：Manning, “Impact of internet pornography,” 144.
- 這一類男人有的屬於逃避型依附：D. M. Szymanski and D. N. Stewart-Richardson, “Psychological,

relational, and sexual correlates of pornography use on young adult heterosexual men in romantic relationships," *Journal of Men's Studies* 22, no. 1 (2014): 64–82.

- 「把高度價值加諸於虛假的需求，同時貶低真正的需求」：G. Mate, *In the Realm of Hungry Ghosts* (Berkeley, CA: North Atlantic Books, 2010), 181.
- 伴侶諮商師泰倫斯．瑞爾：T. Real, *I Don't Want to Talk About It: Overcoming the Secret Legacy of Male Depression* (New York: Scribner, 1998).
- 「他到底是上癮，還是只是個人渣？」：R. Weiss, interview, April 13, 2016.
- 女性在關係裡通常會被失去權力、不公平、不負責任的感覺給激怒：J. Gottman, J. S. Gottman, D. Abrams, and R. C. Abrams, *The Man's Guide to Women* (New York: Rodale, 2016), 128–30.
- 和藹而大方地給予另一個人他或她想要的東西：M. E. Weiner-Davis, *The Sex-Starved Marriage* (New York: Simon & Schuster, 2004); Metz and McCarthy, *Enduring Desire*, 51.
- 試試性愛諮商師給的建議：E. Nagoski, "Do you know when you want it?," thedirtynormal.com, accessed July 26, 2016, http://www.thedirtynormal.com/blog/2010/02/27/do-you-know-when-you-want-it/.
- 把「定罪復仇狀態」當成他「偏好的自我解藥」：A. Phillips, *Missing Out: In Praise of the Unlived Life* (New York: Farrar, Straus and Giroux, 2012), 168.
- 「我就靠忠於承諾來滿足我自己」：Glass, *Not"Just Friends,"*255.

六、酒精與其他逃避方法

- 辛苦一天回到家還得面對家中緊繃的氣氛：J. G. Grzywacz and N. F. Marks, "Family, work, work-family spillover and problem drinking during midlife," *Journal of Marriage and the Family* 62, no. 2 (2000): 336–48.
- 搜尋「酗酒和婚姻」：F. A. Torvik, E. Roysamb, K. Gustavson, M. Idstad, and K. Tambs, "Discordant and concordant alcohol use in spouses as predictors of marital dissolution in the general population: Results from the Hunt Study," *Alcoholism: Clinical and Experimental Research* 37, no. 5 (2013): 877–84, doi:10.1111/acer.12029.
- 搜尋「大麻和婚姻」：P. H. Smith, G. G. Homish, R. L. Collins, G. A. Giovino, and H. R. White, "Couples' marijuana use is inversely related to their intimate partner violence over the first 9 years of marriage," *Psychology of Addictive Behaviors* 28, no. 3 (2014): 734–42, doi:10.1037/a0037302.
- 看成核心活動：H. Fingarette, *Heavy Drinking* (Berkeley: University of California Press, 1988).
- 接觸崇高感受：M. Ruti, *The Singularity of Being* (New York: Fordham University Press, 2012), 26.
- 大家喝酒最常見的幾個理由：M. L. Cooper, M. R. Frone, M. Russell, and P. Mudar, "Drinking to regulate positive and negative emotions: A motivational model for alcohol use," *Journal of Personality and Social Psychology* 69 (1995): 990–1005.
- 成癮物質有助於人忘卻自我：J. G. Hull, "Self-awareness model," in *Psychological Theories of Drinking and Alcoholism*, ed. K. E. Leonard and H. T. Blane (New York: Guilford, 1987), 272–304.

- 酗酒的最大理由：K. J. Sher and E. R. Grekin, “Alcohol and affect regulation,” in *Handbook of Emotion Regulation*, 1st ed., ed. J. J. Gross (New York: Guilford, 2007), 571.
- 每天的生活壓力到頭來壓迫著我們的婚姻：A. A. Buck and L. A. Neff, “Stress spillover in early marriage: The role of self-regulatory depletion,” *Journal of Family Psychology* 26 (2012): 698–708, doi:10.1037/a0029260.
- 美國有過半數成年人：NCAAD.org, July 25, 2015, https://www.ncadd.org/about-addiction/alcohol/facts-about-alcohol.
- 動用大腦自然的酬償中樞：關於這些概念，更詳細的討論可見 Mate, *In the Realm of Hungry Ghosts*, pts. 4, 5.
- 降低壓力反應：參見 K. M. Grewen and K. C. Light, “Plasma oxytocin is related to lower cardiovascular and sympathetic reactivity to stress,” *Biological Psychology* 87, no. 3 (2011): 340–49, doi:10.1016/j.biopsycho.2011.04.003.
- 任何預期的酬償也都能活化系統：R. Sapolsky, “The pleasures and pains of maybe,” Lecture 7, *Being Human: Lessons from the Frontiers of Science* (Chantilly, VA: Great Courses, 2011).
- 與照顧者的關係就是孩子的早期環境：見 P. Fonagy, G. Gergely, E.L. Jurist, and M. Target, “The behavioral geneticist’ s challenge to the psychosocial model of the development of mentalization,” in Fonagy et al., *Affect Regulation*, 97–144; also Mate, *In the Realm of Hungry Ghosts*, pt. 4.
- 這種情況稱為「近似分離」：Mate, *In the Realm of Hungry Ghosts*, 252. “Proximate separation”

is a concept from A. N. Schore, *Affect Regulation and the Origin of the Self* (Hillsdale, NJ: Erlbaum Associates, 1994).

- 在往後人生更容易尋求化學補償：Mate, *In the Realm of Hungry Ghosts*, 164.
- 成年以後使用成癮物質問題的風險高出四倍：H. Kober, "Emotion regulation in substance use disorders," in *Handbook of Emotion Regulation*, 2nd ed., ed. Gross, 432.
- 酗酒是一大肇因：Vaillant, *Triumphs of Experience*, chap. 6.
- 強烈主導他的思考：參見 S. Brown, *Treating the Alcoholic:A Developmental Model of Recovery* (New York: Wiley, 1985), 96–98.
- 想不想克服自身的失能：Mate, *In the Realm of Hungry Ghosts*, 155.
- 更多個人特色、更多自主權力：關於我提到的伴侶成長與個人成長，基本模式可見 S. Brown and V. Lewis, *The Alcoholic Family in Recovery* (New York: Guilford, 1999).
- 「個人的評估系統」：Brown, *Treating the Alcoholic*, 79–80.
- 多巴胺分泌就在這個時候發揮作用：Mate, *In the Realm of Hungry Ghosts*, 169.
- 物質使用疾患之所以是「主要的」：R. D. Margolis and J. E. Zweben, *Treating Patients with Alcohol and Other Drug Problems: An Integrated Approach*, 2nd ed. (Washington, DC: American Psychological Association, 2011), 54; Brown and Lewis, *Alcoholic Family in Recovery*, 44.
- 我充當他的證人、教練、支持者和傳聲筒：Brown and Lewis, *Alcoholic Family in Recovery*, 27, 185, 222.

- 他們會進入成癮專家所謂的過渡期：同前引書，esp. chaps. 6 and 9.
- 「與他人不完美的關係」：*Twelve Steps and Twelve Traditions* (New York: Alcoholics Anonymous World Services, 1981), 80.
- 對親職形成考驗：Brown and Lewis, *Alcoholic Family in Recovery*, esp. pt. 4.
- 「不因對方有所不同就憎惡」：Mate, *In the Realm of Hungry Ghosts*, 401.
- 「酒在酗酒者眼中很特別」：Brown, *Treating the Alcoholic*, 78.
- 「躲避伴侶雙方有意識或無意識的焦慮」：W. Colman, "Marriage as a psychological container," in *Psychotherapy with Couples*, ed. S. Ruszczynski (London: Karnac, 1993), 93–94.
- 他自己也有共依存症的問題：參見 P. Mellody, A. W. Miller, and J. K. Miller, *Facing Codependence* (New York: Harper and Row, 2003).
- 創傷事件能引起解離：B. van der Kolk, *The Body Keeps the Score: Brain, Mind, and Body in the Healing of Trauma* (New York: Viking, 2014), 180.
- 「情緒腦發出的痛苦訊息」：同前引書，211.
- 「喚起過去負面的依附範例」：S. M. Johnson, *Emotionally Focused Couple Therapy with Trauma Survivors* (New York: Guilford, 2002), 43.
- 「外人的幫助、長相好看、收入更高、居家更整潔」：Al-Anon Family Groups, *How Al-Anon Works for Families and Friends of Alcoholics* (Audiobooks, Virginia Beach, VA: Al-Anon Family Group Headquarters, 2013), chap. 5.

- 《週六夜現場》最受歡迎的一段短劇：“Xanax for Gay Summer Weddings,” *Saturday Night Live*, nbc.com, accessed August 12, 2016, http://www.nbc.com/saturday-night-live/video/new-xanax/n37070.
- 文化漸漸接受同性伴侶婚姻：D. Masci and S. Motel, “5 facts about same-sex marriage,” Pew Research Center, June 26, 2015, http://www.pewresearch.org/fact-tank/2015/06/26/same-sex-marriage/.
- 「少女和女人對自我形象充滿壓力」：K. McMillan, “The truth about prescription pills: One writer’s story of anxiety and addiction,” vogue.com, April 25, 2014, http://www.vogue.com/865132/prescription-pill-addiction-drug-abuse/.
- 女性使用苯二氮平類藥物比男性常見兩倍：M. Olfson, M. King, and M. Schoenbaum, “Benzodiazepine use in the United States,” *JAMA Psychiatry* 72, no. 2 (2015): 136–42, doi:10.1001/jamapsychiatry.2014.1763.
- 提高骨折和認知能力下降的風險：同前引書。
- 苯二氮平類藥物的處方開立總量增加三倍：M. A. Bachhuber, S. Hennessy, C. O. Cunningham, and J. L. Starrels, “Increasing benzodiazepine prescriptions and overdose mortality in the United States, 1996–2013,” *American Journal of Public Health Research* 106, no. 4 (2016): 686–88, doi:10.2105/AJPH.2016.303061.
- 服用三到四週後停藥：J. Brett and B. Murion, “Management of benzodiazepine misuse and

dependence,” *Australian Prescriber* 38, no. 5 (2015): 152–55, doi:10.18773/austprescr.2015.055.

- 「最好能一路跑抵終點」：A. Tone, *The Age of Anxiety: A History of America’s Turbulent Affair with Tranquilizers* (New York: Basic Books, 2009), 232.
- 預約制獨享葡萄酒晚餐行程：查閱於 August 22, 2016, http://winetrain.rezgo.com/details/103164/private-reserve-dinner-series-raymond-vineyards.
- 稱為「情感交融」的情感形式：Illouz, *Consuming the Romantic Utopia*, 143.

七、金錢：抽屜裡的那把刀

- 「很高比例的人不懂理財」：K. Mitchell 訪談 , August 9, 2016.
- 灣區一名「理財教練」：D. Price, *Money Magic* (Novato, CA: New World Library, 2003); D. Price, interview, September 8, 2016.
- 負債越高的夫妻：E. Dunn and M. Norton, *Happy Money: The Science of Smarter Spending* (New York: Simon & Schuster, 2013), 95.
- 尋求離婚的夫妻有四分之一把「財務規劃差異」列為理由：Austin Institute for the Study of Family and Culture, “Relationships in America” (2014).
- 「一戶一對」原則：L. Weston, “Secrets of next-door millionaires,” nerdwallet.com, August 26, 2016, https://www.nerdwallet.com/blog/investing/secrets-of-next-door-millionaires/?wpmm=1andwpisrc=nl_finance.

- 靠商業機制在支撐總令人不太舒坦：見 I. Hoffman, *Ritual and Spontaneity in the Psychoanalytic Process* (New York: Routledge, 2001), xix.
- 婚姻是一段「我與你」的關係：M. Buber, *I and Thou* (New York: Touchstone, 1971).
- 要與另一個人產生親密感：Fisher, *Uninvited Guest,* 43.
- 「寬容另一方所經驗的事實」：同前引書，56. 費雪稱此為一項「重大發展成就」。
- 導致結婚率下降、離婚率升高：B. Stevenson and J. Wolfers, “Marriage and divorce: Changes and their driving forces,” Working Paper 19244, National Bureau of Economic Research (2007), 10, http://www.nber.org/papers/w12944.
- 美國的貧富差距飆升：E. J. Finkel, C. M. Hui, K. L. Carswell, and G. M. Larson, “The suffocation of marriage: Climbing Mount Maslow without enough oxygen,” *Psychological Inquiry* 25 (2014): 35.
- 削弱婚姻的穩定與品質：R. D. Conger, K. J. Conger, and M. J. Martin, “Socioeconomic status, family process, and individual development,” *Journal of Marriage and the Family* 72, no. 3 (2010): 685–704.
- 美滿和樂的婚姻大夢：National Marriage Project, *State of Our Unions, 2010.*
- 不同財力、族裔、年齡區塊的美國人，依然對婚姻習俗持有高度評價：Finkel et al., “Suffocation of marriage,” 6; G. R. Lee, *The Limits of Marriage: Why Getting Everyone Married Won’t Solve Our Problems* (Lanham, MD: Lexington Books, 2015), 124–25; Coontz, *Marriage, a History*, 278.
- 保有伴侶分工的彈性：Lee, *Limits of Marriage*, 169–70.

- 激起疑惑和焦慮：K. K. Charles and M. Stephens, "Disability, job displacement and divorce," *Journal of Labor Economics* 22, no. 2 (2004): 489–523.
- 這個年代對婚姻的不滿意：Finkel et al., "Suffocation of marriage."
- 另一段（想像或現實的）關係可能獲得的報償：Gottman, *Science of Trust*, 337, 453.
- 配偶雙方會有不同的談判立場：見L. Cohen, "Marriage, divorce, and quasi-rents: Or, 'I gave him the best years of my life,' " *Journal of Legal Studies* 16, no. 2 (1987): 267–303.
- 利用對母親有利的監護權安排：M. F. Brinig and D. W. Allen, " 'These boots are made for walking' : Why most divorce filers are women," *American Law and Economics Review* 2, no. 1 (2000): 130.
- 現代離婚案件約有三分之二是女性提出申請：Austin Institute, Relationships in America."
- 信任流失的話：Brinig and Allen, " 'These boots are made for walking,' " 134.
- 丈夫沒有全職工作：A. Killewald, "Money, work, and marital stability: Assessing change in gendered determinants of divorce," *American Sociological Review* 81, no. 4 (2016): 696–719, doi:10.1177/0003122416655340.
- 婚姻裡的性功能障礙，甚至是肢體暴力：Hetherington and Kelly, *For Better or Worse*, 35–36.
- 不惜犧牲家庭時間和團體需求：A. Lareau, Unequal Childhoods: Class, Race, and Family Life (Berkeley: University of California Press, 2003), 39.
- 社會學者討論已久的「時間荒」概念：參見A. R. Hochschild, *The Time Bind* (New York: Holt,

1997); J. Schor, *The Overworked American* (New York: Basic Books, 1991).

- 滋養對婚姻不滿的主觀感受：參見 Buck and Neff, "Stress spillover in early marriage."
- 「讓各年齡層的人有更多選項」：Carstensen, *Long Bright Future*, 68–69.
- 「喚起全球富裕國家人民興趣」："How to be happy, rich, and save the world," mrmoneymustache.com, October 10, 2016, http://www.mrmoneymustache.com/2016/10/10/how-to-be-happy-rich-and-save-the-world/.
- 「當下的力量」：Dunn and Norton, *Happy Money*, 90.
- 「過去的你虧待了現在的你」："Are you giving the shaft to your future self ?," mrmoneymustache.com, November 11, 2014, http://www.mrmoneymustache.com/2014/11/11/are-you-giving-the-shaft-to-your-future-self/.
- 「很久以前浪費的那一塊錢」：同前引文章。
- 覺得改正了自己的花錢方式：S. I. Rick, D. A. Small, and E. J. Finkel, "Fatal (fiscal) attraction: Spendthrifts and tightwads in marriage," *Journal of Marketing Research* 48, no. 2 (2011): 228–37.
- 把現實的痛苦歸咎於伴侶的失敗上：Fisher, *Uninvited Guest*, 105.

八、暗戀：化相思與渴望為助益

- 「大自然在人體內種下了調情的基因」：J. Holland, *Moody Bitches* (New York: Penguin Press, 2015), 87.

- 「高量睪固酮」：同前引書，129.
- 對愛和古柯鹼的強烈渴望：B. P. Acevedo and A. P. Aron, "Romantic love, pair-bonding, and the dopaminergic reward system," in *Mechanisms of Social Connection: From Brain to Group*, ed. M. Mikulincer and P. R. Shaver (Washington, DC: American Psychological Association, 2014).
- 每隔四年就會再度戀愛：Fisher, *Why We Love*, 134–35.
- 讓男性不確定自己是否為父親，藉以獲取資源：H. Fisher, *Anatomy of Love* (New York: Fawcett, 1992), 91–93.
- 執迷於無法回報愛情的對象：P. Mellody, *Facing Love Addiction* (New York: Harper Collins, 2003).
- 一般人漸漸失去了這種調節思考、感受、行動的能力：R. F. Baumeister and J. Tierney, *Willpower* (New York: Penguin, 2011), 28.
- 「改變對眼前問題的想法，或是轉移注意力」：同前引書，130–31.
- 浪漫熱情的危險誘惑：R. May, *Love and Will* (New York: Norton, 1969), 146; D. de Rougemont, *Love in the Western World* (Princeton, NJ: Princeton University Press, 1940).
- 「愛上了分析她的醫生」：S. Freud, "Observations on Transference-Love" (1915), in *The Standard Edition of the Complete Psychological Works of Sigmund Freud*, ed. J. Strachey (London: Hogarth Press, 1962), 12:159.
- 「正是愛情的本質」：同前引書，12:168–69.
- 愛情關係讓人得以虛擬地重整自我：這段描述受惠於 Hans Loewald 和 Jonathan Lear，特別是

H. Loewald 的 "Transference and love," in "Psychoanalysis and the history of the individual," in *Essential Loewald*, 562; and J. Lear, *Therapeutic Action* (New York: Other Press, 2003), 168.

- 編寫一則新的故事感覺如同成長，個人有所進步：R. Stein, "The otherness of sexuality: Excess," *Journal of the American Psychoanalytic Association* 56 (2008): 57.
- 接受混亂，不被混亂給擊潰：見 Ruti, *Singularity of Being*, 35.
- 法裔加拿大精神分析師亞拉娜・弗隆的一篇論文：A. Furlong, "Meditation of lovesickness, loss, and temporality," *Journal of the American Psychoanalytic Association* 75 (2009): 1072.
- 「節制不了的衝動滿溢而出，令人覺得容納不下」：Stein, "Otherness of sexuality," 44.
- 「掌握性欲對象幽晦微妙、難以言喻的特質」：同前引處，45.
- 我們就在「轉譯」這些不完全可譯的訊息之間，逐步建立起性欲：此為 Jean Laplanche 的觀點，討論可見於 in R. Stein, "The enigmatic dimension of sexual experience: The 'otherness' of sexuality and primal seduction," *Psychoanalytic Quarterly* 67 (1998): 594–625.
- 承認彼此的性興奮：Stein, "Otherness of sexuality," 65.
- 生理刺激是否與特定情感有關：經典研究見 D. G. Dutton and A. P. Aron, "Some evidence for heightened sexual attraction under conditions of high anxiety," *Journal of Personality and Social Psychology* 30 (1974): 510–17.
- 往後幾個小時乃至幾天之內：J. Bowers and H. Sivers, "Cognitive impact of traumatic events," *Development and Psychopathology* 10 (1998): 625–54. Quoted in Siegel, *Developing Mind*, 75.

- 「一柄八吋長的戈博牌折疊刀，及其餘數件物品」：https://en.wikipedia.org/wiki/Lisa_Nowak.
- 「造成嚴重乃至致死的身體傷害」：“Astronaut charged with attempted murder,” *New York Times*, February 6, 2007, http://nyti.ms/1OYQJmu.
- 「純屬虛構」：“Lawyer: Ex-astronaut didn’t wear diaper,” accessed July 18, 2016, http://www.nbcnews.com/id/19508417/#.V40OMVc0mCQ.
- 真實的壓力，透過雙方之間也許細微但真實的互動發揮作用：T. Ogden, “On projective identification,” *International Journal of Psychoanalysis* 60 (1979): 359.

九、老化與健康：風險越來越高

- 「模糊的詭異感」：J. Choo and G. O’Daniel, “The uncanny valley: Implications for facial plastic surgery,” *Aesthetic Surgery Journal* 36, no. 1 (2016): NP28–NP29, doi.org/10.1093/asj/sjv179.
- 一張「動過手腳」的臉孔：同前引文章。
- 表情變化被歸類成「無法判定」：J. Choo and G. O’Daniel, “Sensitivity to the uncanny valley in facial plastic surgery,” *Interaction Studies* 16, no. 2 (2015): 215–18.
- 模仿彼此的面部表情來分享情緒：D. T. Neal and T. L. Chartrand, “Embodied emotion perception: Amplifying and dampening facial feedback modulates emotion perception accuracy,” *Social Psychological and Personality Science* 2, no. 6 (2011): 673–78.
- 「我不想不明究裡替人做這些事」：K. Shinkai 訪談，November 15, 2015.

- 「『心還年輕，外表已老』是人經久不變的哀嘆」：V. L. Blum, *Flesh Wounds* (Berkeley: University of California Press, 2003), 162.
- 我們認為自己永遠不變：A. Balfour, "Growing old together in mind and body," *fort da* 21, no. 2 (2015): 53–76.
- 當米奇的性趣慢慢減低：J. H. J. Bancroft, "Sex and aging," *New England Journal of Medicine* 357 (2007): 820–22; S. B. Levine, *Sexuality in Mid-Life* (New York: Plenum Press, 1998), chap. 6.
- 甚至有可能放棄性愛：Metz and McCarthy, *Enduring Desire*, 202.
- 「理想的」異性戀性愛模式：A. C. Lodge and D. Umberson, "All shook up: Sexuality of mid- to later-life married couples," *Journal of Marriage and Family* 74, no. 3 (2012): 428–43, doi:10.1111/j.1741-3737.2012.00969.x.
- 在四十歲與五十歲階段更加顯著：同前引書。
- 性始終是影響關係滿意的重要因素：J. R. Heiman, J. S. Long, S. N. Smith, W. A. Fisher, M. S. Sand, and R. C. Rosen, "Sexual satisfaction and relationship happiness in midlife and older couples in five countries," *Archives of Sexual Behavior* 40 (2011): 741–53, doi:10.1007/s10508-101-9703-3.
- 百分之八十的男性與百分之七十五的女性認為性愛很重要：O. Kontula and E. Haavio-Mannila, "The impact of aging on human sexual activity and sexual desire," *Journal of Sex Research* 46, no. 1 (2009): 46–56.

- 性行為頻率隨年紀減少：同前引書，46.
- 對性生活滿意往往讓夫妻對婚姻感到快樂：H.-C. Yeh, F. O. Lorenz, K. A. S. Wickrama, R. D. Conger, and G. H. Elder, "Relationships among sexual satisfaction, marital quality, and marital instability at midlife," *Journal of Family Psychology* 20, no. 2 (2006): 339–43.
- 夫妻組成親密搭檔：McCarthy 訪談。
- 激發性欲的方法有三種：Metz and McCarthy, *Enduring Desire*, esp. chap. 10.
- 一千四百萬名五十歲以上瑜珈修習者：2016 Yoga in America Study, https://www.yogaalliance.org/Portals/0/2016%20Yoga%20in%20America%20Study%20RESULTS.pdf
- 「變化」對於女性心靈的作用：參見 C. Northrup, *The Wisdom of Menopause* (New York: Bantam, 2012).
- 「照顧與結盟」的荷爾蒙：S. E. Taylor, "Tend and befriend theory," in *Handbook of Theories of Social Psychology*, ed. P. A. M. Van Lange, A. W. Kruglanski, and E. T. Higgins (Thousand Oaks, CA: Sage, 2011), 32–49; Holland, *Moody Bitches*, 21–22.
- 「我的人生怎麼變得行不通了？」：L. Brizendine, *The Female Brain* (New York: Morgan Road Books, 2006), 136.
- 「兇八婆」：Holland, *Moody Bitches*.
- 尋求務實的折衷之道：L. Brizendine, interview, December 28, 2015.
- 「你們應該去問別人，我才六十歲而已」：引述於 J. Mitchell, "The difference between gender and

sexual difference," in ed. I Matthis, *Dialogues on Sexuality, Gender, and Psychoanalysis* (London: Karnac, 2004), 74.

- 「還有時間再生一個寶寶」：Holland, *Moody Bitches*, 174.
- 導致月經週期中有幾個星期荷爾蒙高漲：Brizendine 訪談。
- 高膽固醇和胰島素抗性：C. Bouchez, "Better sex: What's weight got to do with it?," webmd.com, accessed February 22, 2017, http://www.webmd.com/sex-relationships/features/sex-and-weight?
- 有助於規劃解決房事問題：M. E. Metz and B. McCarthy, *Coping with Erectile Dysfunction* (Oakland, CA: New Harbinger, 2004); B. McCarthy and E. McCarthy, *Sexual Awareness* (New York: Routledge, 2012).
- 宣稱她們不再迷人了：參見 "If my wife won't lose weight, am I justified in leaving her?," goodtherapy.org, accessed October 31, 2016, http://www.goodtherapy.org/blog/dear-gt/if-my-wife-wont-lose-weight-am-i-justified-in-leaving-her?replytocom=389522#respondForm; E. North, "I'm not attracted to my wife anymore. And I'm ashamed of the reason," mamamia.com, August 14, 2015, http://www.mamamia.com.au/not-attracted-to-wife/.
- 「欠缺尊重」的那一種留言傳達了真實的痛苦：參見 E. Redding, "18 people talk about what it's like when your spouse gets fat but you don't," thoughtcatalog.com, July 1, 2015, http://tcat.tc/1RSTcf J.
- 「不管他抱怨再多、跟珍娜說過多少次他的感受」：C. Turner, *Gain Weight, Lose Your Mate*

(Bloomington, IN: Xlibris, 2011), 26.

- 經驗證明，減重單靠自制力往往是不夠的：G. Kolata, “Many wrong on causes of obesity, study finds,” *New York Times*, November 1, 2016, A12, A14.
- 「婚姻中的第三者，像人一樣有它的需求、欲望和脾氣」：A. Paturel, “Sex, love, and multiple sclerosis,” *Neurology Now* 3, no. 3 (2007): 34–37, http://patients.aan.com/resources/neurologynow/?event=home.showArticleandid=ovid.com:/bib/ovftdb/01222928-200703030-00024.
- 「他們是你想與之結婚的人」：Wile, *After the Honeymoon*, 65.
- 「現在細緻的個性、特徵和美感」：P. A. Levine, *Waking the Tiger—Healing Trauma* (Berkeley, CA: North Atlantic Books, 1997), 33.
- 「哪怕只是偶爾浮現？」：N. Hornby, “Rock of Ages,” *New York Times*, May 21, 2004, http://nyti.ms/1IK4aWd.

十、空巢期：孩子、父母與世代交替

- 銀髮離婚指的是五十歲以上的夫妻脫離婚姻的潮流：S. L. Brown and I.-F. Lin, “The gray divorce revolution: Rising divorce among middle-aged and older adults, 1990–2010,” *Journals of Gerontology, Series B: Psychological Sciences and Social Sciences* 67, no. 6 (2012): 731–41.
- 「乃至於創新的科學研究」：D. W. Winnicott, “Transitional objects and transitional phenomena,” in *Playing and Reality* (New York: Tavistock, 1971), 14.

- 相信對方始終站在我們身後：Winnicott, “Playing: A theoretical statement,” 收錄於前引書, 47–48.
- 罪惡感源於主觀擔心另一半反對：M. E. Nagy and J. A. Theiss, “Applying the relational turbulence model to the empty-nest transition: Sources of relationship change, relational uncertainty, and interference from partners,” *Journal of Family Communications* 13 (2013): 296.
- 比較多隱私、比較多自由，也比較多樂趣：同前引書，288。
- 需要自我揭露也必須承擔風險：A.A. Aron, C.C. Norman, E.N. Aron, C. McKenna, and R.E. Heyman, “Couples’ shared participation in novel and arousing activities and experienced relationship quality,” *Journal of Personality and Social Psychology* 78, no. 2 (2000): 282.
- 「獨處本身即是一種健康的感受」：D. W. Winnicott, “The capacity to be alone,” *International Journal of Psychoanalysis* 39 (1958): 417.
- 一同處於信任狀態也是可行的：同前引書，417。或見 E. H. Schein, *Helping* (San Francisco: Berrett-Koehler, 2009).
- 「重大困境」：Gottschall, *Storytelling Animal*, 55.
- 他們可以留著一些話不說：J. Friend, “Love as Creative Illusion and Its Place in Psychoanalytic Couple Therapy,” *Couple and Family Psychoanalysis* 31 (2013): 13.
- 凱倫・施克瑞特和我討論過這個話題：K. Skerrett 訪談, January 5, 2016.
- 研究指出，最能從父母一方過世的打擊中復原的人：D. Umberson, *Death of a Parent: Transition to a New Adult Identity* (Cambridge, UK: Cambridge University Press, 2003).

- 看來也有益於人活得更健康更長壽：T. L. Gruenwald, D. H. Liao, and T. E. Seeman, "Contributing to others, contributing to oneself: Perceptions of generativity and health in later life," *Journals of Gerontology, Series B: Psychological Sciences and Social Sciences* 67, no. 6 (2012): 660–65.
- 「光芒漸淡」：Levenson 訪談。
- 善用技巧減少彼此的負面互動：J. C. Yuan, M. McCarthy, S. R. Holley, and R. W. Levenson, "Physiological down-regulation and positive emotion in marital interaction," *Emotion* 10, no. 4 (2010): 467–74.
- 心理研究幫助我們轉移晚年人生的典範：L. L. Carstensen, B. Turan, S. Scheibe, N. Ram, H. Ersner-Hershfield, G. R. Samanez-Larkin, K. P. Brooks, and J. R. Nesselroade, "Emotional experience improves with age: Evidence based on over 10 years of experience sampling," *Psychology and Aging* 26, no. 1 (2011): 21–33.
- 「生命是一個樂趣無窮且永無完結的設計案」：B. Burnett and D. Evans, *Designing Your Life* (New York: Knopf, 2016), 219.

十一、留下或離開

- 未能在對方脆弱或需要的重大時刻及時給予回應：J. A. Makinen and S. M. Johnson, "Resolving attachment injuries in couples using Emotionally-Focused Therapy: Steps toward forgiveness and reconciliation," *Journal of Consulting and Clinical Psychology* 74, no. 6 (2006): 1055–64.

- 常見的一個僵持點：B. Bradley and J. L. Furrow, “Toward a mini-theory of the blamer softening event: Tracking down moment-by-moment process,” *Journal of Marital and Family Therapy* 30, no. 2 (2004): 234.
- 即使他由衷感到苦惱，也被說得像是針對她發出批評：參見 S. D. Jayamaha, Y. U. Girme, and N. C. Overall, “When attachment anxiety impedes support provision: The role of feeling unvalued and unappreciated,” *Journal of Family Psychology* 31, no. 2 (2017): 181.
- 行為等多項評量上，得分通常較低……雙親之間紛爭不斷：P. R. Amato, “Research on divorce: Continuing trends and new developments,” *Journal of Marriage and Family* 72 (2010): 650–66.
- 「例如婚禮和畢業典禮」：同前引書，656。
- 對離婚最擔憂的就是怕見不到自己的孩子：X. P. Montenegro, *The Divorce Experience: A Study of Divorce at Midlife and Beyond* (Washington, DC: AARP, 2004), 24.
- 離婚對孩子的影響全貌，這些年來細節越來越清晰：Amato, “Research on divorce,” 653–58.
- 只看離婚家庭孩子與未離婚家庭孩子的平均差異，所知資訊較少：同前引書，661。
- 長年負面互動、衝突不斷是孩子成長表現拙劣的最大肇因：E. M. Hetherington, M. Bridges, and G. M. Insabella, “What matters? What does not? Five perspectives on the association between marital transitions and children’ s adjustment,” *American Psychologist* 53 (1998): 167–84.
- 較高程度的憂鬱、反社會行為、成癮：同前引書，170。
- 婚姻裡的激烈爭執與孩子的行為問題更有關聯：E. M. Cummings and P. Davies, *Children and*

Marital Conflict (New York: Guilford Press, 1994), 9.

- 如何管理怒氣：同前引書, chap. 7; J. H. Grych and F. D. Fincham, "Marital conflict and children' s adjustment: A cognitive-contextual framework," *Psychological Bulletin* 108, no. 2 (1990): 267–90; R. E. Emergy, *Marriage, Divorce, and Children's Adjustment* (Newbury Park, CA: Sage, 1988).
- 「簡直像是情感的粒子探測器」，他們細膩敏感：Cummings and Davies, *Children and Marital Conflict*, 134.
- 破壞性衝突與建設性衝突的差異：E. M. Cummings and P. S. Keller, "Marital discord and children' s emotional self-regulation," in *Emotion Regulation in Couples and Families: Pathways to Dysfunction and Health*, ed. D. K. Snyder, J. Simpson, and J. N. Hughes (Washington, DC: APA Press, 2006), 163–82.
- 冷靜協商、表達愛意、給予支持等策略：E. M. Cummings, M. C. Goeke-Morey, and L. M. Papp, "Children' s responses to everyday marital conflict tactics in the home," *Child Development* 74, no. 6 (2003): 1918–29.
- 管理情緒的策略：P. T. Davies, D. Cicchetti, and M. J. Martin, "Toward greater specificity in identifying associations among interparental aggression, child emotional reactivity to conflict, and child problems," *Child Development* 83, no. 5 (2012): 1789–1804.
- 有的孩子會討好大人，有的會暴躁挑釁：P. Davies and M. Martin, "Children' s coping and adjustment in high-conflict homes: The reformulation of emotional security theory," *Child*

Development Perspectives 8, no. 4 (2014): 242–49.

- 他們的最終目標都是安全感：E. M. Cummings and P. Davies, *Marital Conflict and Children: An Emotional Security Perspective* (New York: Guilford, 2010).
- 父母不再關心照顧：B. C. Feeney and J. K. Monin, "Divorce through the lens of attachment theory," in *Handbook of Attachment*, 3rd ed., ed. Cassidy and Shaver, 954–55.
- 是衝突之後有能力快速復原，還是單純任憑事過境遷：M. M. McGinn, P. T. McFarland, and A. Christensen, "Antecedents and consequences of demand/withdraw," *Journal of Family Psychology* 23, no. 5 (2009): 750.
- 「協商解決看來有如『萬靈丹』那麼好用」：Cummings and Davies, *Children and Marital Conflict*, 144–47.
- 關係退縮、長期沉默冷戰：Cummings, Goeke-Morey, and Papp, "Children' s responses to everyday marital conflict," 1923.
- 父母有時以為自己是在保護孩子免於衝突：Cummings and Keller, "Marital discord and children' s emotional self-regulation," 169.
- 為孩子示範了一種不健康的情感處理策略：Cummings and Davies, *Children and Marital Conflict*, 142–43.
- 父母離婚前的互動偏向低衝突而非高衝突：S. R. Braithwaite, R. A. Doxey, K. K. Dowdle, and F. D. Fincham, "The unique influences of parental divorce and parental conflict on emerging adult

relationships," *Journal of Adult Development* 23 (2016): 214–25.

- 父母留在高衝突婚姻裡的成年孩子，對愛情的承諾比較低：P. R. Amato and D. D. DeBoer, "The transmission of marital instability across generations: Relationship skills or commitment to marriage?," *Journal of Marriage and Family* 63, no. 4 (2001): 1038–51.
- 五十幾歲離婚的女性有三分之一表示：Montenegro, *Divorce Experience*.
- 女性比較容易為離婚責怪另一半的行為：同前引書。
- 調查顯示離婚後第一年：Hetherington and Kelly, *For Better or Worse*, chap. 3.
- 最深思熟慮、最同情體貼的方法：一個很好的參考是 J. S. Wallerstein and S. Blakeslee, *What About the Kids? Raising Your Children Before, During, and After Divorce* (New York: Hyperion, 2003).
- 漫長折磨的監護權大戰：M. B. Donner, "Tearing the child apart: The contribution of narcissism, envy, and perverse modes of thought to child custody wars," *Psychoanalytic Psychology* 23 (2006): 542–53.
- 《良性離婚》一書的作者，康絲坦絲．亞恩斯表示可以：C. Ahrons, *The Good Divorce* (New York: Quill, 1994).
- 婚姻衝突最後大多都「未解決」：McGinn, McFarland, Christensen, "Antecedents and consequences of demand/withdraw," 756.

十二、愛是對話

- 真誠談論你們感受到的疏離：Wile, *After the Honeymoon*, esp. chap. 2.
- 友好的離婚可能比有些婚姻更像「婚姻」：Fisher, *Uninvited Guest*, 2.

國家圖書館出版品預行編目

顛簸中年 / 黛芬妮 . 德 . 馬妮菲 (Daphne de Marneffe) 著 ; 韓絜光譯 . -- 初版 . -- 新北市 : 木馬文化出版 : 遠足文化發行 , 2019.07
面 ; 公分
譯自 : The rough patch : marriage and the art of living together
ISBN 978-986-359-698-1(平裝)

1. 兩性 2. 婚姻諮商 3. 中年危機

544.3 108010248

顛簸中年

The Rough Patch: Marriage and the Art of Living Together

作　　者：黛芬妮・德・馬妮菲（Daphne de Marneffe ）
譯　　者：韓絜光
社　　長：陳蕙慧
責任編輯：李嘉琪
封面設計：蔡佳豪
內頁排版：陳佩君

讀書共和國集團社長：郭重興
發行人兼出版總監：曾大福
出　　版：木馬文化事業股份有限公司
發　　行：遠足文化事業股份有限公司
地　　址：231新北市新店區民權路108-2號9樓
電　　話：(02) 2218-1417
傳　　真：(02) 2218-1009
Email：service@bookrep.com.tw
郵撥帳號：19588272木馬文化事業股份有限公司
客服專線：0800221029
法律顧問：華洋國際專利商標事務所 蘇文生律師
印　　刷：呈靖彩藝有限公司
初　　版：2019年7月
定　　價：550元
ISBN：978-986-359-698-1
木馬臉書粉絲團：http://www.facebook.com/ecusbook
木馬部落格：http://blog.roodo.com/ecus2005